W0172191

Gernhardt
Reim und Zeit & Co.

Robert Gernhardt

Reim und Zeit & Co.

Gedichte, Prosa, Cartoons

Reclam

3., erweiterte Auflage 2014

Alle Rechte vorbehalten
© für diese Ausgabe 2000, 2014
Philipp Reclam jun. GmbH & Co. KG, Stuttgart
Copyrightvermerke für die Werke siehe Seite 214, 337, 464
Lizenzausgabe mit freundlicher Genehmigung
der S. Fischer Verlag GmbH, Frankfurt am Main
Satz und Druck: Reclam, Ditzingen
Buchbinderische Verarbeitung: Kösel, Krugzell
Printed in Germany 2014
RECLAM ist eine eingetragene Marke
der Philipp Reclam jun. GmbH & Co. KG, Stuttgart
ISBN 978-3-15-010952-6

www.reclam.de

Inhalt

Reim und Zeit

V

VI

11

IX

X

Prosamen

Berichten

Betrachten

Hier spricht der Zeichner

Bildergeschichten

Bildgedichte

Reim und Zeit

Gedichte

Frage

Kann man nach zwei verlorenen Kriegen,
Nach blutigen Schlachten, schrecklichen Siegen,

Nach all dem Morden, all dem Vernichten,
Kann man nach diesen Zeiten noch dichten?

Die Antwort kann nur folgende sein:
Dreimal NEIN!

Tierwelt – Wunderwelt

Der KRAGENBÄR in seinem Kragen
weiß nichts vom Singen und vom Sagen.
Nie traf er auch nur einen Ton.
Von Sängern dacht' er voller Hohn,
und angesichts des Sternenlichts
da blieb er stumm und sagte nichts.
Er sang nicht auf der Maienflur,
bei Diskussionen schwieg er nur.
Wie anders Goethe, Kant und Benn,
die weniger Verschwiegenen!
Sie ehret heute Flott' und Heer,
vom Kragenbär spricht niemand mehr.

Der HABICHT fraß die WANDERRATTE,
nachdem er sie geschändet hatte.

Das SCHNABELTIER, das Schnabeltier
vollzieht den Schritt vom Ich zum Wir.
Es spricht nicht mehr nur noch von sich,
es sagt nicht mehr: »Dies Bier will ich!«
Es sagt: »Dies Bier,
das wollen wir!
Wir wollen es, das Schnabeltier!«

Das Knebellied

Der zweite Teil ist wie mit geknebeltem Munde
zu sprechen

»Gib mir den Säbel, liebes Kind,
Und sag mir, wo die Knebel sind.
Denn heute, heute gehts drauf und dran,
Die Türken, die Türken greifen an!«

So sprach der Bursch und zog aus mit Hurrah.
Erst nach siebzehn Stunden war er wieder da:

»Zhieh mhir dhem Sähbl ausm Bhauch,
Dhem Khnbll ausm Mhundhe auuch.
Dhnem cheuthecheuthe ghinghs dhraumfumddrhram,
Dhie Thürrkm, dhie Thürrkm ghriffm ahmh!«

Das Gleichnis

Wie wenn da einer, und er hielte
ein frühgereiftes Kind, da schielte,
hoch in den Himmel und er bäte:
»Du hörst jetzt auf den Namen Käthe!« –
Wär dieser nicht dem Elch vergleichbar,
der tief im Sumpf und unerreichbar
nach Wurzeln, Halmen, Stauden sucht
und dabei stumm den Tag verflucht,
an dem er dieser Erde Licht . . .
Nein? Nicht vergleichbar? Na, dann nicht!

Ein Abschied

»Vater, lieber Vater mein,
willst du meine Mutter sein?«

Verlegen fährt sich
der Bub durch den Schopf
und schaut auf den Vater,
doch der schüttelt den Kopf,
blickt in das Licht,
das im Fenster sich bricht,
und spricht:

»Mein Kind, was du da von dir gibst
klingt im Detail zwar allerliebst,
jedoch im großen Ganzen –«

Musik erklingt,
der Knabe winkt:
»Komm Vater, laß uns tanzen!«

Vier Stunden später. Leer ist der Saal.
Der Vater hat müde zum hohen Portal
die Schritte gelenkt
und denkt,
den Blick auf den schlafenden Buben gesenkt:

»Ich hab's erwogen, hab geschwankt,
hätt' gern erfüllt, was er verlangt,
es war nicht drin.
Was er wahrscheinlich erst begreift,
wenn er vom Knaben zum Weibe gereift,
leb wohl, Katrin!«

Und behutsam setzt er
das Kind in den Schnee
und geht in die Nacht,
die hereinbrechende ...

Kleines Lied

Bin ich auch arm
Bin ich doch dumm
Bin ich auch schief
Bin ich doch krumm

Bin ich auch blind
Bin ich doch taub
Bin ich auch Fleisch
Werd' ich doch Staub.

Gebet

Lieber Gott, nimm es hin,
daß ich was Besond'res bin.
Und gib ruhig einmal zu,
daß ich klüger bin als du.
Preise künftig meinen Namen,
denn sonst setzt es etwas. Amen.

Zoo-Impressionen

Wie traurig dieser Wolf
in dem Gehege!
Wie schrecklich,
daß er steht!
Wie furchtbar,
wenn er läge!

Erdmännchen huschen
durch die Nacht,
mit schrillem Schrei
gen Osten.

Unstete Fahrt
gebt acht, gebt acht,
gleich rauscht ihr
an den Pfosten!

Verrat, Verrat,
ein Loch im Draht!
Und da schon wieder eines!
Zur Hilf! Herbei!
Gleich sind sie frei,
die Graugans und ihr Kleines!

Brüllt nur, Löwen,
fletscht die Zähne!
Faucht nur,
schüttelt eure Mähne!
Macht nur weiter so,
ihr schafft es
und bekommt was Raubtierhaftes.

Ach Kronenkranich, plärr nicht so!
Du bist doch nicht allein im Zoo!

Ein Erlebnis Kants

Eines Tags geschah es Kant,
daß er keine Worte fand.

Stundenlang hielt er den Mund,
und er schwieg – nicht ohne Grund.

Ihm fiel absolut nichts ein,
drum ließ er das Sprechen sein.

Erst als man zum Essen rief,
wurd' er wieder kreativ,

und er sprach die schönen Worte:
»Gibt es hinterher noch Torte?«

Reitergedicht

»Sag mal, Reiter!« »Ja, was ist?«
»Wie kommt's, daß du alleine bist?
Wo ist dein Pferd?«

»Ja, das ist so . . .« »Verrat es nur!«
»Der Gaul macht grad das Abitur –«
»Auch nicht verkehrt.«

Animalerotica

Der NASENBÄR sprach zu der Bärin:
»Ich will dich jetzt was Schönes lehren!«
Worauf er ihr ins Weiche griff
und dazu »La Paloma« pfiff.

Die DÄCHSIN sprach zum Dachsen:
»Mann, bist du gut gewachsen!«
Der Dachs, der lächelte verhalten,
denn er hielt nichts von seiner Alten.

Der BÄR schaut seinen Ziesemann
nie ohne stille Demut an.

Der MOPS hat seinen Zeugungstrieb
ganz schrecklich gern und furchtbar lieb.

Das Vorspiel nahm den HENGST so mit,
daß er geschwächt zu Boden glitt.

Der WAL vollzieht den Liebesakt
zumeist im Wasser. Und stets nackt.

Im Kurbordell von Königstein
ist jeden Samstag Tanz.
Dort treten sieben MÄUSCHEN
ohn' Unterlaß und Päuschen
der Katze auf den Schwaha
der Katze auf den Schwanz.

Ich sprach

Ich sprach nachts: Es werde Licht!
Aber heller wurd' es nicht.

Ich sprach: Wasser werde Wein!
Doch das Wasser ließ dies sein.

Ich sprach: Lahmer, Du kannst geh'n!
Doch er blieb auf Krücken stehn.

Da ward auch dem Dümmsten klar,
daß ich nicht der Heiland war.

Lehrmeisterin Natur

Vom Efeu können wir viel lernen:
er ist sehr grün und läuft spitz aus.
Er rankt rasch, und er ist vom Haus,
an dem er wächst, schwer zu entfernen.

Was uns der Efeu lehrt? Ich will es so umschreiben:
Das Grünsein lehrt er uns. Das rasche Ranken.
Den spitzen Auslauf und, um den Gedanken
noch abzurunden: auch das Haftenbleiben.

Bekenntnis

Ich leide an Versagensangst,
besonders, wenn ich dichte.
Die Angst, die machte mir bereits
manch schönen Reim zuschanden.

III

Paris ojaja

Oja! Auch ich war in Parih
Oja! Ich sah den Luver
Oja! Ich hörte an der Sehn
die Wifdegohle-Rufer

Oja! Ich kenn' die Tüllerien
Oja! Das Schöhdepohme
Oja! Ich ging von Notterdam
a pjeh zum Plahs Wangdohme

Oja! Ich war in Sackerköhr
Oja! Auf dem Mongmatter
Oja! Ich traf am Mongpahnass
den Dichter Schang Poll Satter

Oja! Ich kenne mein Parih.
Mäh wih!

Ein Septembernachmittag
in der Heide

Immer wieder zieht der alte
Schäfer an der Weidenflöte
Immer wieder

Immer wieder hofft er sehnlichst
endlich einen Ton zu hören
Immer wieder

Immer wieder sagt sein Weib ihm
blasen müsse er, nicht ziehen
Immer wieder

Immer wieder winkt der Alte
kreischend ab und zieht aufs neue
Immer wieder

Folgen der Trunksucht

Seht ihn an, den Schreiner.
Trinkt er, wird er kleiner.
Schaut, wie flink und frettchenhaft
er an seinem Brettchen schafft.

Seht ihn an, den Hummer.
Trinkt er, wird er dummer.
Hört, wie er durchs Nordmeer keift,
ob ihm wer die Scheren schleift.

Seht sie an, die Meise.
Trinkt sie, baut sie Scheiße.
Da! Grad rauscht ihr drittes Ei
wieder voll am Nest vorbei.

Seht ihn an, den Dichter.
Trinkt er, wird er schlichter.
Ach, schon fällt ihm gar kein Reim
auf das Reimwort »Reim« mehr eim.

Lied

In dem Grase war ein Tier,
es saß dort, ich stand hier.
Ich ging langsam darauf zu,
fragte es: Wer bist dann du?
Bist du bräunlich
oder rot?
Bist lebendig
oder tot?
Bist ein Teufel
oder Gott?
Oder bist du ein Hase?

Plädoyer

Daß er die Kindlein zu sich rief,
daß er auf Wassers Wellen lief,
daß er den Teufel von sich stieß,
daß er die Sünder zu sich ließ,
daß er den Weg zum Heil beschrieb,
daß er als Heiland menschlich blieb –
ich heiße Hase, wenn das nicht
doch sehr für den Herrn Jesus spricht.

Bilden Sie mal einen Satz mit . . .

visuell
Vi su ell die Sonne strahlt –
als würde sie dafür bezahlt.

pervers
Ja, meine Reime sind recht teuer:
per Vers bekomm ich tausend Eier.

Metapher
Herr Kapitän, der Steuermann
hat grade lallend kundgetan,
er brächte jetzt das Schiff zum Sinken –
me taph er wirklich nicht mehr trinken.

Symbol
Herr Dschingis Khan, das tut man nicht,
daß man in fremdes Land einbricht.
Nu aber raus mit Ihren Horden –
Sie sym bol wahnsinnig geworden!

Garant
Der Hase trägt den Kopfverband,
seitdem er an die Wand garant.

Mandarin
Wir schafften uns den Beichtstuhl an,
weil man darin nett beichten kann.

lesbisch
Und als die ersten Hörer grollten
und schon den Saal verlassen wollten,
da sprach der Dichter ungerührt
»Ich les bisch euch der Arsch abfriert.«

Weils so schön war

Paulus schrieb an die Apatschen:
Ihr sollt nicht nach der Predigt klatschen.

Paulus schrieb an die Komantschen:
Erst kommt die Taufe, dann das Plantschen.

Paulus schrieb den Irokesen:
Euch schreib ich nichts, lernt erst mal lesen.

Paarreime in absteigender Linie

Von den Gästen

Was einer ist, was einer war,
beim Scheiden wird es offenbar.

Ruft er »Auf Nimmerwiedersehn«,
dann laß ihn frohen Herzens gehn.

Sagt er: »Lebt wohl, so leid mir's tut«,
dann seid mal lieber auf der Hut.

Tut er nur »Tschau, bis dann dann« brommen,
dann wird das Arschloch wiederkommen.

Von der Ruhe

Du bist so fahrig und wärst gerne
ganz ruhig, guter Freund? Dann lerne:

Den Bereich der Dunkelheiten
immer heiter zu durchschreiten,

Das Erinnern, das Vergessen
stets zufrieden zu durchmessen,

Dich, sowie das Ich des Andern
muntern Sinnes zu durchwandern –:

Und du strahlst ne Ruhe aus,
die zieht dir die Schuhe aus.

Vom Leben

Dein Leben ist dir nur geliehn –
du sollst nicht daraus Vorteil ziehn.

Du sollst es ganz dem Andren weihn –
und der kannst nicht du selber sein.

Der Andre, das bin ich, mein Lieber –
nu komm schon mit den Kohlen rüber.

Zu zwei Sätzen von Eichendorff

Dämmrung will die Flügel spreiten,
wird uns alsobald verlassen,
willst du ihren Flug begleiten,
mußt du sie am Bürzel fassen.

Freilich, mancher, der so reiste,
fiel aus großer Höh' hinunter,
weil er einschlief und vereiste.
Hüte dich, bleib wach und munter.

Mondgedicht

. . , –

fertig ist das Mondgedicht

Vater und Sohn I

»Wie heißt du denn, mein blauäugiges Kind?
Wie heißt du denn, mein Liebling so jung?«
»Ich heiße glaub' ich Havemeyer.
Ja, ich heiße Havemeyer, glaub' ich.«

»Und heißest du Glaubich Havemeyer,
dann bist du mein Sohn, mein Liebling so jung.
Denn auch ich heiße, freu dich, Havemeyer,
Ja, ich heiße Havemeyer, freu dich.«

»Und heißest du Freudich Havemeyer,
so bist du nicht mein Vater, du Sack.
Mein Vater hieß nämlich Friedrich, nicht Freudich,
und ich bin sein Sohn Kurt.«

Vater und Sohn II

»Was möchtest du sein, wenn du groß bist?
Was möchtest du sein, wenn du groß bist,
                            mein Sohn?«
»Dann möchte ich gern ein Professor sein.
Ein Professor möchte ich sein, Vater.«

»Du wirst aber nie ein Professor sein,
ein Professor wirst du nie, mein Sohn.
Weil du dazu zu dumm bist, verstehst du,
dir fehlt es ganz einfach da oben.«

»Und werde ich nie ein Professor sein,
so werde ich doch General, mein Vater.
Nur sag mir, wo oben fehlt was mir, mein Vater,
und wer ist zu dazu du dumm?«

Deutung eines
allegorischen Gemäldes

Fünf Männer seh ich
inhaltsschwer –
wer sind die fünf?
Wofür steht wer?

Des ersten Wams strahlt
blutigrot –
das ist der Tod
das ist der Tod

Der zweite hält die
Geißel fest –
das ist die Pest
das ist die Pest

Der dritte sitzt in
grauem Kleid –
das ist das Leid
das ist das Leid

Des vierten Schild trieft
giftignaß –
das ist der Haß
das ist der Haß

Der fünfte bringt stumm
Wein herein –
das wird der
Weinreinbringer sein.

Lokal-Bericht

Dichter Dorlamm tritt in ein Lokal,
und er sagt sich: Na, dann wolln wir mal!

Na dann wolln wir mal – hier stockt er schon,
denn am Tresen steht der Gottessohn.

Steht am Tresen und bestellt ein Bier,
und der Wirt schiebt ihm eins rüber: Hier.

Hier das Bier. Der Gottessohn ergreift es.
Da ertönt ein Lied. Und Dorlamm pfeift es.

Pfeift das Lied ›O Haupt voll Blut und Wunden‹.
O, sagt Jesus, danke, sehr verbunden.

Wirklich freundlich, sind Sie etwa Christ?
Nein, sagt Dorlamm da, weil er's nicht ist.

Bin es nicht, sagt er, bin's nie gewesen.
Jesus zieht ihn lächelnd an den Tresen.

Zieht ihn, um zugleich dem Wirt zu winken:
Dieser Herr will sicher auch was trinken!

Ja der Herr? Was darf es denn da sein?
Ich, sagt Dorlamm, möchte einen Wein.

Einen Wein? Der Wirt füllt den Pokal.
Na, sagt Jesus, Prost. Dann wolln wir mal!

Dorlamm meint

Dichter Dorlamm läßt nur äußerst selten
andre Meinungen als seine gelten.

Meinung, sagt er, kommt nun mal von mein,
deine Meinung kann nicht meine sein.

Meine Meinung – ja, das läßt sich hören!
Deine Deinung könnte da nur stören.

Und ihr andern schweigt! Du meine Güte!
Eure Eurung steckt euch an die Hüte!

Laßt uns schweigen, Freunde! Senkt das Banner!
Dorlamm irrt. Doch formulieren kann er.

Als er sich mit vierzig im Spiegel sah

Seht mich an: der Fuß der Zeit
trat mir meine Wangen breit.
Schaut mein Ohr! Die vielen Jahre
drehten es in's Sonderbare!
Ach des Kinns! Es scheint zu fliehn,
will die Lippen nach sich ziehn!
Ach der Stirn! Die vielen Falten
drohen mir den Kopf zu spalten!
Die Nase! O, wie vorgezogen!
Der Mund! So seltsam eingebogen!
Der Hals! So krumm! Die Haut! So rot!
Das Haar! So stumpf! Das Fleisch! So tot!

Nur die Augen lidumrändert
strahlen blau und unverändert,
schauen forschend, klar und mild
auf's und aus dem Spiegelbild,
leuchten wie zwei Edelsteine –
Sind das überhaupt noch meine?

Tagesbefehl

Leute, bitte geht nach Haus,
hier bricht um zwölf der Friede aus,
dann wird nicht mehr geschossen.
Dann hat es sich mit dem Bummbumm,
wer tot ist, falle sofort um,
der Krieg wird gleich geschlossen.

Leute, bitte gebt jetzt Ruh.
Ich mach schon mal den Krieg hier zu,
man kann nicht immer meucheln.
Nein, Bäcker, jetzt wird Brot gemacht,
jetzt wird kein Feind mehr totgemacht,
jetzt heißt es Freundschaft heucheln.

Leute, bitte macht jetzt Schluß,
der nächste ist der letzte Schuß.
Nun seid nicht gleich beleidigt.
Hört auf, sonst gibts eins vor den Bug,
ihr habt hier wirklich lang genug
das Abendland verteidigt.

Die Welt und ich

Hab der Welt ein Buch geschrieben
ist im Laden gestanden
waren da viele, die es fanden
hat's aber keiner kaufen wollen.

Hab der Welt ein Bild gemalt
ist in einer Galerie gehangen
sind viele Leute daran vorbeigegangen
haben es nicht einmal angeschaut.

Hab ein Lied erdacht für mich
hab's nur so vor mich hingesummt
sind alle ringsum verstummt
haben geschrien: Aufhören!

Einmal hin und zurück

Kopf, Kopf, Kopf
so hart und rund
war nicht irgendwo ein Mund?
Na, vielleicht auf dem Rückweg

Hals, Hals, Hals
so weiß und weich
wie hieß das darunter gleich?
Schlüsselbein, wenn ich nicht irre

Brust, Brust, Brust,
so fest und klein
das kann doch nicht alles sein –
Richtig! Da geht's weiter

Bauch, Bauch, Bauch
so weich und weiß
wärmer, wärmer, wärmer, heiß –
Na, wer sagt's denn

Bein, Bein, Bein
o soviel Bein
wird es je zuende sein?
Schau, da hat's ja noch Füße

Fuß, Fuß, Fuß
darfst weiter ruhn
ich hab oben noch zu tun:
Hallo, Haare.

Der Sommer in Montaio

Stimmungsgedichte

Juniabend   (29. 6. 79)

Vom Tal her steigt Rauch auf.
Ich drehe den Schlauch zu,
gleich gibt's was zu essen.
Der Mond steht als Sichel.

Ich setz mich und trinke,
um zu erinnern.
Wie grün jetzt der Wald ist.
Ein Licht, das sehr kalt wirkt,
strahlt rings aus den Dingen.
Ich zieh mir ein Hemd an.
Der Berg sieht so fremd aus.
Die Waldvögel schweigen.

25. 7. 79

Das ist ja witzig, wie die Wolke sich zerfieselt.
Grad eben war sie noch kompakt, nun rieselt
so eine dunkle, schlierenhafte Molke
quer übern weiß der Himmel, is was Wolke?

26. 7. 79

Mensch Meier, fliegt die Schwalbe tief!
Das geht mir ehrlich an die Nieren.
Sie scheint die Gräser zu schwalbieren –
so würde ich es formulieren,
wär dieser Ausdruck nicht so abgenutzt und schief.

29. 7. 79

Der Lorbeer hat die Blätter hochgeklappt,
doch in das Filigran der Zweige schwappt
voll Rohr der Fallwind, der vom Hügel düst
und nun das Tal mit »Schwapp die Ehre« grüßt.

30.7.79

Da dengelt jemand – oder sagt man dangelt?
im Tale seine Sense, und es drangelt
sich der Vergleich auf – oder sagt man drängelt?
daß es so klingt, als wenn wer wo was dengelt.

1.8.79

Wenn ich die Hügel beschreiben müßte,
was ich nicht muß,
ich wartete, bis die Muse mich küßte
und gäb ihr, bevor ich mich stiekum verpißte,
die Feder und sagte: Tu du's.

4.8.79

Siehst du den Löw' dort stehen?
Er ist nur halb zu sehen
und ist doch rot und dumm.
(Der Löwe ist aus lauter Ton.
Halb zudeckt ihn der Efeu schon,
bald rankt er ihn ganz um.)

7.8.79

Wie klar sie sind – das Licht, die Luft;
die Regenfront ist schnell verpufft,
so daß die Sonne wieder sticht.
Du – alles klar, die Luft, das Licht.

10. 8. 79

Rot ist der Wein aus Grimoli,
rot glänzt das Dorf im Tale,
rot wird mein Liebchen, wenn ich sie
mit Kadmium bemale.

18. 8. 79

Ach seht, schon ist der Regen aus,
die letzten Hunde bell'n nach Haus,
kaum kann ich mir verkneifen,
das Lied »Schon ist der Regen aus,
die letzten Hunde bell'n nach Haus«
quer durch die Nacht zu pfeifen.

20. 8. 79

Welch Gekreische,
welch Gebromme,
Kinder sind's beim Brombeerpflücken.
Kreischend pflücken sie
die Beeren,
welche drob voll Mißmut brommen.

22. 8. 79

Ich blick nach oben und seh Wein.
Ich blick nach unten und seh Stein.
Der Wein hängt hoch, der Stein liegt nah,
des Rätsels Lösung: Pergola.

Spätsommertag (15. 9. 79)

Nun ist der Wein bereits am Sichverfärben.
Die ersten Blätter lappen leicht ins Gelbe.
Die Sonne hält voll drauf. Exakt dieselbe,
die erst ihr Grünen sah, sieht nun ihr Sterben.

Und dennoch wäre es echt schwach zu glauben,
den ganzen Terror könne man vergessen.
Blattmäßig läuft nichts mehr. Gebongt. Stattdessen
schwillt neues Leben, ach, zu prallen Trauben.

Welt, Raum und Zeit

In den Köpfen der betagten Katzen
spiegelt sich die Welt in starken Bildern:
Mäusetürme ragen steil ins Blaue,
Nierentische stehn in ihren Hallen,
Leberhaken ragen aus den Wänden,
all das wartet nur auf ihre Tatzen
in den Köpfen der betagten Katzen.

In den hochbetagten Katzenköpfen
gliedert sich der Raum in klare Zonen:
Fauladelphia, Ratzibor und Essen
sind die einz'gen Städte, die sie kennen,
doch Paris liegt für sie an der Sahne,
und die malt sich breit, nicht auszuschöpfen
in den hochbetagten Katzenköpfen.

In den Köpfen der betagten Katzen
fächert sich die Zeit in reine Takte:
heißt der erste Tag der Woche Mordtag,
fällt der Sommeranfang in den Jauli,
schreiben wir schon bald das Jahr Zweimausend,
denn die Stunden fliehn dahin wie Spatzen
in den Köpfen der betagten Katzen.

Umgang mit Tieren aus der Tiefe

Und es kommen Tiere aus der Tiefe,
Tiere, die, wenn man sie riefe,
schweigend in der Tiefe blieben,
nie gesehen, nie beschrieben:

Nur dein Rufen läßt sie schlafen.
Rufe! Schrei zum Steinerweichen!
Und du wirst den letzten Hafen
ohne Zwischenfall erreichen.

Lied der Männer

Die Trauer beim Betrachten großer Hecken
gleicht jener, die wir sonst nur dann empfinden,
wenn wir den Lorbeer aus dem Haare winden,
weil es heißt »Fertig machen zum Verrecken« –
die Trauer beim Betrachten großer Hecken.

Das Frösteln beim Betasten kühler Eisen,
wir kennen es, seitdem wir jene sahen,
die in den Zug einstiegen, der sein Nahen
nur unterbrach, um kurz drauf zu entgleisen –
das Frösteln beim Betasten kühler Eisen.

Die Sehnsucht beim Betreten feuchter Planken,
sie wird uns bis an jenen Tag begleiten,
an dem wir schweigend durch die letzte Pforte reiten,
zu schwach zum Fluchen, doch zu stolz zum Danken –
die Sehnsucht beim Betreten feuchter Planken.

Trost im Gedicht

Denk dir ein Trüffelschwein,
denks wieder weg:
Wird es auch noch so klein,
wird nie verschwunden sein,
bleibt doch als Fleck.

Was je ein Mensch gedacht,
läßt eine Spur.
Wirkt als verborgne Macht,
und erst die letzte Nacht
löscht die Kontur.

Hat auch der Schein sein Sein
und seinen Sinn.
Mußt ihm nur Sein verleihn:
Denk dir kein Trüffelschwein,
denks wieder hin.

Wer von den Fünfen bist Du?

Wie lange kann man sich selber betrügen –
das ist die Frage.
Beim einen dauert es lediglich Stunden,
beim anderen Tage.
Der dritte bringt es auf mehrere Wochen,
der vierte auf Jahre.
Der fünfte glaubt, in der Wiegen zu liegen,
und liegt auf der Bahre.

Der Nachbar

Alles ist eitel, eins aber stört:

Der Nachbar, der mit schwerer Hand
nach deinem Hörnchen greift,
es anbeißt und dann liegen läßt,
weil es, meint er, nicht schmeckt,

der langsam kauend »Scheiße« schnauft
und auf das Hörnchen zeigt,
dann noch ein weitres Stück abbricht,
das er sich in den Mund tut,

der schmatzt und zu verstehen gibt,
er ließe es zurückgehn,
das Hörnchen, dessen Zipfel nun
ganz krümlig auf dem Tisch liegt,

der auch den Zipfel noch verspeist
und sehr verärgert sagt:
»Sie sitzen da und lassen mich
hier die ganze Drecksarbeit tun«.

Indianergedicht

Als aber der Pferdehändler nicht abließ,
auf Winnetou einzuteufeln,
bemerkte dieser in seiner *ein*silbigen Art:

Mann, dein Pferd
ist nichts wert.
Hier: das Bein
ist zu klein.
Dort: das Ohr
steht nicht vor.
Da: der Gaul
hat kein Maul.
Schau: der Schwanz
fehlt ihm ganz.
Und es trabt
nicht so recht,
denn das Pferd
ist ein – Specht!
Du viel dumm,
ich viel klug.
Hugh!

Samstagabendfieber

Wenn mit großen Feuerwerken
Bürger froh das Dunkel feiern,
sich an Bier und Fleischwurst stärken
und in die Rabatten reihern,

Wenn sie in den Handschuhfächern
kundig nach Kondomen tasten,
und die breiten Autos blechern
strahlend ineinanderhasten,

Wenn in Häusern bunte Schatten
herrlich aufeinander schießen,
sich verprügeln, sich begatten,
bis die letzten Kinos schließen,

Wenn dann in zu lauten Räumen
viele Menschen sich bewegen
und beim Lärmen davon träumen,
stumm einander flachzulegen,

Wenn am Ende Franz und Frieda
glücklich in der Falle liegen –:
Wer gedenkt dann jener, die da
noch eins in die Fresse kriegen?

Nichtzutreffendes bitte streichen

Der bleiche Deichgraf war erst sechzehn Jahre alt.
Sein Auge schaute trüb und / oder kalt.
Ihm war so traurig.

Da trat ein Herr / Frau / Fräulein ins Gemach,
ein seltsam Wesen, das die Worte sprach,
sie war'n so schaurig:

»Ich bin ein Geist, ich finde niemals Frieden.«
Und damit ist er ledig / verh. / geschieden
in Richtung Aurich.

Trost und Rat

Ja wer wird denn gleich verzweifeln,
weil er klein und laut und dumm ist?
Jedes Leben endet. Leb so,
daß du, wenn dein Leben um ist

von dir sagen kannst: Na wenn schon!
Ist mein Leben jetzt auch um,
habe ich doch was geleistet:
ich war klein *und* laut *und* dumm.

Dreißigwortegedicht

Siebzehn Worte schreibe ich
auf dies leere Blatt,
acht hab' ich bereits vertan,
jetzt schon sechzehn und
es hat alles längst mehr keinen Sinn,
ich schreibe lieber dreißig hin:
Dreißig.

Ach, Erika

Ach Erika, mein Kind, mein Reh,
schon wenn ich dich von weitem seh,
zieh ich mein Messer.

Mein Messer ist sehr nackt und breit,
es hat nicht Schuh, nicht Strumpf, nicht Kleid,
und nun sieh dich an.

Du bist so schön wie Schnee und Blut,
hast Schuh und Strumpf und Kleid und Hut,
die leg mal ab, Schatz.

Jetzt stehst du da, wie Gott dich schuf,
ganz ohne Schweif und Horn und Huf,
und nun sieh mich an.

Ach Erika, mein Reh, mein Kind,
die Menschen sind so, wie sie sind,
doch ich bin keiner.

Der Tag, an dem das   verschwand

Am Tag, an dem das   verschwand,
da war die uft vo Kagen.
Den Dichtern, ach, verschug es gatt
ihr Singen und ihr Sagen.

Nun gut. Sie haben sich gefaßt.
Man sieht sie wieder schreiben.
Jedoch:
Soang das   nicht wiederkehrt,
muß aes Fickwerk beiben.

Testament

Wo ist die Kasse?
Wo ist der Stift?
Wo ist die Tasse?
Wo ist das Gift?

Da liegt ja die Kasse!
Da steckt ja der Stift!
Da steht ja die Tasse!
Da ist ja das Gift!

Sie kriegt die Kasse.
Er kriegt den Stift.
Du kriegst die Tasse.
Ich nehm das Gift.

Materialien zu einer Kritik der bekanntesten
Gedichtform italienischen Ursprungs

Sonette find ich sowas von beschissen,
so eng, rigide, irgendwie nicht gut;
es macht mich ehrlich richtig krank zu wissen,
daß wer Sonette schreibt. Daß wer den Mut

hat, heute noch so'n dumpfen Scheiß zu bauen;
allein der Fakt, daß so ein Typ das tut,
kann mir in echt den ganzen Tag versauen.
Ich hab da eine Sperre. Und die Wut

darüber, daß so'n abgefuckter Kacker
mich mittels seiner Wichserein blockiert,
schafft in mir Aggressionen auf den Macker.

Ich tick nicht, was das Arschloch motiviert.
Ich tick es echt nicht. Und wills echt nicht wissen:
Ich find Sonette unheimlich beschissen.

Psalm

Bei dem Tanz ums goldene Kalb
gab es unschöne Szenen.
Ich möchte hier nur dreieinhalb
der unschönsten erwähnen:

David beispielsweise trat
Aaron auf die Zehen,
was er mit dem Satz abtat,
es sei gern geschehen.

Oder Saul, der plötzlich schrie,
er sei Gottes Enkel,
denn er trage seine Knie
unterhalb der Schenkel.

Oder Habakuk, der Hirt,
der beim Tanz so patzte,
daß sein Leitbock sich verwirrt
an den Leisten kratzte.

Oder Moses, der das Kalb,
statt es zu erschießen –
doch das sind schon dreieinhalb
Szenen. Ich muß schließen.

Sela.

IV

Liebesgedicht

Kröten sitzen gern vor Mauern,
wo sie auf die Falter lauern.

Falter sitzen gern an Wänden,
wo sie dann in Kröten enden.

So du, so ich, so wir.
Nur – wer ist welches Tier?

Ermunterung

Hallo, süße Kleine,
komm mit mir ins Reine!

Hier im Reinen ist es schön,
viel schöner, als im Schmutz zu stehn.

Hier gibt es lauter reine Sachen,
die können wir jetzt schmutzig machen.

Schmutz kann man nicht beschmutzen,
laß uns die Reinheit nutzen,

Sie derart zu verdrecken,
das Bettchen und die Decken,

Die Laken und die Kissen,
daß alle Leute wissen:

Wir haben alles vollgesaut
und sind jetzt Bräutigam und Braut.

Geständnis

Ich habe ein großes Gefühl für dich.

Wenn ich an dich denke,
gibt es mir einen Schlag.
Wenn ich dich höre,
gibt es mir einen Stoß.
Wenn ich dich sehe,
gibt es mir einen Stich:
Ich habe ein großes Gefühl für dich.

Soll ich es dir vorbeibringen,
oder willst du es abholen?

Die Lust kommt

Als dann die Lust kam, war ich nicht bereit.
Sie kam zu früh, zu spät, kam einfach nicht gelegen.
Ich hatte grad zu tun, deswegen
war ich, als da die Lust kam, nicht bereit.

Die Lust kam unerwartet. Ich war nicht bereit.
Sie kam so kraß, so unbedingt, so eilig.
Ich war ihr nicht, nicht meine Ruhe, heilig.
Da kam die Lust, und ich war nicht bereit.

Die Lust war da, doch ich war nicht bereit.
Sie stand im Raum. Ich ließ sie darin stehen.
Sie seufzte auf und wandte sich zum Gehen.
Noch als sie wegging, tat es mir kaum leid.
Erst als sie wegblieb, blieb mir für sie Zeit.

Frommer Wunsch

Mein Mantel hat einen Gürtel.

Der ist immer da,
doch ich brauche ihn nie.

Der hängt von mir ab,
doch ich binde ihn nie.

Der ist nützlich und schmuck,
doch ich sehe ihn nie:

So wünsch ich mir meine Gefährtin.

Verwunderung

Daß es dich gibt, trotz alledem,
ja – ist denn das zu fassen?
Mein Liebling, ich verließ dich doch,
du kannst dich drauf verlassen:
Ich kehr nie mehr zu dir zurück,
du bist für mich gestorben.
Für mich, das meint: für alle Welt.
Dem, der um dich geworben,
sag bitte, es sei unsinnig,
wenn er dir sagt, er liebt dich.
Er kann nicht lieben, was nicht ist,
und dich, mein Liebling, gibt's nicht.

Zwei erinnern sich

Aber das war doch das Glück!
Als wir auf dieser Terrasse standen,
als sich erst Worte, dann Finger, dann Lippen fanden,
und ich beugte mich vor,
und du lehntest dich zurück –
»Das war nicht das Glück!«

Aber doch! Das war das Glück!
Als wir dann diese Treppe hochstiegen,
so heiß und von Sinnen, daß wir meinten zu fliegen,
und dann sprang diese Tür auf,
und es gab kein Zurück –
»Aber das war doch nicht das Glück!«

Aber ja doch! Das war das Glück!
Als wir uns zwischen diesen Laken verschränkten
und gaben und nahmen und raubten und schenkten,
und wer immer etwas gab,
erhielt es tausendfach zurück –
»Das war unser Unglück.«

Freßgaß, Ende August

So laufen Männer heute rum,
so sinnlos, geistarm, körperdumm:

Sie zeigen einen nackten Arm,
der ist so blöd, daß Gott erbarm.

*Diese nackten Arme, die immer aus diesen
knappgeschnittenen Shirts herausragen!*

Sie zeigen einen nackten Hals,
dem fehlt's an Klugheit ebenfalls.

*Diese nackten Hälse, die immer in diesen
bescheuerten Köpfen enden!*

Sie zeigen einen nackten Bauch,
Das Hemd ist kurz, das Hirn ist's auch.

*Diese nackten Bäuche, die immer in diese
Jeans eingeschnürt werden!*

Sie zeigen sich halbnackt und stolz
und sind so stumpf und dumpf wie Holz.

*Diese halbnackten Männer, die immer so
bedeutend durch die Gegend schreiten!*

Sie zeigen, daß sie leben.
Auch das wird sich mal geben.

Herbstlicher Baum
in der Neuhaußstraße

Wie sehr bemerkenswert ist doch
ein dunkler Baum, durch den ein Wind geht,
wenn dieser Wind schön mild ist und
der große Baum scharf gegens Licht steht,
doch so, daß er am andern Rand
sich ganz und gar vereint dem Glänzen.
So also, links vom Licht begrenzt
und rechts so lichterfüllt, daß Grenzen
im Leuchten einfach weg sind und
ein Seufzer kommt aus meinem Mund.

Revision im Spiegel

Wenn ich meinen Hals betrachte,
fühl ich, wie ich mich verachte.

Wenn ich meinen Mund beschaue,
spür ich, daß ich mir vertraue.

Wenn ich meine Stirn besehe,
denk ich, daß ich mich verstehe,

Dann ein Blick aus meinen Augen –
und ich weiß, wieviel wir taugen.

Weder noch

Ach nein, ich kann kein Schächer sein,
da müßt' ich wilder, frecher sein,
wahrscheinlich auch viel böser;

Und weil ich lau und feige bin,
nicht Bratsche und nicht Geige bin,
langt's nicht mal zum Erlöser.

Siebenmal mein Körper

Mein Körper ist ein schutzlos Ding,
wie gut, daß er mich hat.
Ich hülle ihn in Tuch und Garn
und mach ihn täglich satt.

Mein Körper hat es gut bei mir,
ich geb' ihm Brot und Wein.
Er kriegt von beidem nie genug,
und nachher muß er spein.

Mein Körper hält sich nicht an mich,
er tut, was ich nicht darf.
Ich wärme mich an Bild, Wort, Klang,
ihn machen Körper scharf.

Mein Körper macht nur, was er will,
macht Schmutz, Schweiß, Haar und Horn.
Ich wasche und beschneide ihn
von hinten und von vorn.

Mein Körper ist voll Unvernunft,
ist gierig, faul und geil.
Tagtäglich geht er mehr kaputt,
ich mach ihn wieder heil.

Mein Körper kennt nicht Maß noch Dank,
er tut mir manchmal weh.
Ich bring ihn trotzdem übern Berg
und fahr ihn an die See.

Mein Körper ist so unsozial.
Ich rede, er bleibt stumm.
Ich leb ein Leben lang für ihn.
Er bringt mich langsam um.

Noch einmal: Mein Körper

Mein Körper rät mir:
Ruh dich aus!
Ich sage: Mach ich,
altes Haus!

Denk aber: Ach, der
sieht's ja nicht!
Und schreibe heimlich
dies Gedicht.

Da sagt mein Körper:
Na, na, na!
Mein guter Freund,
was tun wir da?

Ach gar nichts! sag ich
aufgeschreckt,
und denk: Wie hat er
das entdeckt?

Die Frage scheint recht
schlicht zu sein,
doch ihre Schlichtheit
ist nur Schein.

Sie läßt mir seither
keine Ruh:
Wie weiß *mein* Körper
was *ich* tu?

Jammer

Da setzt ein großes Tier sich auf
die Knie deines Herzens
und sagt: Mein Freund, erhebe dich.
Mach ernst. Genug des Scherzens.

Sieh deines Herzens Knie an.
Mein lieber Freund, sie bluten.
Da hört der Spaß auf. Es wird
ernst. Das ist zuviel des Guten.

Da willst du deines Herzens Knie
vom Erdboden erheben.
Da ist das große Tier zu schwer.
So mußt du weiterleben.

Nachdem er durch Rom gegangen war

Arm eng, arm schlecht
Arm grau, arm dicht
Reich weit, reich schön
Reich grün, reich licht.

Arm klein, arm schwach
Reich groß, reich stark
Arm heiß, arm Krach
Reich kühl, reich Park.

Arm Rauch, arm Schmutz,
Arm Müll, arm Schrott
Reich Ruhm, reich Glanz
Reich Kunst, reich Gott.

Endstation Einsicht

Im Freak-Café,
da endet man,
wie man auf einer
Klippe landet.
Man fragt nicht lang,
krallt sich nur fest,
greift zu und trinkt.
Vom Lärm umbrandet
schaut man sich um
und hört schnell weg.
Was sich da
lumpenhaft gewandet
laut mitteilt,
weiß nicht, was es sagt.
Doch dort, wo solch
Gelall versandet,
in müdem Kopf,
wird Einsicht wach:
Bist nicht gerettet,
bist gestrandet.

Roma aeterna

Das Rom der Foren, Rom der Tempel
Das Rom der Kirchen, Rom der Villen
Das laute Rom und das der stillen
Entlegnen Plätze, wo der Stempel

Verblichner Macht noch an Palästen
Von altem Prunk erzählt und Schrecken
Indes aus moosbegrünten Becken
Des Wassers Spiegel allem Festen

Den Wandel vorhält. So viel Städte
In einer einzigen. Als hätte
Ein Gott sonst sehr verstreuten Glanz

Hierhergelenkt, um alles Scheinen
Zu steingewordnem Sein zu einen:
Rom hat viel alte Bausubstanz.

Doppelte Begegnung
am Strand von Sperlonga

Die Sonne stand schon tief.
Der Strand war weit und leer.
Schräg ging mein Schatten vor mir her,
indes der deine lief.

Du warst mir unbekannt.
Ihr nähertet euch schnell.
Dein Schatten dunkel und du hell,
so kamt ihr übern Strand.

Sehr schön und ziemlich nackt
liefst du an mir vorbei.
Da warn die Schatten nicht mehr zwei,
sie deckten sich exakt.

Wir sahn euch lange nach.
Ihr drehtet euch nicht um.
Ihr lieft, du und dein Schatten, stumm,
von uns sprach einer: Ach.

Deutscher im Ausland

Ach nein, ich bin keiner von denen, die kreischend
das breite Gesäß in den Korbsessel donnern,
mit lautem Organ »Bringse birra« verlangen
und dann damit prahlen, wie hart doch die Mark sei.

Ach ja, ich bin einer von jenen, die leidend
verkniffenen Arschs am Prosecco-Kelch nippen,
stets in der Furcht, es könnt jemand denken:
Der da! Gehört nicht auch der da zu denen?

Sibilla

Sibilla, die nicht richtig hinsehen kann.
Ihre Augen, die ständig umherschweifen,
als müsse sie jeden Moment die Flucht ergreifen,
Sibilla, die man nicht richtig ansehen kann.

Sibilla, die nicht richtig zuhören kann.
Ihr Kopf, den sie ruckartig abwendet,
die einen Satz beginnt, den sie nicht beendet,
Sibilla, der man nicht richtig zuhören kann.

Sibilla, die nicht richtig gehen kann.
Ihre Füße, die sie gedankenlos setzt,
dann einen hochschnellt, als sei er verletzt,
Sibilla, mit der man nicht richtig gehen kann.

Sibilla, die nicht richtig essen kann.
Ihre Hände, die sich abdrehen und spreizen,
als würde sie ein plötzlicher Stromstoß reizen,
Sibilla, mit der man nicht essen gehen kann.

Sibilla, die richtig trinken kann.
Die hinsieht, zuhört, tänzelt und lacht,
zum Glas greift, redet und Männer anmacht,
Sibilla, die nicht so viel trinken sollte.

Weheklag

Italiener sein, verflucht!
Ich hab es oft und oft versucht –
es geht nicht.

Bin doch zu deutsch, bin schlicht zu tief –
wen's auch schon zu den Müttern rief,
versteht mich.

Die Mütter sind so tief wie doof,
ich gäbe gerne Haus und Hof
fürs Flachsein.

Hab weder Hof, hab weder Haus,
muß untergehn mit Faust und Maus
und Ach! schrein.

Balin, Balin

Ma wieda durch Balin jegangen,
die Luft jeschnuppert, Atmosphäre einjefangen –
Balin!
Du – deine Hände sind abjearbeitet und blau
wie bei eina – na! ich meine die Dingsda, die Frau,
die wo immer die Kinda jebären tut – na!
die Mutta!
Balin!
Einst jingste im Pelz.
Nu hatta Löcha im Futta.
Loch reiht sich an Loch –
und doch!
Und doch schleppste dia imma noch munta fort
von Balin Süd bis Balin Nord,
vom Kuhdamm bis zu'n Linden –
Balin!
Wenn et dia nich jäbe,
man müßte dia erfinden.
Wenn de nich schon erfunden wärst –
et müßte dia jeben.
Balin!
Muß ick ooch fern von dia leben,
mein Herz wohnt imma noch in –
Dortmund? Nee!
Duisburch? Nee bewahre!
Mannheim? Da doch nich!
Köln, Bonn, Kiel, Hamm, Hof, Graz, Wien?
Ach wat! Mein Herz wohnt imma noch in
Dusseldorf.

Auch eine Ästhetik

Gefragt, was er eigentlich wolle, sagte er:

Will nicht das Theater erneuern.
Habe dergleichen auch niemals erwogen.
Weiß nämlich gar nichts vom alten Theater.
Kann also gar kein Theater erneuern.

Will nicht die Prosa revolutionieren.
Achte doch sonst auch auf Vorschrift und Regel.
Halte bei Rot und fahre bei Grün an.
Gebe Gas und bremse genauso beim Schreiben.

Will nicht das Gedicht vorwärtsbringen.
Denke immer, es sollte *mir* weiterhelfen.
Frage mich, wo vorn und hinten ist bei Gedichten.
Weiß nur, daß sie Anfang und Ende haben.

Will nicht die Grenzen der Kunst erweitern.
Hab eher Angst, mich in ihr zu verlieren.
Fühlte in kleinerer Kunst mich viel wohler.
Stapf dennoch pfeifend querbeet durch die große.

So macht er sich Mut.

Leiden und Leben und
Lesen und Schreiben

Ich will alles sagen dürfen,
Wort aus jeder Wunde schürfen:

Scheiß der Hund drauf, das Gelingen
läßt sich einfach nicht besingen.

Wer will vom Gelingen lesen?
Höchstens reichlich flache Wesen.

Lieber sprech ich doch zu jenen,
die sich nach was Tiefem sehnen.

Die, wenn die Geschäfte laufen,
gerne etwas Schicksal kaufen.

Seiten voller Schmerz und Wunden
adeln allzu satte Stunden.

Verse voller Pein und Leiden
nützen letzten Endes beiden:

Die da bluten, die da blättern,
beide sehnen sich nach Rettern.

Deshalb muß es beide geben,
die da leiden, die da leben.

Die da lesen, soll man rühren,
weiter sowie höher führen.

Und die andern, wir, die schreiben,
sollten auf dem Teppich bleiben.

Ecklokal mit Verlierer

Verlierer, komm mir nicht zu nah!
Doch der Verlierer denkt nicht dran
Der hebt sein Glas, macht Frauen an
Und ist für diese Fraun nicht da

Wie er auch feixt und Stühle rückt
Die Frauen setzen sich nicht drauf
Er lärmt und lacht und gibt nicht auf
Und weiß schon, daß ihm gar nichts glückt

Da ihm noch niemals was gelang
Da er noch stets der Dumme war
Der, den noch jede Frau, sogar
Die letzte, in die Knie zwang

So wieder jetzt. Was sucht er hier?
Nun ist's nicht ratsam aufzuschaun
Schon irrt sein Blick ab von den Fraun
Schon hat er jemand im Visier

Schon schwallt er was von einem Schwatz
Den müßt er haben dann und wann
So richtig stark, von Mann zu Mann – ...
Verlierer, komm. Hier ist noch Platz.

Der Zähe

Wo du auch hingehst –
Ich bin schon da.

Wie weit du auch wegläufst –
Ich bin dir nah.

Wo du auch reinfällst –
Ich hol dich raus.

Nenn du mich nur Ratte –
Ich nenn dich Maus.

Der Wanderer

Viel hätte nicht gefehlt,
er hätte aufgeschrien.
Da lag das Meer vor ihm,
auf das die Sonne schien.
Und fliegende Fische!

So lange unterwegs,
daß er zu träumen meint.
Da liegt das Meer vor ihm,
und eine Sonne scheint
auf fliegende Fische.

Zu schön, um wahr zu sein,
er hat rasch kehrtgemacht.
Als er dann innehielt,
war Berg um ihn und Nacht.
Und heulende Hunde.

Alle oder nichts

Der da! Wie ist er so allein!
Da kommen sieben Frauen rein,
ihn herzlich zu begrüßen.
Zwei reiben ihm die Wangen warm,
zwei lagern sich in seinen Arm
und zwei zu seinen Füßen.
Die siebte aber! Ach! Sie schweigt!
Nicht ab-, doch auch nicht zugeneigt
bestellt sie einen Wein:
Der da! Wie fühlt er sich allein!

Gemachter Mann

Mit langen Schritten über große Terrassen gehen,
über solche, die einem gehören natürlich,
das ist ein Gefühl, meine Liebe,
unübertroffen.

Sagen Sie nichts. Entziehen Sie nicht Ihre Hände.
Lassen Sie sie verschränkt in den meinen.
Diesen Moment, meine Schöne,
ersehnte ich lange.

Gehn wir ins Haus? Nun wird es doch merklich
                                    kühler.
Zeit fürn Kamin und ein Schlückchen. Da lang.
Quer über jene Terrasse,
übrigens meine.

Katzengedichte

1

Von einer Katze lernen
heißt siegen lernen.
Wobei siegen »locker durchkommen« meint,
also praktisch: liegen lernen.

Sie sind ein sieghaftes Geschlecht,
diese Katzen.
Es gibt ihrer so viele wie Spatzen im Land.
Doch wer streichelt schon Spatzen?

Sie ist gar kein rätselhaftes Tier,
so eine Katze.
Sie will viel Fraß, etwas Liebe, doch meist
horcht sie an der Matratze.

Was eine einzige Katze uns lehrt,
lehren uns alle:
So viel wie möglich nehmen, ohne zu geben,
und dann ab in die Falle.

2

Mit einer Katze leben,
heißt die Katze überleben.
Jedenfalls dann, wenn man noch mitten im Leben
                                    steht.
Eine Katze steht schneller daneben.

Wie alt wird so eine Katze?
Maximal zwanzig Jahre.
Viele streckt's aber auch schon früher hin
auf die, sagen wir ruhig: Bahre.

Die ist dann vielleicht dein Schreibtisch.
Darauf kriegt sie ihre Injektion.
Sie seicht dir noch rasch die Tischplatte voll,
und das war's dann auch schon.

Eine Katze haben,
heißt eine Katze verlieren.
Andere mögen von Menschen reden,
ich rede von Tieren.

Ratschlag

Neun Männer treten bei dir ein,
drei groß, drei mittel und drei klein.

Die großen drei, die schlagen dich,
verspotten dich, verklagen dich.

Die mittleren, die pflegen dich,
umsorgen dich, umhegen dich.

Die kleinen drei verehren dich,
vergöttern dich, begehren dich.

Wirf alle neun aus deinem Haus,
sonst weinst du dir die Augen aus.

Katz und Maus

Die Katze spricht: Ich bin nicht so,
wie alle Welt vermutet.
Ich töte Mäuse, ja, jedoch
mit einem Herz, das blutet.
Mit einem Herz, das zuckt und schreckt,
mit einem Herz, das leidet –
Mit meinem Herz? Nein, dem der Maus!
Denn wenn uns etwas scheidet,
die Maus und mich, dann ist es das:
Ich bin der Fresser. Sie ist Fraß.

Schöpfer und Geschöpfe

Am siebenten Tage aber legte Gott die Hände
in den Schoß und sprach:

Ich hab vielleicht was durchgemacht,
ich hab den Mensch, den Lurch gemacht,
sind beide schwer mißraten.

Ich hab den Storch, den Hecht gemacht,
hab sie mehr schlecht als recht gemacht,
man sollte sie gleich braten.

Ich hab die Nacht, das Licht gemacht,
hab beide schlicht um schlicht gemacht,
mehr konnte ich nicht geben.

Ich hab das All, das Nichts gemacht,
ich fürchte, es hat nichts gebracht.
Na ja. Man wird's erleben.

Schön, schöner, am schönsten

Schön ist es,
Champagner bis zum Anschlag zu trinken
und dabei den süßen Mädels zuzuwinken:
Das ist schön.

Schöner ist es,
andere Menschen davor zu bewahren,
allzusehr auf weltliche Werte abzufahren:
Das ist schöner.

Noch schöner ist es,
speziell der Jugend aller Rassen
eine Ahnung von geistigen Gütern zukommen zu lassen:
Das ist noch schöner.

Am schönsten ist es,
mit so geretteten süßen Geschöpfen
einige gute Flaschen Schampus zu köpfen:
Das ist am allerschönsten.

Nachdem er durch Metzingen
gegangen war

Dich will ich loben: Häßliches,
du hast so was Verläßliches.

Das Schöne schwindet, scheidet, flieht –
fast tut es weh, wenn man es sieht.

Wer Schönes anschaut, spürt die Zeit,
und Zeit meint stets: Bald ist's soweit.

Das Schöne gibt uns Grund zur Trauer.
Das Häßliche erfreut durch Dauer.

V

Sehen und Hören und Fühlen
und Denken

Sieh, wie rasch sich Augen finden,
Arme lockern, Finger binden.
Hör, wie zart es Lippen treiben,
Zungen spielen, Wangen reiben.
Fühl, wie tief sich Menschen lieben,
Schenkel spreizen, Knie schieben.
Denk! wie hoch sie sich verschulden,
Herzen brechen, Seelen dulden.

Schweigen und Freude

Es ist viel Schweigen
zwischen Männern und Frauen.
Viel Fremdheit auch,
wenn sie einander beschauen,
und Kummer.

Es eint viel Freude
die, die sich lieben,
Frauen und Männer. Sie
lächeln und schieben
noch eine Nummer.

Zur Beherzigung

Man soll nicht hängen
sein Herz an Dinge,
an Tiere nicht
und nicht an Menschen.
Durch die Zeit sinken sie
wie Steine durchs Wasser.
Weh dem, der sich ihnen
verbunden.

Das Herz ist ein Falke.
Je freier, je höher
reißt es empor
aus dem Strudel der Zeiten,
was es ergreift,
ob Ding oder Wesen.
Wohl dir, wenn dich eines
mitreißt.

Stadtnacht

Mädchen, die zum Vögeln gehen
Nicht, daß sie gevögelt würden
Diese vögeln selber. Hürden
Überspringen sie gleich Rehen

Die dem Bock beweisen müssen
Daß er ungleich mehr genösse
Wenn er sich nur nicht verschlösse
Ihren Wünschen, ihren Küssen –:

Und so ward er denn genommen.
Morgens aber in den Städten
Sieht man stolz ins Zwielicht treten
Mädchen, die vom Vögeln kommen.

Bildnis des Künstlers
als alternder Filou

Bist du bei mir,
fragt sie ihn.
Bist du wirklich bei mir?

Ich bin bei dir,
sagt er ihr.
Ich bin wirklich bei dir.

Er sagt wirklich:
Ich bin bei dir.

Bitte um Trennung

Ich muß dir wehtun, bitte hilf mir, ich
Muß dir jetzt sagen, bitte, sag du selbst,
Was du längst weißt, daß ich es sagen muß:
Es läuft nichts mehr.

Ich, bitte hilf mir, tu mir doch nicht weh
Und sag doch selbst, was ich jetzt sagen muß,
Daß nichts mehr läuft, was du doch wissen mußt:
Weil's nicht mehr läuft.

In Mantua

Du siehst diese scharfe Frau,
sie geht über diesen Platz.
Du denkst, wie scharf die im Bett sein muß,
bei dem Gang.

Du hoffst, diese scharfe Frau
sei im Bett so stumpf wie ihr Typ.
Dich schmerzt, daß der die hernehmen darf
und nicht du.

Man hat dir erzählt, scharfe Fraun
sein im Bett schlicht katastrophal.
Du hast ihnen stets nur zu gern geglaubt,
diesen Stimmen.

Die hatten nie scharfe Fraun,
genausowenig wie du.
Denn hätten die scharfe Fraun gehabt,
wüßten sie:

Scharfe Fraun, die sind nicht scharf,
scharfe Fraun, die machen scharf.
Das macht die Liebe mit scharfen Fraun
so einfach.

Du hast das ja immer geahnt.
Nur schreckte dich die Gesellschaft
dieser schlichten Typen, die sich einfach das nehmen,
was du gern hättest.

Unzeitgemäße Verse

Ihm gesagt

In jeder Frau da steckt
ein Sexualobjekt.
Das muß der Mann erwecken,
sonst bleibt es in ihr stecken.

Ihr gesagt

Zu Frauen kommt man
wie zu Kindern,
paßt kurz nicht auf,
schon sind sie da,
sperren den Mund auf,
nicht daran zu hindern
zu nehmen. Wer je Frauen sah,
der weiß, daß ihre Fähigkeit
zu schlingen
die aller andern Wesen übersteigt,
weshalb der Mann,
wie unter großem Zauber,
den vollen Schnabel stets in
Frauen neigt.

Dem Paar gesagt

In hellen wie in heitern Tagen
soll eine froh die Lust des andern tragen.

Paargesang

Was mir gehört
Was dir gehört
Wir scheren uns nicht drum
Ich nehme, denn ich bin gescheit
Du gibst, denn du bist dumm.

Was mir gefällt
Was dir gefällt
Das ist doch alles eins
Ich kriege schon mein Stück vom Glück
Und wenn ich will, auch deins.

Was mir gebricht
Was dir gebricht
Uns ist das einerlei
Ich weiß ja nicht, was Mangel ist
Denn du entsagst für zwei.

Couplet von der Geilheit

Die Liebe ist stark
und die Zärtlichkeit toll
und beim Tanz nennt sie ihn ihren Schatz.
Aber kommt es zum Schwur,
dann erst raffen sie voll:
Für Geilheit gibt's keinen Ersatz.

Zuzweitsein bestärkt
und Gemeinsamkeit hebt
und am Tag ist für Zweifel kein Platz.
Aber löscht man das Licht,
dann wird hautnah erlebt:
Für Geilheit gibt's keinen Ersatz.

Die Reife schenkt Kraft
und die Weisheit schenkt Ruh
und auch Wunden war'n nicht für die Katz.
Aber fragt man die zwei,
dann geben sie zu:
Wofür?
Für Geilheit?
Was soll's da nicht gegeben haben?
Gab's für Geilheit einen Ersatz, Schatz?
Nein, für Geilheit gab's keinen Ersatz, Spatz.
Für Geilheit gibt's keinen Ersatz.

Lauf der Dinge *oder*
Ballade von den alternden Männern
in diesen bewegten Zeiten

Dann sehn sie sich plötzlich von Dunkel umringt.
Dann leiden sie wie die Hunde.
Dann sagen sie nichts, doch ihre Frauen verstehn,
Die richten sich langsam zugrunde:

Die Arbeit macht sie kaputt
Soviel Arbeit nicht gut

Die Familie macht sie platt
Weh dem, der Familie hat
Und jeden Abend breit
Leid, das zum Himmel schreit

Dann bleiben sie abends auch schon mal zu Haus.
Dann schöpfen sie Trost aus Bäumen.
Dann warten sie lange am Futterplatz,
Um das Eichhörnchen nicht zu versäumen:

Arbeit ist nicht die Welt
Ruhe zählt mehr als Geld
Technik verkommt zur Tortur
Frieden schenkt nur die Natur
Lasse dich fallen, vertrau
Schließ die Augen und schau

Dann reden sie immer öfter von
Der allerletzten Reise.
Erst werden sie ernst. Dann werden sie mild.
Und schließlich werden sie weise.

Grenzen kommen zu Fall
Wirst du eins mit dem All
Die Welt ist unendlich weit
Lebe die Möglichkeit
Niemand kommt jemals ans Ziel
Wer ›Weg‹ sagt, sagt bereits viel –

Der führt dann knapp bis zur jüngeren Frau.
Das schaffen sie grade grade.
Dann machen sie rasch auch noch die zur Sau.
Und das ist eigentlich traurig.

Amour fou in der Metzgerei Illing

Da trat die schiere Schönheit in
den Metzgerladen.
Ein Blick auf schiere Schönheit
kann ja wohl nicht schaden:
Also hinsehn.

Da schlug der pure Wahnsinn
den Beschauer.
Er wünschte sich vom
Augenblicke Dauer:
Also hinsein.

Da frug die Chefin schneidend,
was er wolle.
Da bat er stammelnd, daß
sie das entscheiden solle:
Also Eisbein.

Nichttrinklied

Das Schicksal hat es so gefügt,
daß mir am Alkohol nichts liegt.

Mich lockt nicht Bier, nicht Gin, nicht Wein –
Na ja, ein Wein, der darf schon sein.

Mich lockt nicht Korn, nicht Bier, nicht Gin –
Ist da ein Gin? Dann immer rin!

Mich lockt nicht Wein, nicht Korn, nicht Bier –
Da kommt ein Bier? Das nehmen wir!

Mich lockt nicht Gin, nicht Wein, nicht Korn –
Her mit dem Korn! Und dann von vorn:

Das Schicksal hat es so gefügt,
daß mir am Alkohol nichts liegt etc.

Eine merkwürdige Begegnung
im Schloßpark von Herrnsheim

Im lichten Park von Herrnsheim schreits
Lang war es kalt, nun schmilzt der Schnee
Quer übern Weg ein Defilee
Von Wasserhühnern. Oben kreischts

Im kahlen Astwerk hockt ein Grün
Und schreit, als brächte man es um
Groß klafft sein Schnabel rot und krumm
Kreischt er in Herrnsheims lichtem Park

Da schreits und kreischts und wird beschrien
Von zweitem Grün aus gleichem Baum
Ein Doppelkreischen füllt den Raum
So unerhört wie unverfrorn

In Herrnsheims lichtem, kaltem Park
Gesellt ein drittes Grün sich dem
Was da schon hockt, laut und bequem
Jedoch nicht lang. Ein Kreischen naht

Sich Herrnsheims Park. Im hellen Licht
Stürzt gellend Grün um Grün herbei
Ein vierter, fünfter Papagei
Und reißt die andern schreiend mit

So daß das aufsteigt, grell und stark
Kreischt es durch Herrnsheims lichten Park.

Mühlheim/Main – Blues

Tiefkühl-Strudel in Mühlheim
Jetzt weiß ich, was Hölle ist
Aufgetischt von soner aufgedotzten Lehrerin
In sonem verhärmten Formaldehyd-Haus –:
Bist du da auch runtergestiegen, Jesus Christ?

Sprühdosensahne auf Nescafé
Ich halt mich mit Mühe wach
In dieser patenten Freudlosigkeit
Bei diesem heillosen Gerede –:
Kannst du die Wahrheit vertragen, Jesus?
Du, Christus, kamst nur bis Offenbach.

Auf Reisen

Halt im Frankenland

Wolken wie mit dem Besen gemalt,
weiße Schlieren in nassem Silber,
dann aber alles sehr rasch getrocknet:
Stünde das Laubwerk sonst derart präzise,
dermaßen dunkel vor den Verläufen,
dies Filigran in sanfter Bewegung,
eilig schraffiert von verspäteten Vögeln?

Bussard an der Bahnstrecke
Ulm – Augsburg

Der Bussard ist ein stolzes Tier,
bei Jettingen liegt sein Revier.

Dort sitzt er schwer im welken Gras,
weil er, vermute ich, schon fraß.

Ich blick auf ihn vom ICE
und denk an die, die ich nicht seh,

An Mäusevater, Mutter, Kind,
die alle in dem Bussard sind.

Und stumm entbiete ich dem Tier
ein eiliges »Hallo, ihr vier!«

Durch Niederbayern

Himmel sind weiter hier
Kirchtürme öfter
Wiesen sind grüner hier
und Tiere weißer.

O junges Schaf! Im Gras
stehst du, ich fahre.
Dich lockt das frische Grün,
mich reife Schuld.

O schöne Frau! Die Stadt
kennt andre Weiden.
Läßt du ihn noch mal rauf,
den alten Hammel?

Oktoberfest

Sitzend unter den Ungeschlachten
fühl ich mich federleicht
und fremd.

Stehend am Morgen danach auf der Waage
weiß ich: Ich war unter
meinesgleichen.

Welt der Literatur

Zum Literaturbetrieb
»Dieses Gewerbe ist ziemlich windig.«
»So, findest du?« – »Find' ich.«

Empfindsamer junger Dichter

Der Dichter muß erleiden.
Der Dichter muß erleben:
Dann wird man ihn beneiden,
und frau wird ihm vergeben.

Zorniger junger Dichter

Gedicht kann beides sein:
Klage und Feier.
Dies geht mir auf den Sack,
das auf die Eier.

Milder alter Dichter

Um mich zum Schreiben zu bringen, Kinder,
braucht's Anreiz nicht,
Ansporn nicht oder Belohnung.
Ich schreibe, wie der Vogel schreibt:
Ungefragt, unbedarft, ununterbrochen.

Abgeklärter Dichter

Ob ich dem X seinen Bucherfolg neide?
Die Welt ist doch groß. Sie hat Platz für uns beide.
Der nimmt mir doch nichts, diese schmierige Kröte,
außer: Den Ruhm und die Fraun und die Knete.

Anmaßender Dichter

Natürlich bin ich bedeutender
als Reinhard Lettau,
bedeutend bedeutender,
aber was bedeutet das schon?

Was bedeutet »natürlich«?
Was bedeutet »bedeutender«?
Was bedeutet »Lettau«?
Was bedeutet »bedeutet«?

»Natürlich« bedeutet natürlich nichts.
»Bedeutender« bedeutet natürlich auch nichts.
»Lettau« bedeutet natürlich gar nichts.
»Bedeutet« bedeutet natürlich bedeutet.

Einzig »ich«, das bedeutet was.
Unter »ich« kann ich mir etwas vorstellen.
Unter »mir« kann ich mir allerdings schon
                                    weniger vorstellen,
außer, natürlich, Reinhard Lettau.

Schamerfüllter Dichter

Daß der Wolf
Daß der Wolf Biermann
Daß der wortgewaltige Wolf Biermann
All sein Lebtag nichts zu Papier gebracht hat
Was sich dem vergleichen ließe, was dieser Spitzel
Was dieser gottverlaßne Stasi-Spitzel in jener Nacht
notierte:

»Wolf Biermann führte mit einer Dame
Geschlechtsverkehr durch.
Später erkundigt er sich,
ob sie Hunger hat.
Die Dame erklärt, daß sie gern
einen Konjak trinken würde.
Es ist Eva Hagen.
Danach ist Ruhe im Objekt.«

Daß das nicht schlecht sei
Daß das bei Gott ziemlich gut sei
Daß das verdammt noch mal besser sei als s.o. –:
Das denkt er, und er schämt sich.

Drei berühmte Dichter

Der *Brecht* schrieb auf die Berlau
viele schöne Gedichte.
Sie machte sich daraufhin Hoffnungen.
Er machte Literaturgeschichte.

Der *Böll* war als Typ wirklich Klasse.
Da stimmten Gesinnung und Kasse.
Er wär' überhaupt erste Sahne,
wären da nicht die Romane.

Der eine liest die Iren.
Der andre liest die Briten.
Ein dritter liest die Russen.
Der *Grass* liest die Leviten.

Wortschwall

Erst tropft es Wort für Wort. Dann eint ein Fließen
Solch Tropfen in noch ziellos vagen Sätzen,
Die frei mäandernd durst'ge Ganglien netzen,
Aus welchen wuchernde Metaphern sprießen

Und wild erblühn. Und sich verwelkend schließen,
Nun Teil der Wortflut, wenn auch nur in Fetzen,
Das will vermengt zur Sprachbarriere hetzen,
Um sich von Satz zu Absatz zu ergießen,

Bis tief ins Tal. Dort füllen Wortkaskaden
Ganz ausgewaschne, sinnentleerte Becken,
In welchen doch seit alters Dichter baden.

Daß dies Bad sinnlos ist, kann die nicht schrecken:
Ein Wortschwall reicht, um die maladen Waden
Mit frischer Schreit- sprich Schreiblust zu begnaden.

Sauber bleiben

Mich manchmal den Medien verweigert
Dachte, das würde unheimlich wahrgenommen
Aber meine Freunde vor den Fernsehern
Die haben das überhaupt nicht mitbekommen.

Auch: Keine Frauen ins Bett gedichtet
Niemals rilkehaft abgesahnt
Freilich: Die also Verschonten
Haben ihr Glück nicht einmal geahnt.

Dann: Ziemlich viel Geld ausgeschlagen
Nicht peanuts – wirkliche Summen
Hätte das vielleicht bekanntmachen sollen
Aber: Wer spielt gern den Dummen?

Hier und da mit den Wölfen geheult
Doch viel öfter mit den Schafen
Wirklich: Ich habe das beste Gewissen der Welt
Nur: Was läßt mich nicht schlafen?

Als er zum 3. Oktober 1990 gefragt wurde,
    was er von Deutschland erwarte und
    was er dem vereinten Land wünsche

        Deutsche! Frei nach Bertolt Brecht
        rate ich euch, wählet recht:

        Von den Zielen die wichtigen
        Von den Mitteln die richtigen

Von den Zwängen die spärlichen
Von den Worten die ehrlichen
Von den Taten die herzlichen
Von den Opfern die schmerzlichen
Von den Wegen die steinigen
Von den Büchern die meinigen.

Fliegengedicht

In dieses Volk hineingeborn –
was hab ich in *dem* Volk verlorn?

In diesem Volk, wo morgens die Getretenen
ihrem Spiegelbild schwören: Schluß mit dem
Stiefellecken, heute müssen Köpfe rollen

Schluß Schluß Schluß

In diesem Volk, wo mittags der Glanz der
frischgeleckten Stiefel all diejenigen blendet,
die sich die Visagen der Treter einprägen wollen

Glanz Glanz Glanz

In diesem Volk, wo abends die randvollen Gläser
die Angst der Köpfe der Getretenen vor dem
Rollen auslöschen sollen

Angst Angst Angst

In diesem Volk bin ich daheim.
So spricht die Fliege auf dem Leim.

Im Chianti

Weh dem, der hat.
Ihm kann genommen werden:
»Ist der Blick von unsrer Terrasse nicht makellos?
Ich kenne keinen schönern auf Erden.«

Weh dem, der hat.
Er kann verlieren:
»Wir hätten damals auch noch das Wäldchen dazu
                                  kaufen sollen,
dann könnte uns nichts passieren.«

Weh dem, der hat.
Ihm wird genommen:
»Schatz, schau mal, wie der Neubau durch die
                              Baumkronen stößt –
unser Blick ist nicht mehr vollkommen!«

Weh dem, der hat.
Er ist verloren:
»Seitdem diese Schweinerei da drüben passiert ist,
ist unser Haus für mich gestorben.«

Gespräch mit dem Engel

Ein Geräusch in der Luft,
wie von großen Maschinen:
»Sagn Sie mal – läßt sich das nicht abstellen?«
»Damit kann ich leider nicht dienen.

Das ist das Stöhnen Gottes
beim Betrachten seiner Welten.
Das heißt: Manchmal lacht er auch über sie.
Aber selten.«

Trotz

Ich geh zu deinem Grabe nicht
Ich steh an deinem Grabe nicht
Ich knie vor deinem Grabe nicht
Ich flieh von deinem Grabe nicht –

Du kommst ja auch nicht
zu meinem
Am Ende liegt jeder
in seinem.

Geduld

Du gehst nicht zum Grab,
du fühlst dich schuldig.
Wenn Tote eins nicht sind,
dann: Ungeduldig.

Du stehst im Leben,
bestellst deinen Garten.
Wenn Tote eins können,
dann ist es: Warten.

Gehn oder Nichtgehn
bleibt dir unbenommen.
Wenn Tote eins wissen,
dann dies: Du wirst kommen.

Geburtstag

Billig so eine Tote, sie kostet
das Jahr über nichts, es sei denn, man gönnt ihr
nach eignem Ermessen ab und zu Blumen
sieht besser aus und zeugt von Gedenken.

Nun, da sie fünfzig geworden ist, hab ich
ihr Chrysanthemen aufs Grab gestellt, die ich
schon für sechs Mark bekommen hab. Als ich
selbst fünfzig wurde, war's wesentlich teurer.

Weißwein und Rotwein und Sekt und die Schwere
zahlloser Speisen bogen die Tische
an denen die Menge der tafelnden Gäste
sich's wohlsein ließ und die Helfenden schwitzten

sie immer vorneweg. Vor drei Jahren
ging das ins Geld. Nun geht sie selbst leer aus.
Nehmen tun nur die Lebenden, Tote
brauchen nichts, kaufen nichts, halten nichts, altern
                                        nicht.

Kindheit

An Wasserläufen gehen Kinder entlang, die Verwün-
schungen ausstoßen. Die Schatten noch fast unbelaubter
Bäume werfen ein Netz über sie. Die Eltern folgen in ge-
hörigem Abstand, erfüllt von einer wärmenden Gewiß-
heit: Die entkommen uns nicht.

Selber im Netz, führen sie Gefangene spazieren. Selber
gefangen, spielen sie sich als Wärter auf.

Am Teich schließlich fand man die Eltern in unguter
Haltung. In ihren Mundwinkeln blühte ein Rot, das der
Jahreszeit weit voraus war. Die Kinder hockten nicht
weit von ihnen und gaben vor, Abzählverse zu murmeln:

Stripp, strapp, strull, wir haben die Brücken abgebro-
chen. Strull, strapp, stripp, von nun ab machen wir, was
wir wollen.

Hohe Schule

Der Weg ist mit Bettlern gesäumt / die ihre Hirnschalen
vor sich aufgestellt haben.
Sie bitten die Vorbeigehenden um milde Gaben / in
Form von Gedanken oder Eingebungen.
Doch so sehr sie auch flehen / die Behältnisse bleiben
leer / da die Flanierenden selber / nichts in den ihren
haben.

Zurück aus dem Odenwald

Dieses viele Grün, dieses hohe Blau
und in der Ferne Worms

– Warum sagen Sie das?

Da war so viel Grün, und das Blau war so hoch
und in der Ferne Worms

– Wem sagen Sie das?

Dem, dem das Grün etwas sagt und das Blau
und in der Ferne Worms

– Das sagen Sie mir?

Jawohl, falls Ihnen Grün etwas sagt
und in der Ferne Worms

– Nun haben Sie aber das Blau vergessen!

Ach – sagen Grün und Blau Ihnen was
und in der Ferne Worms?

– Nicht daß ich wüßte. Können die denn reden?

Wenn der Vater mit dem Sohne

»Ja, mein Sohn?«

»Langsam, Vater, lerne ich,
das Fleisch zu verstehen.
Das Fleisch spricht eine
eigene Sprache.
Der Kopf sagt: So eine Frau
ist doch kein Objekt.
Das Fleisch sagt: Zur Sache!«

»Ach, mein Sohn!«
»Ja, Vater?«

»Langsam, mein Sohn, lerne ich,
dem Fleisch zu mißtrauen.
Das Fleisch denkt
nur an sich.
Der Kopf sagt: Na, versuch's doch
mit dieser Frau da.
Das Fleisch sagt: Ohne mich.«

»Ach, Vater!«

Behindertes Kind am Strand

Dieses zarte Bein
und dann dieser Klumpfuß
Dieser schöne Arm
und dann dieser andre
Dieses feine Gesicht
und dann dieser Buckel
Dieses arme Geschöpf
und dann diese fröhliche Mutter.

Für Rosa

Immer weniger können
Immer mehr nicht mehr können:

Nicht mehr hinten hoch können
Nicht mehr vorne hoch können
Nicht mehr fressen können
Nicht mehr trinken können
Nicht mehr scheißen können
Nicht mehr pissen können
Nicht mehr lecken können
Nicht mehr strecken können
Noch zucken können
Noch schnaufen können
Nicht mehr zucken können
Nicht mehr schnaufen.

Lesung

Menschen schauen mich an:
Da kommt der Gernhardt, Mann!

Menschen schauen mir zu:
Da ist der Gernhardt, du!

Menschen schauen mir nach:
Da war der Gernhardt, ach!

Menschen schauen sich an:
Der wird auch nicht jünger!

Immer

Immer einer behender als du

Du kriechst
Er geht
Du gehst
Er läuft
Du läufst
Er fliegt:

Einer immer noch behender.

Immer einer begabter als du

Du liest
Er lernt
Du lernst

Er forscht
Du forschst
Er findet

Einer immer noch begabter.

Immer einer berühmter als du

Du stehst in der Zeitung
Er steht im Lexikon
Du stehst im Lexikon
Er steht in den Annalen
Du stehst in den Annalen
Er steht auf dem Sockel:

Einer immer noch berühmter.

Immer einer betuchter als du

Du wirst besprochen
Er wird gelesen
Du wirst gelesen
Er wird verschlungen
Du wirst geschätzt
Er wird gekauft:

Einer immer noch betuchter.

Immer einer beliebter als du

Du wirst gelobt
Er wird geliebt
Du wirst geehrt

Er wird verehrt
Dir liegt man zu Füßen
Ihn trägt man auf Händen:

Einer immer noch beliebter.

Immer einer besser als du

Du kränkelst
Er liegt danieder
Du stirbst
Er verscheidet
Du bist gerichtet
Er ist gerettet:

Einer immer noch besser
Immer
Immer
Immer.

Rondo

So, voll Müdigkeit und Trauer,
endet jegliche Geschichte.
Alles macht die Zeit zunichte.
Mit der Zeit wird niemand schlauer,

da das kein Geschöpf auf Dauer
aushält, dieses stete Enden,
diese Leere in den Händen,
so voll Müdigkeit und Trauer.

Zufriedenheit

Ich sitze gern allein in vollen Zelten
wenn links ein Schluchzen
rechts ein Schelten
ein Weinen vorn
und hinten so ein Stöhnen
mich mit dem Zelt, der Welt
und meinem Einsamsein versöhnen.

Schön und gut und klar und wahr

Da sind diese vier weißen Tauben,
die sich in das Blau des Himmels schrauben.

Sie leuchten sehr auf beim Steigen,
um sich kurz drauf dunkel zu zeigen.

Das machen sie immer gemeinsam,
nie flog auch nur eine je einsam.

Warum die das tun? Keine Ahnung.
Möglicherweise als Mahnung:

Es ist schön, sich im Aufwind zu wiegen
Es ist gut, nicht alleine zu fliegen
Es ist klar, daß Steigen schon viel ist
Es ist wahr, daß der Weg das Ziel ist.

Kunst und Natur

Da sitzt der berühmte Mann.
Er schaut der unbekannten Frau nach.
Der berühmte Mann muß seufzen,
als die unbekannte Frau lacht.

Die macht ja alles zunichte,
was er je geschrieben:
Sein Werk mag man schätzen, aber
ihr Lachen muß man lieben.

Mäusegedicht

Und dräut die Katze noch so sehr,
sie kann uns nicht verschlingen,
solange wir nur unverzagt
von allem, was noch ungesagt,
von Lust und Frust
und Frist und List
und dem, was sonst noch sagbar ist,
nicht schweigen, sondern singen:
Das Singen wird es bringen!

VI

Schneiden und Scheiden

Ein guter Abend, um Pflaumen zu schneiden,
vorausgesetzt, es stimmt mit euch beiden.
Man kann beim Entkernen Gefühle erleben,
die schlichtweg erheben.

Zum Beispiel das, nicht allein zu sein.
Dann das Gefühl, zu zwein zu sein.
Sowie die Gewißheit: Was immer ihr tut –
es wird gut.

Ich rede jetzt nicht von der Marmelade.
Wenn die danebengeht, ist es kein Schade.
Auch meine ich keineswegs euer Verschränken.
Daß das in Ordnung geht, will ich gern denken.

Nein:

Ich stell mir nur vor, wie ihr Pflaumen schneidet,
wie ihr sorgsam die Kerne vom Fruchtfleisch scheidet
und wie sich zwei Schalen nach und nach füllen
mit Kernen und Hüllen.

Solch Scheiden, paarweis und stetig betrieben,
steigert das Leben und fördert das Lieben,
hindert das Meiden und mindert das Leiden,
vorausgesetzt, es stimmt mit euch beiden.

Italien – Mexiko,
Fußball-WM, 28.6.94

Wäre ich schwul,
ich verliebte mich
in den mexikanischen Torwart.

»Dann sei doch mal schwul,
verlieb dich doch
in den mexikanischen Torwart!«

Schweig stille, mein Herz,
was faselst du da
vom mexikanischen Torwart?

Wie säh' das denn aus:
Ich und verliebt
in den mexikanischen Torwart?!

Verzeih, liebe Frau,
ich lebe ab jetzt
mit diesem mexikanischen Torwart.

Hallöchen, Jungs,
begrüßt meinen Freund,
einen mexikanischen Torwart!

Ist hier noch was frei
für mich und den Herrn,
jenen mexikanischen Torwart?

Grüß Gott, Herr Kaplan,
wir wär'n gern ein Paar,
ich und dieser mexikanische Torwart ...

Herz, du spielst falsch!
Du denkst nicht an mich
und schon gar nicht an den mexikanischen
Torwart!

Denn tätest du das,
bedächtest du auch,
was derweil aus dem mexikanischen Tor wird!

Darum werd ich nicht schwul.
Ich verlieb mich auch nicht
in den mexikanischen Torwart.

Ich bleib treu und normal,
und du, mein Herz,
gehörst einer deutschen Hausfrau!

Eigentlich nicht

Das nennt man nicht eigentlich suchen,
wenn man schon weiß, wo was ist.
Das nennt man nicht eigentlich finden,
wenn man es gar nicht vermißt.
Das nennt man nicht eigentlich lieben,
wenn man den Liebling erpreßt.
Das nennt man nicht eigentlich halten,
wenn man ihn fallenläßt.

Herz und Hirn

Ist das Herz auf dem Sprung, ist das Hirn auf der Hut
Springt das Herz in die Luft, greift das Hirn nach dem
                                              Schirm
Schwebt das Herz himmelwärts, spannt das Hirn
                                    seinen Schirm
Stürzt das Herz auf den Schirm, ist das Hirn obenauf:
Siehste, mein Lieber. Immer schön auf dem Teppich
                                    bleiben!

Gottesurteil

Euch Frauen all, die ich begehrt,
euch hat der Zahn der Zeit versehrt.

Euch Frauen all, die ich gebraucht,
euch hat des Lebens Fuß verstaucht.

Euch Frauen all, die ich umschwärmt,
euch hat des Schicksals Faust verhärmt.

Euch Frauen all, die ich versucht,
euch hat der Gottheit Mund verflucht:

Ihr Frauen all habt IHN verschmäht!
Tut Buße, ehe es zu spät!

Gespräch mit dem Wolf

Wo kommst du her?
Ich? Aus dem hohen Norden.
Wo gehst du hin?
Ich? In die tiefe Nacht.
Wen stellst du dar?
Ich? Bin ein Wolf geworden.
Wem stellst du nach?
Ich? Alles taugt zum Morden.
Wen frißt du auf?
Dich! Was hast du gedacht?

Einer überdenkt einiges

Und er dachte an die Fraun in seinem Leben
Und befand: Sehr viele waren's nicht
Und er fragte, was sie ihm gegeben
Und erinnerte sich dunkel: Licht

Und er dachte, ob sie seiner dächten
Und befand: Wahrscheinlich ist das kaum
Und er fragte, was Gedanken brächten
Und erinnerte sich hellwach: Traum

Und er dachte, was sie ihm genommen
Und befand: Die Glut aus meiner Brust
Und er fragte, was er selbst bekommen
Und erinnerte sich seufzend: Lust

Und er dachte an die Folgen all der Lieben
Und befand: Sie gingen reichlich weit
Und er fragte, was davon geblieben
Und erinnerte sich lächelnd: Leid.

Die Geburt

Als aber in der finsteren Nacht
die junge Frau das Kind zur Welt gebracht,
da haben das nur zwei Tiere gesehn,
die taten grad um die Krippen stehn.

Es waren ein Ochs und ein Eselein,
die dauerte das Kindlein so klein,
das da lag ganz ohne Schutz und Haar
zwischen dem frierenden Elternpaar.

Da sprach der Ochs: »Ich geb dir mein Horn.
So bist du wenigstens sicher vorn.«
Da sprach der Esel: »Nimm meinen Schwanz,
auf daß du dich hinten wehren kannst.«

Da dankte die junge Frau, und das Kind
empfing Hörner vorn und ein Schwänzlein hint.
Und ein Hund hat es in den Schlaf gebellt.
So kam der Teufel auf die Welt.

Gehen und Schreiben und Fernsehen

Zur gleichen Zeit, da ich von meinem Hügel,
die Beine lustig werfend, talwärts wandre,
an dem Gehöft vorbei, das an den Weg grenzt,
liegt dort der Bauer und hat grad Probleme,
vom Bauch sich auf den Rücken zu verlagern:
Seit jenem Sommerabend, als sein Traktor
ihn unter sich begrub, läuft wenig.

Zur gleichen Zeit, da ich den schlichten Vorgang,
die Feder eilig führend, niederschreibe
und ein Gefühl verspüre, das an Scham grenzt,
geht's vielen ähnlich. Mancher hat Probleme,
den Bauch mit seinem Herzen zu versöhnen:
Doch dank der Schreckensbilder, deren Fülle
das Mitleid täglich lähmt, läuft nichts mehr.

Diät-Lied *(mit Ohrfeigenbegleitung)*

Ich freu mich auf mein Frühstück
Da schneide ich zwei Hörnchen auf
(Klatsch Klatsch)
Da schneid ich etwas Graubrot auf
und schmiere mir dick Butter drauf
und Leberwurst und
(Klatsch Klatsch)
Und schmier dünn Margarine drauf
und etwas Kräuterpaste
und reichlich Gorgonzola
(Klatsch Klatsch)

Und keinen Gorgonzola
Sodann greif ich zum Pfirsich
Den schneide ich in Stücke
und haue massig Sahne drauf
(Klatsch Klatsch)
Und mache einen Joghurt auf
und tu ihn auf den Pfirsich
und reichlich Gorgonzola
(Klatsch Klatsch)
Und keinen Gorgonzola
und zwanzig Löffel Müsli
(Klatsch Klatsch)
Und einen Löffel Müsli
Dann freu ich mich auf Mittag
Da brat ich einen Tofu auf
und tue reichlich
(Klatsch Klatsch)
Sprossen drauf
und jede Menge
(Klatsch Klatsch)
Kleie
Das eß ich, weil es sein muß
und freue mich aufs Abendbrot
Da gibt's ein Riesenschnitzel
(Klatsch Klatsch)
Da gibt's ein kleines Schnitzel
(Klatsch Klatsch)
Da gibt es gar kein Schnitzel
Da mach ich einen Bratling warm
und tu dick Majonäse drauf
(Klatsch Klatsch)
Und drei, vier Spiegeleier
(Klatsch Klatsch)

Und reichlich Gorgonzola
(Klatsch Klatsch)
Und schütt es in den Lokus
Dann drücke ich die Spülung
und freu mich auf den Nachtisch
da trinke ich vom feinsten
(Klatsch Klatsch)
Und stillsten Wasser, das es gibt
sodann wird ein Versuch geübt:
Wieviel vom schweren roten Wein
geht in den Durchschnittsmann hinein?
(Klatsch Klatsch)
Wenn der dabei im Schmalztopf wühlt
(Klatsch Klatsch)
Sich grad wie Gott in Frankreich fühlt
(Klatsch Klatsch)
Fünf Eisbein mit zehn Bierchen kühlt
(Klatsch Klatsch)
Und die mit Schnäpsen runterspült
(Klatsch Klatsch)
und reichlich
(Klatsch Klatsch)
Gorgonzola
Das will ich ausprobieren
und sollt ich dran krepieren
dann hab ich meine letzte Nacht
zumindest lustvoll
(Klatsch Klatsch)
Zumindest heiter
(Klatsch Klatsch)
Zumindest spannend
(Klatsch Klatsch)
Zumindest nahrhaft
zugebracht.

Mein Feind

Für XY

Auch ich hab einen Feind – nein, du bist nicht gemeint.
Bist schlicht zu unwichtig für jemanden wie mich.
Wer mich befeinden will – sei du jetzt bitte still –,
wer mich zum Feind erwählt – nun schau nicht so
                                                    gequält –,
muß wissen: Diese Ehr' erringt nicht irgendwer.
Für einen Feind bist du – du hörst jetzt bitte zu –:
Zu unklug und zu unbekannt,
zu unfreundlich, zu ungalant,
zu prolo und zu chauvi,
zu macho und zu doofi,
zu abgewrackt, zu ausgelutscht,
zu aufgeschwemmt, zu abgerutscht,
zu feist, zu schwach, zu laut, zu blöd,
zu arm, zu mies, zu mau, zu öd –:
Nein, nein, nein, mein Feind kannst du nicht sein.
Mein Feind muß klug und stolz sein, aus
                              gradgewachsnem Holz sein,
ist schön dabei und stark, grundehrlich bis ins Mark,
das Gegenteil von dir. Nein – Feind ist nicht dein Bier.
Du bist kein Feind, du bist – ach, hör nicht weg, es ist
bei Gott nicht bös gemeint –: Du bist – verzeih! –
                                                    mein Freund.

125

Ein Gast

Das Alter klopft an meine Tür:
»Du bist da drin, ick spüre dir.«

Ich mach nicht auf und flüstre schwach:
»Lern du zuerst mal deutscher Sprach.«

Worauf der Gast zu gehn geruht.
– Ey, Alter! Das ging noch mal gut.

Nah schwach lieb groß

Sind schon tröstlich: Nahe Hügel,
die den Horizont verstellen.
Geht der Blick ins Weite, Große,
meint das auch: ins Wesenlose.

Sind schon dankbar: Schwache Augen,
die nicht soviel sehen müssen.
Schauten Meere, ferne Reiche,
suchen heut: das Immergleiche.

Sind schon hilfreich: Liebe Sprüche,
die aus Scheiße Bonbon machen.
Ist der Mensch nicht mehr im Bilde,
bleibt ihm noch: die Altersmilde.

Sind schon traurig: Große Worte,
welche den Verlust bemänteln.
Jenseits aller Höhenflüge
triumphiert: die Lebenslüge.

Die Nachbarin

Die Nachbarin, die hüstelnd die Treppe fegt.
»So anstrengend heute.
Weiß auch nicht,
was ich habe.«
Krebs hat sie, die Nachbarin.
In einem Jahr wird sie tot sein.

Eine Erinnerung, die nicht vergehen will:
»So anstrengend heute.
Weiß auch nicht,
was ich habe.«
Krebs hatte sie, die Nachbarin.
Seit fünfzehn Jahren ist sie tot.

Roß und Reiter

Ich fühl mich meinem Leben so verbunden
wie einem Stein, der mir in freiem Falle
vorausstürzt und den Weg weist: Da geht's weiter.

Ich und der Stein, wir sind uns sehr verbunden.
Solang wir fallen, sind wir Weggefährten,
ein eingespieltes Paar wie Roß und Reiter.

Der Stein ist dergestalt mit mir verbunden,
daß uns ein Schicksal eint, das man auch Strick nennt.
Wenn ich von dem nicht loskomm, das wird heiter.

Doch was da fällt, bleibt bis zum Schluß verbunden.
Stumm stürzt das Roß. Verstummend folgt der Reiter.
Erst als er merkt: Ich fall ja gar nicht mehr – da
                                    schreit er.

Ein Glück

Wie hilflos der Spatz auf der Straße liegt.
Er hat soeben was abgekriegt.

Da hebt das den Kopf, was erledigt schien.
Könnten Spatzen schreien, der hätte geschrien.

Der hätte gebettelt: Erlöse mich.
Der Erlöser wäre im Zweifelsfall ich.

Ist sonst niemand da, die Straße ist leer,
der Wind weht leicht, und der Spatz macht's mir
                                    schwer.

Wen leiden zu sehn, ist nicht angenehm.
Wenn wer sterben will, ist das sein Problem.

So red ich mir zu und geh rascher voran.
Ein Glück, daß ein Spatz nicht schreien kann.

Enttarnt

Durch einen Fehler im Weltenplan
lockerte sich mein Schneidezahn.

Da schoß es mir eiskalt durch den Sinn:
Wie, wenn ich nicht unsterblich bin?

Da schien mir urplötzlich sonnenklar,
daß ich ein endliches Wesen war.

Da war ich schlagartig gewarnt:
So habe ich Gott als Mörder enttarnt.

Das Dunkel

Menschen kleiden sich gern bunt,
das hat einen dunklen Grund.

Menschen zeigen sich gern nackt –
Dunkelheit in Haut verpackt.

Ob im Mann, ob im Weib,
Dunkel herrscht in jedem Leib.

Auch trifft zu, daß Greis und Kind
innen völlig dunkel sind.

Hinter jedem roten Mund
öffnet sich ein dunkler Schlund.

Meerrettich und Brot und Wein
läßt der Schlund ins Dunkel ein,

Rein in Magen, Blase, Darm,
alle dunkel, aber warm.

Wein und Brot und Meerrettich
wandern durch ein dunkles Ich.

Auf dem Weg vom Ich zum Du
freilich geht's noch dunkler zu.

Dunkel lockt der Zeugungstrieb:
Laß mich ein. Hab mich lieb.

Dunkel bleibt auch, ob es frommt,
daß da das zusammenkommt:

Same sah nie Tageslicht,
Ei warf niemals Schatten nicht.

Klar ist nur, daß es das Glied
gradewegs ins Dunkel zieht,

Und daß es ein Spalt empfängt,
den es dunkel zu ihm drängt.

Dunkel ist, was sich dann tut,
Dunkel herrscht, wenn alles ruht,

Doch im Schoß der dunklen Nacht
regt sich dunkel der Verdacht,

Alles Licht sei eitel Schein
auf dem Weg ins Dunkelsein.

Der letzte Gast

Im Schatten der von mir gepflanzten Pinien
will ich den letzten Gast, den Tod, erwarten:
»Komm, tritt getrost in den betagten Garten,
ich kann es nur begrüßen, daß die Linien

sich unser beider Wege endlich schneiden.
Das Leben spielte mit gezinkten Karten.
Ein solcher Gegner lehrte selbst die Harten:
Erleben, das meint eigentlich Erleiden.«

Da sprach der Tod: »Ich wollt' mich grad entfernen.
Du schienst so glücklich unter deinen Bäumen,
daß ich mir dachte: Laß ihn weiterleben.
Sonst nehm ich nur. Dem will ich etwas geben.
Dein Jammern riß mich jäh aus meinen Träumen.
Nun sollst du das Ersterben kennenlernen.«

Ach

Ach, noch in der letzten Stunde
werde ich verbindlich sein.
Klopft der Tod an meine Türe,
rufe ich geschwind: Herein!

Woran soll es gehn? Ans Sterben?
Hab ich zwar noch nie gemacht,
doch wir werd'n das Kind schon schaukeln –
na, das wäre ja gelacht!

Interessant so eine Sanduhr!
Ja, die halt ich gern mal fest.
Ach – und das ist Ihre Sense?
Und die gibt mir dann den Rest?

Wohin soll ich mich jetzt wenden?
Links? Von Ihnen aus gesehn?
Ach, von mir aus! Bis zur Grube?
Und wie soll es weitergehn?

Ja, die Uhr ist abgelaufen.
Wollen Sie die jetzt zurück?
Gibt's die irgendwo zu kaufen?
Ein so ausgefall'nes Stück

Findet man nicht alle Tage,
womit ich nur sagen will
– ach! Ich soll hier nichts mehr sagen?
Geht in Ordnung! Bin schon

Zurück zur Unnatur

Zurück aus dem Wald
wo Blätter verkümmern
Kronen sich lichten
Äste verdorren
Rinden aufplatzen
Stämme hinstürzen –
Beute des Sturms
Opfer des Fortschritts
Geiseln des Wandels
Treibgut der Zeit.

Zurück in der Stadt
wo strahlende Wände
den Himmel verstellen
und ihn verdoppeln –
Türme aus Glas
Spiegel des Wechsels
Stelen aus Licht
Monumente der Dauer:

Wer möchte leben
ohne den Trost der Hochhäuser!

Natur-Blues

Kaum atmest du wegen der Eichen auf,
da gehn schon die ersten Kastanien drauf
Natur

Kaum lassen die Kinderkrankheiten nach,
da fühlst du dich schon etwas altersschwach
Natur

Kaum erholt sich dein Land von der Trockenheit,
da macht sich bereits wieder Hochwasser breit
Natur

Kaum hast du entdeckt, welcher Wein dir schmeckt,
da hat das auch deine Leber gecheckt
Natur

Kaum lockt dich der blühende Wiesenrain,
da stellt sich dort auch schon die Milbe ein
Natur

Kaum weißt du, wo man gut essen geht,
da empfiehlt dir der Arzt eine Nulldiät
Natur

Kaum geben die letzten Amseln Ruh,
da gibt schon der Kauz seinen Senf dazu
Natur

Kaum kommt der ersehnte Schlaf herbei,
da weckt dich schon wieder Amselgeschrei
Natur

Kaum daß du die Kunst zu leben erlernst,
da macht schon der bleiche Geselle ernst:
Natur.

Tier und Mensch

So viele Jahre ohne Tier schon:

Kein Klagen an der Tür, kein Grüßen
Kein sehnsuchtsfeuchter Blick, kein Drängen
Kein Streichen um das Bein, kein Schnurren
Kein selbstvergeßnes Mahl, kein Lecken
Kein traumverlornes Ruhn, kein Schlummern –

So viele Jahre schon gar kein richtiger Mensch mehr.

Kurze Rede zum vermeintlichen Ende
einer Fliege

Tut mir leid, meine Liebe, du wirst jetzt gleich hin
                                                    sein.
Wir sind hier schließlich nicht bei Buddhistens.
Bei Buddhistens, das ist ein Kontinent weiter.
In Tibet, da läßt man sich so etwas bieten,
die würden dich, Fliege, die ganze Nacht
rumsummen lassen nach Herzenslust.
Bei Buddhistens ist das normal, die summen
ja selber rund um die Uhr ihre Oms,
ihre O mani padme hums, diese Priester.
Und wo andauernd irgendwo rumgesummt wird,
da fällt ein Gesumme mehr oder weniger
gar nicht groß auf. Doch wir sind hier bei Christens.
Da wird nicht gesummt. Da wird nachts geschlafen.
Daran hat sich auch eine Fliege zu halten.
Glaub bloß nicht, ich hätte was gegen euch Fliegen.
Normal tu ich keiner etwas zuleide.
Doch ich will jetzt schlafen, und du willst jetzt
                                        summen.
Ich hab die Patsche, und du bist der Brummer,
du oder ich, tut mir leid, meine Liebe:
Da!

Bsssss

Scheiße!

Viel und leicht

Von allem viel. Viel Birne, viel Zwetschge. Viel
Traube, viel Pfirsich. Viele Tomaten. Viel
Rascheln der vielen trockenen Blätter. Viel
Haschen der vielen kleinen Katzen. Viel
Duft von viel Harz der vielen Pinien. Viel
Wind in den vielen Oliven. Viel Silber. Viel
Rauschen. Viel Blau in den vielen Hügeln. Viel
Glanz. Viel Wärme. Viel Reife. Viel Glück.

Vor allem leicht. Wie leicht sich das erntet. Leicht
löst sich die Birne, die Zwetschge, der Pfirsich. Leicht
trennt das Messer vom Weinstock die Traube. Leicht
knurrend naht sich die Katze. Sie läßt sich leicht
die Beute abnehmen. Es schreibt die Rechte: Leicht
gesperbert die helle Brust des Vogels, so leicht
in der Linken. Die Flügel sehr dunkel. Darin leicht
gekurvte, gelbe Handschwingen. Ein Zeisig vielleicht.

Alles über den Künstler

Der Künstler geht auf dünnem Eis.
Erschafft er Kunst? Baut er nur Scheiß?

Der Künstler läuft auf dunkler Bahn.
Trägt sie zu Ruhm? Führt sie zum Wahn?

Der Künstler stürzt in freiem Fall.
Als Stein ins Nichts? Als Stern ins All?

Der Dichter

Abends zählt er seine Leiden,
tut sich an dem Vorrat weiden,
wählt eins aus, bedichtet es,
und das Dichten richtet es.

Morgens aber fleht er wieder:
Schicksalshammer, sause nieder!
Denn ich wähn mich schon im Grabe,
wenn ich nichts zu dichten habe.

Nachmittag eines Dichters

Horch! Es klopft an deine Tür:
»Mach auf und laß mich rein!«
»Wer da?« »Die Einfallslosigkeit!«
»Das fällt mir gar nicht ein.«

Schon steht sie neben deinem Tisch:
»Was wird das? Ein Gedicht?«
»Ein Lob der Kreativität.«
»Das, Freundchen, wird es nicht.«

Da fährst du auf und sagst bestimmt:
»Das wird es wohl, Madame!«
»Dann leg mal los!« »Ahemm, ahemm . . .«
»Und weiter?« »Äh . . . Ahamm . . .«

Da küßt sie strahlend deinen Kopf:
»Ciao, ich muß weiter, Kleiner.
Doch hab ich einen Trost für dich:
So schön besang mich keiner!«

Good News aus Nürtingen

»Uns trägt kein Volk.«
Paul Klee

Du, Klee, fühltest dich nicht vom Volk getragen,
Ich, Klee, kann dir von Nürtingen aus sagen:
Klee, du bist hier total angekommen
und wurdest in den Wandschmuck des Hotels Vetter
                                  aufgenommen.

Ich, Klee, war im Hotel Vetter in Nürtingen,
und ich sah, daß es deine Bilder dort voll bringen.
Du, Klee, deine Werke garnieren
die Gänge, die vom Restaurant zum Klo führen.

Ja, Klo. Ich würde mich deswegen nicht groß grämen.
Den Weg zum Klo muß jeder mal nehmen.
So daß ein jeder, der sich dorthin bewegt,
auch ein wenig den Schöpfer des Wandschmucks trägt.

Du, Klee, bist 1940 gestorben
und glaubtest dein Volk für deine Kunst auf immer
                                  verdorben.
Ich, Klee, war 1995 in Nürtingen
und kann dir ein ganz anderes Liedlein singen:

Dort ist der Hotelgast froh,
geleitet ihn ein Klee zum Klo.

Ballade von der Lichtmalerei

Leg etwas in das Licht und schau,
was das Licht mit dem Etwas macht,
dann hast du den Tag über gut zu tun
und manchmal auch die Nacht:

Sobald du den Wandel nicht nur beschaust,
sondern trachtest, ihn festzuhalten,
reihst du dich ein in den Fackelzug
von Schatten und Lichtgestalten.

Die Fackel, sie geht von Hand zu Hand,
von van Eyck zu de Hooch und Vermeer.
Sie leuchtete Kersting und Eckersberg heim
und wurde auch Hopper zu schwer.

Denn die Fackel hält jeder nur kurze Zeit,
dann flackert sein Lebenslicht.
Doch senkt sich um ihn auch Dunkelheit,
die Fackel erlischt so rasch nicht.

Sie leuchtet, solange jemand was nimmt,
es ins Licht legt und es besieht,
und solange ein Mensch zu fixieren sucht,
was im Licht mit den Dingen geschieht.

Ostfriesische Romanze

Zwei Leben werden enggeführt
Zwei Blicke werden sehr gespürt
Zwei Hirne werden sehr erregt
Zwei Herzen werden sehr bewegt
Zwei Körper werden sehr begehrt
Zwei Seelen werden sehr versehrt
Zwei Wochen lang wird sehr geflennt
Dann hat man sich in Leer getrennt.

Vom Fuchs und dem Eichelhäher

»Nur die Nähe bringt uns näher«,
sprach der Fuchs zum Eichelhäher.
»Nichts kann edle Herzen trennen,
die sich aus der Nähe kennen!«
Und hat ihn beim Schopf genommen –
näher kann man sich nicht kommen.

Kollegialer Rat

Ein Gedicht ist rasch gemacht.
Schnell auch reimt ein Lied sich.
Aber so ein Zeitroman,
lieber Freund, der zieht sich!

Der ICE passiert Günzburg

Wieder an Günzburg vorbei.
Wie oft schon Günzburg gesehen,
das turmreiche, aber der Zug
blieb niemals in Günzburg stehen.

Freilich:

Hätt' er das einmal getan –
wär' ich denn ausgestiegen?
Daß ich von Günzburg nichts weiß,
kann nicht am Fahrplan liegen.

Denn:

Furcht hält den Menschen zurück,
sich dem, was schön scheint, zu nahen.
Jedermann weiß darum.
Viele, die Günzburg sahen –

Aber:

Keiner, der Günzburg betrat.
Keiner, der Günzburg durchschritten.
Keiner, der, mittags entflammt,
nächtens um Günzburg gelitten.

Denn:

Daß uns etwas ergreift,
meint auch, daß wir es nicht fassen.

Was den Schluß nahelegt,
Günzburg links liegen zu lassen.

Und nicht nur Günzburg.

Der ICE hat eine Bremsstörung
hinter Karlsruhe

Lila umflammt der Flieder die Hütte.
In Blumen versinkt die rostende Wanne.
Staubtrocken der Weg. Es zerrt unablässig
ein Wind an den Gräsern.

Alles im Rausch: Die Schwalben, die Blüten
Alles im Lot: Die Zäune, die Hecken
Alles im Licht: Der Schotter, die Schwellen
Alles im Arsch: Die Bremsen, der Zeitplan.

Wiener Anwandlung

Wenn vor dem Ball die Jugend sich sammelt,
ganz Jeunesse dorée, als sei nichts passiert,
und im Abenddress ins Café hereinströmt,
in Stola und Smoking, als sei nichts passiert,
und die Mäntel da ablegt, wo »Reserviert« steht,
die Capes und die Pelze, als sei nichts passiert,
und zum Aufwärmen schon mal Champagner ordert,
Roederer Cristal, als könne nie etwas passieren –

Dann wünsch ich mir, es brächen durchs Fenster
verdreckte Kosaken mit blitzenden Klingen,
die Stolas aufzuspießen der Damen,
die Schleifen aufzutrennen der Herren,
und wenn dabei auch noch ein Kopf abfiele –
kann ja passiern, daß dabei ein Kopf abfällt,
soll jedenfalls schon mal dabei passiert sein –:
dann sagte ich, was man in Fällen wie diesen
sagt: Hoppla! Und ich höbe das Weinglas.

Sonntag in Lübeck

Wie sie kauend durch
die Straßen schieben!
– Du mußt diese Menschen nicht lieben.

Wie sie gekleidet sind,
die Ungeschlachten!
– Du mußt diese Menschen nicht achten.

Wie erfreulich es wär,
wenn sie weniger wögen!
– Du mußt diese Menschen nicht mögen.

Wie sie durch ihre
Stumpfheit entsetzen!
– Du mußt diese Menschen nicht schätzen.

Wie schafft man es nur,
sie nicht zu hassen?
– Da mußt du dir etwas einfallen lassen.

Als er sich auf einem stillen
Örtchen befand

Mein Blick fällt aufs
Toilettenpapier.
Darauf steht »Danke«.
Danke wofür?

Danke dafür,
daß ich es verwende
und keine edlen
Ressourcen verschwende.

Danke dafür,
daß ich es benütze
und so die Recycling-
Idee unterstütze.

Danke im Namen
von Wald und Baum:
Du sicherst unseren
Lebensraum.

Danke im Namen
von Fink und Star:
Du nimmst auch unsre
Interessen wahr.

Danke im Namen
der ganzen Natur:
So handeln
Auserwählte nur.

Danke im Namen
des blauen Planeten:
Heilig, heilig.
Lasset uns beten!

Dank für dein Dasein
in unserer Mitte!
Groß greif ich zur Rolle
und sag segnend: Bitte.

Einer schreibt der Berliner Republik etwas ins Stammbuch

Erstmals sind die Älteren
nicht per se schon Täter.
Erstmals heißt es: Macht erst mal,
bilanziert wird später.

Erstmals sind die Jüngeren
nicht per se schon Richter.
Erstmals schreckt das Kainsmal nicht
älterer Gesichter.

Erstmals müssen alle ran,
Turnschuhe wie Krücken.
Glückt's nicht, sind wir alle dran,
ergo muß es glücken.

Steffi Graf-Gospel
oder
Die ›Frankfurter Allgemeine‹ zitiert die Brühlerin nach deren Spiel gegen Gabriela Sabatini am 7. 6. 1995

Erzähl uns, Steffi, wie hast du gespielt?

Ich war vom ersten Punkt an
Was warst du?
voll konzentriert
Das warst du, bei Gott!
Ich habe extrem beständig
Was hast du?
gespielt
Beim Himmel! Das hast du getan!

Ich habe perfekt serviert
Halleluja!
Ich habe auf
Was hast du, Schwester?
den richtigen Moment
für den richtigen Schlag
gewartet und bin
ans Netz vorgerückt –

Dein Mund spricht die lautere
Wahrheit, Schwester!
Nur sag uns, Schwester,
wann, Schwester, bist du
ans Netz vorgerückt?
– wenn ich es mußte!

Wenn du es mußtest! So war's, Schwester! Amen!

Couplet von der Erblast

*»Die Kirche muß endlich jene frauenfeindlichen
Erblasten aufarbeiten, die durch spätantike
Männerkreise in die ursprünglich frauenfreundliche
Botschaft Jesu hineingetragen worden sind.«*

Aus einer Sendung des Kirchenfunks

Spätantike Männerkreise
Haben Jesu Wort verbogen
Haben seine frohe Botschaft
Korrumpiert und umgelogen
Korrigierten Evangelien
Kujonierten die Gemeinden
Überließen Führungsposten
Unverstellten Frauenfeinden
Herr, wer ritt uns in die Scheiße?
Spätantike Männerkreise!

Spätantike Männerkreise
Eure Stunde hat geschlagen
In der Kirche haben Chauvis
Gottseidank nichts mehr zu sagen
Mußte in der Spätantike
Alles um euch Männer kreisen
Wirft man eure Erblast heute
Hohnlachend zum alten Eisen
Und wer spuckt euch in die Suppen?
Postmoderne Frauengruppen!

Gut und lieb

Kommt, das gute Brot des Nordens
wolln wir stückchenweise braten
in dem guten Öl des Südens,
wie es schon die Väter taten.
Von dem guten Wein des Westens
trinken wir, dieweil wir essen,
um die liebe Not des Ostens
schlückchenweise zu vergessen.

VII

Abendgang

Ruft der Herr barsch nach dem Hunde,
Tut sich der an Trauben gütlich,
Will der Herr sich schon ereifern,
Sänftigt sich sein Zorn gemütlich:

Läßt auch er doch klüglich keine
Holde Süße ungekostet,
Ob die Sonne sinkend westet,
Ob sie auferstehend ostet.

Mittägliche Rast

Wie aus frostverschonter Wurzel
Drei Olivenstämmchen steigen,
Setz ich mich auf schattgen Baumstumpf,
Überlaubt von Silberzweigen,

Übertönt vom Schrei der Schwalbe,
Überwölbt von Himmelsbläue:
Pan, uralter Gott des Mittags,
Überwältigst mich aufs neue.

Vom Klebstoff

Folgenreiches Feigenpflücken!
Zähes Harz an beiden Händen
Zwingt mich nach genoßner Süße
Im Parabelton zu enden:

Mag er noch so festen Sinnes,
Was ihm bitter wird, begrüßen,
Bittres wird ihn niemals binden,
Kleben bleibt der Mensch am Süßen.

Vom Pfirsich

Ungezählter Pfirsichfrüchte
Rund an Rund in dichtem Laube,
Pfirsichernte unermeßlich –
Da mach ich mich aus dem Staube:

Menge freut sich an der Menge,
Dichter schon am Einzelfalle.
Ihm genügt der An-und-Pfirsich –
Kennt er einen, kennt er alle.

Mittagsruhe

Ausgestreckt auf breiter Matte,
Wäscheknattern, Wipfelrauschen
Über mir und mir zu Füßen
Weites Land. Zwei Falter tauschen

Gaukelnd unverstellte Botschaft,
Und ich spür mit allen Sinnen
Zeit sich sammeln, Zeit sich stauen,
Zeit verströmen, Zeit verrinnen.

Abendgang 18 Uhr

Anfangs geh ich frisch im Schatten
Abwärts in gewohnter Richtung,
Dann, am Bildnis der Madonna,
Trete ich in letzte Lichtung,

So denn weiter in die Sonne,
Schritt für Schritt zu reinster Sichtung
Steigt der Weg, und schrittweis fügt sich
Wort zu Satz und Satz zu Dichtung.

Abendgang 18 Uhr 15

Geht die Sonne, folgt die Farbe.
Nach durchscheinendstem Verglühen
Hat der Baum nichts mehr zu bieten.
Also spart er sich die Mühen

Und verharrt gedeckter Tönung,
Bis im nächsten Sonnenschimmer
Er erneut erglüht. Doch vorerst
Dreht der Abend still am Dimmer.

Am See

Mittagsstunde. Sommerfriede.
Seelenruhe. Märchenwetter.
Alles schweigt, und nun verstummen
Selbst die Silberpappelblätter.

Fast zu unbewegt dies Inbild.
Dieser Inbegriff zu leise.
Wärn da nicht der Sprung des Fisches
Und des Wassers leichte Kreise.

Lob des Lebens

Dichter und Propheten priesen's,
Und sie hatten ja so recht:
Wie ihr es auch nehmt, das Leben,
Immer, immer ist es gut.

So hinan denn! Hoch und höher!
Folgt nur treulich eurem Herz,
Bis am ewigschönen Ziele
Euch erwarten Lust und Freud.

Frühsommerabend am Hundekehlesee

O daß doch die Armen es niemals erführen,
wie gut es tut, etwas reich zu sein.
Zumindest so reich,
daß man sich die Armen,
so gut es geht, vom Leib halten kann.

O daß doch die Armen es niemals erahnten,
wie schön es sich lebt, wenn die Kohlen stimmen.
Dann stimmt auch die Lage
der Villa am Waldsee
und der Abstand zu jenen, bei denen's nicht stimmt.

O daß doch die Armen es niemals erlebten,
wie lang es noch licht ist des Abends am Wasser,
wenn schweigend der Wald steht
und Gäste laut rühmen:
»Direkt wie jemalt!« – »Unbezahlbar die Ruhe!«

O daß doch die Armen es niemals ersehnten,
wie jene zu sein, die auf Terrassen,
vom Flieder umstanden,
beschirmt von Kastanien,
die scheidende Sonne mit goldnem Glas grüßen.

O daß es doch niemand den Armen erzählte,
sie müßten sich nicht mal durch Brei hindurchfressen.
Das Schlaraffenland läge
direkt um die Ecke:
»Es liegt nur an euch, euch dort breitzumachen.«

Schlafenszeit

Reck ich die Hand,
ist da ein Hund.
Streck ich den Fuß,
ist da ein Katz.
Dreh ich den Kopf,
ist da ein Du:
So hat ein jedes seinen Platz.

Lob der Bescheidung

Natürlich gibt es auch den Pavillon am Meer.
Auf Säulen ruht sein Dach. Von ihnen eingerahmt,
erstrahlt was irgend des Planeten Schönheit ausmacht:
Land, Wasser, Luft.

Natürlich kühlt nicht jeden solch ein Pavillon.
Doch künden Gartenlauben rings um den Planeten
davon, daß Menschen sich das Glück was kosten lassen:
Geld, Liebe, Zeit.

Natürlich hat nicht jeder eine Gartenlaube.
Doch bietet vielen der Planet etwas. Im Fenster
genießen sie an warmen Abenden den Dreiklang:
Lärm, Abgas, Stein.

Natürlich scheints dem Menschen, so sich zu bescheiden,
daß er nicht mehr verlangt, als ihm das Leben zuteilt.
Wie anders sollte der Planet sie alle fassen:
Reich, nicht reich, arm dran?

Was wäre, wenn

Fehlte der Wiedehopf,
fehlte noch mehr:

Fehlte ein steter Ruf
fehlte ein rascher Flug
fehlte ein lichtes Braun
fehlte schwarz-weißes Flirrn
fehlte dieses
ganz einzigartig
mitreißend Fremde
fehlte dies Anderssein
fehlte dies Ich bin ich
fehlte dies Sei wie ich
fehlte dies Ihr könnt mich
fehlte dies Du bleibst du
fehlte die Upupu
fehlte sein heller Kopf
fehlte sein greller Schopf:

Fehlte der Wiedehopf.

Weiß auf weiß

Wenn sich regennaß die Dolde
der Akazie, blütenweiß,
derart senkt, daß des Holunders
blütenweißer Teller sich
derart der Gesenkten annimmt,
daß vor lauter Blütenweiß
niemand weiß: Was hängt, was stützt da?
Ist nur eins klar: Dies Vermischen
weißer Blüten ist das reine
Gegenteil von allem Sagen,
allem Deuten, allem Schreiben,
denn es zeigt nur. Und man kann da
nichts getrost nach Hause tragen,
weiß auf weiß.

Abendgedicht

Der Schatten macht den Hügel halb.
Der Hund steht gegens Licht.
Die Katze durch den Schatten springt.
Die Frau sieht man gar nicht.

Die Frau macht irgendwo ihr Ding.
Die Katz ihrs. Seins der Hund.
Und Licht und Schatten sowieso.
Schön geht der Tag zugrund.

Sturmskizze

Bewegter Abend. Fledermaus
reißt wild ihr Zickzack in das Grau.
Die Feige beugt sich. Weinblatt zerrt.
Des Oleanders Schauer-Schau
wirkt kindlich vor dem Scherenschnitt
kopfschüttelnder Zypressen.

Belebter Abend. Trockenblatt
tickt seine Tonspur in die Nacht.
Wein raschelt, Feige ratscht, es rauscht
der Oleander. Doch mit Macht
tönt über allem der Protest
aufbrausender Zypressen.

Sechster Dezember

Das ist der Nebel, aus dem Zombies steigen.
Heut ist der Tag, der schattenlosen Schemen.
Sie kommen aus dem blanken Nichts und nehmen
all deine Lebenskraft. Die Blätter fallen.

Noch schreist du: Nein! Bald wirst du geifernd lallen,
nun Teil des Hungerzugs der Ungestalten,
nicht festzustellen und nicht aufzuhalten,
so weit der Nebel reicht. Die Vögel schweigen.

Das
Eine Einflüsterung

In trostlos engen Nischen
Macht sich das breit
Verhärmt erst, doch es wächst
Ganz offen nach
Das hält sich nicht versteckt:

Das heckt und heckt

Prüft witternd freie Räume
Besetzt sie kühn
Bevölkert sie sodann
So rasch es geht
Jetzt hat es Blut geleckt:

Das heckt und heckt

Nun stößt es schon an Grenzen
Und reißt sie ein
Wo viel ist, ist viel Druck
Und wenig Wehr
Die klamm die Waffen streckt:

Das heckt und heckt

Durchbricht die stärksten Dämme
Macht untertan
Jetzt zählt allein die Zahl
Die wuchernd wächst
Von keiner Scham beleckt:

Das heckt und heckt

Füllt ausgedehnte Flächen
In Windeseil
Was immer da zu Haus
Nun muß es fort
Und wenns dabei verreckt:

Das heckt und heckt

Bemächtigt sich des Erdrunds
Bis an den Rand
Will weiter nichts als Wachstum
Schreibt Scheck um Scheck
Auf ewig ungedeckt

Das heckt und das heckt
Und das heckt und das heckt.

Familie

Die Tochter zeigt viel Bein:
Sie hats noch vor sich.

Die Mutter hüllt sich ein:
Sie hats schon hinter sich.

Der Vater macht sich klein:
Er wär gern für sich.

Ein Zwiegespräch

Wie geht der Trost des Baums denn?
Des Baumes Trost geht so:

Ich habe Wurzeln gefaßt vor Jahren. Ich habe
vom Keim zum Baum mich entwickelt in Jahren. Ich habe
mir Zeit gelassen die Jahre des Reifens. Ich habe
Ring um Ring angesetzt mit den Jahren. Ich habe
all die Jahre mich streckend ausgebreitet. Ich habe
die Jahre hindurch beschirmt und beschattet. Ich habe
es stillschweigend getan durch die Jahre. Ich habe
nun meinen Platz in der Welt. Alle Zeit der Welt. Ich habe
nicht die Absicht, Mensch, dich zu belehrn. Ich habe
nur dies noch zu sagen: Sein geht vor Haben. Ich habe
gesprochen.

Und ich, sagt der Mensch, ich habe
die Säge.

Sorge dich nicht, borge

Mein Gott, war das wieder ein Streß im Büro!
Als ich den Laden verließ, war ich stehend k.o.
Kaum zu Hause, da dacht ich: Was pfeif ich mir rein?
Im Kühlschrank, da muß doch noch Stein-Wein sein!
Schon ist er zur Hand, jetzt den Korkzieher her –
Die Schublade auf, doch die Lade ist leer!
Gestern war er noch da, heute ist er nicht drin –
Wo ist denn nur dieser Korkzieher hin?
Moment! Hab ich den nicht verborgt?
Der Mensch ist das Tier, das sich sorgt.

Aber wem? Da fällt es mir siedendheiß ein:
Gestern abend, da schneite die Nachbarin rein
Und bat mich: »Herr Nachbar, so borgen Sie mir,
Ihrer Nachbarin, rasch Ihren Korkenzieh.
Ich bin grad dabei, meinen Chef zu verführn,
Und in dessen Hose, da will sich nichts rührn.
Nun habe ich einen Eins-a-Côtes du Rhône,
Ein geiles Getränk, das regelt das schon.
Doch die Flasche ist leider verkorkt!«
Der Mensch ist das Tier, das sich sorgt.

Ich also rüber, ich klopf an die Tür:
»Frau Nachbarin, bitte öffnen Sie mir!«
Da schaut sie schon raus: »Ach Sie – kommse rein!
Wo liegt Ihr Problem?« »Ich tränke gern Wein,
Doch die Flasche ist zu und mein Korkenzieher« –
»Ach der! Tut mir leid, der ist nicht mehr hier:
Mein Chef hat ihn mitsamt der Flasche entsteißt,
Weil nichts lief –« Da schrei ich sie an: »Das heißt,
Sie hab'n das Geborgte verborgt?!«
Der Mensch ist das Tier, das sich sorgt.

Da faßt mich die Nachbarin zart unters Kinn:
»Hat mein Nachbar denn nichts als Korken im Sinn?
Ihr Korkenzieher bleibt leider verliehn,
Doch wir könnten ja auch an was anderem ziehn,
An Gürteln und Schleifen, an Bändern und Stoffen
Und dem, was wir drunter zu finden hoffen,
Sei's der Mann bei der Frau, sei's die Frau bei dem Mann:
Es gibt viel zu ziehn. Also packen wirs an!«
Und dann hat sie's mir tierisch besorgt:
Der Mensch wird zum Gott, wenn er borgt.

Die Werra vor Kassel,
Frühlingsbeginn 2001

Sehr tröstlich, am Wasser entlangzugleiten,
Wasser, in welchem sich Stämme spiegeln,
Stämme, dabei sich zu belauben,
Laub, welches hilft, an den Frühling zu glauben,
Frühling, geschickt, den Trost zu besiegeln,
Trost, welchen Bäume am Wasser bereiten.

Gespräch vor einer schwarzfigurigen
attischen Vase im New Yorker
Metropolitan Museum

War das nicht immer
das Ziel aller Künstler:
Überpersönliche Meisterschaft?
Lief nicht was falsch,
wenn heut jeder an seinem
höchstpersönlichen Kleister schafft?

– Da ist was dran

War das nicht immer
das Glück aller Kenner:
Überprüfbare Könnerschaft?
Tönt heute nicht,
nach dem Wegfall der Regeln,
jedwedes Urteil nur gönnerhaft?

– Wer kann, der kann

War denn nicht immer
zur Hochzeit der Künste
der Künstler ein Mann ohne Eigenschaft?
Folgt draus nicht heute,
daß man all die tollen
Originale mit Schweigen straft?

Ich weiß nicht, Mann ...

Die Gedanken sind roh

Sehend das zugeschwollene Auge des Penners,
des einsamen, stets mit sich selber redenden Mannes,
dachte er bei sich: Na bitte! Dann hat der ja doch
noch
Kontakte mit Menschen.

Jahresringe

Es legen sich die Jahre
rund um das Herz wie Ringe.
Kein Sterblicher darf hoffen,
daß einer je zerspringe.

Uns Sterbliche verbindet
ein Los: Uns eint die Falle.
Kein Ring sprang je alleine.
Brichts Herz, zerspringen alle.

Das Buch

Ums Buch ist mir nicht bange.
Das Buch hält sich noch lange.

Man kann es bei sich tragen
und überall aufschlagen.

Sofort und ohne Warten
kann dann das Lesen starten.

Im Sitzen, Liegen, Knien,
ganz ohne Batterien.

Beim Fliegen, Fahren, Gehen –
ein Buch bleibt niemals stehen.

Beim Essen, Kochen, Würzen –
ein Buch kann nicht abstürzen.

Die meisten andren Medien
tun sich von selbst erledigen.

Kaum sind sie eingeschaltet,
heißts schon: Die sind veraltet!

Und nicht mehr kompatibel –
marsch in den Abfallkübel

zu Bändern, Filmen, Platten,
die wir einst gerne hatten,

und die nur noch ein Dreck sind.
Weil die Geräte weg sind

und niemals wiederkehren,
gibts nichts zu sehn, zu hören.

Es sei denn, man ist klüger
Und hält sich gleich an Bücher,

die noch in hundert Jahren
das sind, was sie stets waren:

Schön lesbar und beguckbar,
so stehn sie unverruckbar

in Schränken und Regalen
und die Benutzer strahlen:

Hab'n die sich gut gehalten!
Das Buch wird nicht veralten.

Ende ohne Schrecken

Ängstchen sitzt vorm Teller
Schrecken guckt ums Eck
Ängstchen plustert sich kurz auf
Schon ist Schrecken weg.

Theke – Antitheke – Syntheke

Beim ersten Glas sprach Husserl:
»Nach diesem Glas ist Schlusserl.«

Ihm antwortete Hegel:
»Zwei Glas sind hier die Regel.«

»Das kann nicht sein«, rief Wittgenstein,
»Bei mir geht noch ein drittes rein.«

Worauf Herr Kant befand:
»Ich seh ab vier erst Land.«

»Ach was«, sprach da Marcuse,
»Trink ich nicht fünf, trinkst du se.«

»Trink zu«, sprach Schopenhauer,
»Sonst wird das sechste sauer.«

»Das nehm ich«, sagte Bloch,
»Das siebte möpselt noch.«

Am Tisch erscholl Gequietsche,
still trank das achte Nietzsche.

»Das neunte erst schmeckt lecker!«
»Du hast ja recht, Heidegger«,

rief nach Glas zehn Adorno:
»Prost auch! Und nun von vorno!«

Das war nicht

Ach Liebling, weißt du noch? Wir in Volterra
– Das war nicht Volterra, das war Orvieto
Dieser herrliche Dom! Mit den Fresken von Giotto
– Das war nicht Giotto, das war Signorelli
Und dann das Essen! Zu rotem Orvieto
– Der war nicht rot, der war weiß, der Orvieto
raspelt der Wirt den frischen Steinpilz
– Das war kein Steinpilz, das war eine Trüffel
über die hausgemachten Penne
– Das warn keine Penne, das waren Gnocchi
Dann wir im Hotel. Direkt an der Piazza
– Das war nicht La Piazza, das war Il Parco
liebten wir uns zwischen seidenen Laken
– Die warn nicht aus Seide, die waren aus Leinen
und du schworst verzückt, ich sei schlichtweg vollkommen
– Ich war nicht verzückt. Ich war schlicht vollkommen
                                                    weg.

Der ewige Zahnarzt

Mutter! Begreif doch: Ich bin erwachsen!
– Ich weiß es. Das warst du schon mit fünf Jahren.
Da konntest du »Möpschen hat Zahnweh« auswendig.
Doch a propos »Mops«: Du warst doch beim Zahnarzt?

Mutter! In diesem Jahr werd' ich sechzig!
– Ich weiß es. Du wirktest mit sechs schon so frühreif.
Doch a propos »sechs«: Alle sechs Monate
geh bitte Jahr für Jahr zum Zahnarzt.

Mutter! Ich spüre die Schwingen des Todes!
– Ich weiß es. Du hast schon mit sieben gekränkelt.
Doch a propos »kränkeln«: Denk an die Gesundheit
und gehe vorm Sterben bitte noch einmal zum Zahnarzt.

Als er gefragt wurde, wie ein gutes Gedicht
beschaffen sein sollte:

Gut gefühlt
Gut gefügt
Gut gedacht
Gut gemacht.

X

Diagnose Krebs
oder
Alles wird gut

Erst kam der berühmte
Schuß vor den Bug.
Zuvor war ich dumm,
hernach war ich klug.

Dann folgte der klassische
Schlag ins Kontor.
Darauf war ich klüger
als jemals zuvor.

Undenkbar, daß solch einem
blitzklugen Mann
noch irgendein Tod
etwas anhaben kann.

Die Woche davor

Am Donnerstag wird zugelangt
Am Freitag wird ums Heil gebangt
Am Samstag wird viel Wein getankt
Am Sonntag wird noch leicht geschwankt
Am Montag wird mit Gott gezankt
Am Dienstag wird dem Herrn gedankt, denn erst
am Mittwoch geht's unter das Messer.

Guter Rat

O Mensch, halt ein vorm Krankenhaus.
Gehn dem einmal die Kranken aus,
dann greift man auch auf dich zurück,
und du verbleibst dort Stück für Stück.
Das präludiert mit etwas Darm,
dann schneidet man sich langsam warm
an Leber, Venen und Arterien –
so'n Krankenhaus kennt keine Ferien.
Greift nach den Alten, nach den Jungen,
nach deren Mägen, deren Lungen,
nach deren Lymphen, deren Zellen,
nach offnen wie versteckten Stellen,
nach Herz und Brust, nach Hirn und Hoden,
und bringt dich das nicht unter'n Boden,
dann doch auf Null. Was folgt daraus?
Mensch, halt dich fern vom Krankenhaus!

Schneiden und leiden

Einer sagt: Wir müssen schneiden.
Einer weiß: Ich muß jetzt leiden.

Einer sagt: Jetzt kommt der Schnitt.
Einer denkt: Da machst was mit.

Einer hat was rausgeschnitten.
Einer hat nicht ausgelitten.

Einer ist der Scheidende.
Einer ist der Leidende.

Einer war der Schneidende.
Einer bleibt der Leidende.

Das Treffen

Frau Sorge traf am Krankenbett
des Gernhardt den Herrn Kummer.
»Herr Kummer, das ist aber nett!
Wir wolln den Gernhardt-Schlummer
nicht störn, doch wenn er mal erwacht,
läuft die bewährte Nummer:
Sie kümmern sich, daß er sich sorgt,
ich sorge für den Kummer.«

Lied von der Hinfälligkeit

1

Das Lied des Hinfälligen,
sie hören es nicht gern,
die Aufrechtstehenden.
»Ich falle hin,
ihr werdet auch mal hinfallen!«
»Fall du erst mal hin,
dann sehen wir weiter!«

2

Das Leid des Hinfallenden,
sie sehen es nicht gern,
die Aufrechtgehenden.
»Ich bin hingefallen,
kann mir vielleicht jemand aufhelfen?«
»Um dabei selbst auf die Nase zu fallen?
Nichts da. Wir ziehen weiter.«

3

Das Los des Hingefallenen,
sie teilen es nicht gern,
die Aufrechtdenkenden.
»Schreitet ruhig über mich hinweg!
Aber müßt ihr dabei so fest auftreten?«
»Ihr Hingefallenen bildet das Pflaster für unser
                              Fortkommen.
Erst wenn ihr eingeebnet seid, geht's weiter.«

4

Das Lob des Hingegangenen,
sie singen es nicht gern,
die Weitergehenden.
»Wir bereiteten euch die Straße
durch den Morast der Zeit!«
»Nicht darauf hören! Weiter, rasch weiter!
Schon hebt seinen Stiefel der Nachrückende.«

Kurznachricht

Herr Aufgeschnitten
läßt wieder bitten:
»Frau Unversehrt
wird sehr begehrt!«

Nachricht von der Chemotherapie
oder
Ein flotter Dreier

»Erschöpfung, Schmerzen, Übelkeit« –
welch flottgewollter Dreier!
Wer seiner Schmerzen müde ist,
versucht sein Glück als Reiher.

Und wenn sich's ausgereihert hat,
dann gähnt das müde Herz:
Nicht wahr, ihr drei verlaßt mich nicht,

Erschöpfung,
Übelkeit und
Schmerz?!

Die Chemo spricht

Du hast die Wahl
zwischen Hand und Haar.
Höre:

Hie Oxaliplatin.
Beeinträchtigt Nerven
an Füßen und Händen.
Da kann es passieren,
daß dir jener Stift,
mit dem du dies aufschreibst,
aus der Hand fällt.

Hie Irinotecan.
Verursacht Schäden
im Haarbereich.
Da kann es geschehen,
daß dir jenes Haar,
das du dir grad raufst,
in der Hand bleibt.

Und nun wähle.

7. Juni. Rückblick und Ausblick

Ich habe es gehabt.
Bei mir hat es geklappt.
Zum Auftritt und zum Bücherkauf,
da kam das Lesevolk zuhauf.
Dann hat er mich geschnappt.

Dann hat er mich geschrägt.
Mich vorerst stillgelegt.
Jetzt setzt er die Termine fest,
gibt grünes Licht oder den Rest.
Ich bin der Ast, er sägt.

Bin zugleich Kombattant.
Mein Körper Feindesland
ist abgefüllt mit Kriegs-Chemie.
Das zwäng den Tumor in die Knie,
versichert der Verstand.

Ich werde es erfahrn.
Wie sinnvoll Opfer warn,
entscheidet sich erst unterm Strich.
Was wird da stehn: »Er« oder »Ich«?
Den Rest könn' wir uns sparn.

Zweierlei Therapie

Weil Krankheit stets nach Heilung schrie,
ersann der Mensch die Therapie.

Die kann durchaus ein Segen sein.
Doch gilt das durchweg? Leider nein.

Spricht der Arzt von »adjuvant«,
hängt der senkrecht an der Wand.

Spricht er von »palliativ«,
hängt der ganze Segen schief.

Denn das Wort bedeutet schlicht:
Wahre Heilung gibt es nicht.

Woraus folgert: Der Klient
bleibt ein Leben lang Patient

einer Medizin, die schaut,
daß er nicht zu rasch abbaut.

Leben strecken, Leiden lindern,
Trübsal dämpfen, Schmerzen mindern –

all das ist zutiefst sozial,
unterm Strich jedoch fatal,

da es auf ein Ende zielt,
das stark ins Finale spielt:

Dürrer werden, matter werden,
Abschied nehmen von der Erden,

nach und nach – zuerst vom Kiez,
dann vom Heim, dann vom Hospiz,

dann, zum Sterben durchgewunken,
sprich: palliativ gesunken,

siehst du endlich wieder Land:
So ein Tod heilt adjuvant!

Invasion der Bienenfresser

I

Nie hier gesehn! Und jetzt so viele!
Alle im Flug! Und alle so schön!
Alle kreisen und rufen. Und aller Tiefsinn
löst sich in Luft auf und Hochgefühl.

II

Ach, sagte die Biene,
die Welt wird weiter mit jedem Tag.
Waben umschlossen mich anfangs,
den Stock hielt ich für die Welt.
Doch dann der Ausschlupf,
der Ausblick, der Ausflug, der Aufstieg.
Und nun ich im Aufwind:
Im Blau lockt das Glück,
in das ich nun fliege.

– Du mußt nur die
Flugrichtung ändern,
sagte der Bienenfresser
und fraß sie.

Große Anrufung des
heiligen Franziskus

San Francesco! Wenn ich nicht sehr irre, dann bist du
der Schutzpatron eines Italiens, in dem du vor Zeiten
den Vögeln gepredigt hast. War unter denen
nicht auch ein fringuello?

Ich frag das, da ich soeben der Zeitung entnehme,
mit dem heutigen ersten Oktober beginne das Jagen,
und das bis Ende November, auf einen Vogel
mit Namen fringuello.

Tierfreunde schätzen, daß 1,5 Millionen
dieser Geschöpfe dran glauben werden müssen.
Fragt sich: Woran? Sind immer noch, fürchte ich,
                                        Heiden,
deine fringuelli.

Wundert es dich? Seitdem du den beiden gepredigt,
den Italienern und den Vögeln des Landes,
machen die italienischen Christen Jagd
auf den Bruder fringuello.

Jagten die Vögel natürlich auch früher. Der Hunger
war vormals groß. Da wog selbst ein kleiner Bissen
schwerer als alle Liebe zu Gottes Geschöpfen,
inklusive fringuelli.

Tempi passati! Heute muß keiner mehr hungern.
Schon gar nicht einer der siebenundvierzigtausend
Jäger, die heuer erneut die Toskana
fringuellifreihalten.

Sieh dir doch an, was allein deren Fahrzeuge kosten,
vierradgetrieben, addiere die Knarren, Klamotten –
ein ganzes Heer, gerüstet wie für die Feldschlacht,
bekämpft den fringuello.

Heil'ger Franziskus! Bedenke: Ein jeder der Jäger
darf laut Gesetz bis zu zehn dieser Vögel erlegen.
Macht – fast hätt ich gesagt nach Adamo Gigante –
rund fünfhunderttausend fringuelli.

Alles im grünen Bereich, meint Tito Barbini,
zuständig für die Landwirtschaft der Toskana,
für die Jagd, den Schutz der Umwelt und damit
                                        natürlich
auch für den fringuello.

Schutzpatron Franz! Mal ehrlich: Was gibt's da zu
                                        schützen?
Anders gefragt: Könntest *du* nicht den Tito Barbini
und seine Jäger so schützen wie diese die Umwelt
mitsamt den fringuelli?

Nein, nicht gleich abknalln. Gib ihnen eine Chance.
Nimm ihnen etwas Gesundheit, was zugleich Zeit
                                        meint.
Fühln sie sich schlecht in den Wartezimmern, so kommt
                                        das
doch dem fringuello zugute.

Nimm mich als Beispiel: Der Befund, die Klinik, der
                                        Schnitt.
Bettruhe, mühsame Rückgewinnung des Gehens.
Wenn jeder Schritt schmerzt – wie erst der Rückstoß
                                        der Knarre!
Freu dich, fringuello!

Sieh wie es jetzt läuft: Dienstag zur Blutabnahme,
Mittwoch zur Chemo. Das meint ganze Stunden am
                                        Tropf.
Schlappheit danach und Ekel und manchmal auch
                                        Durchfall –
da schmeckt kein fringuello.

Geht auch ins Geld, das Kranksein. Addio Gewehre!
Addio Kampfwagen, Jagdhunde, Tarnkleidung,
                                        Fernglas!
Ist erst das Land von den Jägern gesäubert, dann heißt
                                        das:
Salve fringuello!

San Francesco! Das ganze war nur ein Vorschlag.
Du bist der Heilige. Aber bedenke bitte:
Manchmal da heiligt der Zweck auch die Mittel, und
                                        schließlich
ist der fringuello der Buchfink!

Schöne Aussichten am Morgen
des vierten Oktober

Nun weiß ich wieder, was ich hab.
Nun fühl ich wieder, was ich will.
Wer das da sieht, der macht nicht schlapp.
Wen das erwartet, hält nicht still.
Der schreit vielmehr:

Nein, ich flieg jetzt nicht aus der Kurve!
(Wo es doch heute Mittag geradewegs in die »Costa
Chiara« geht.)

Nein, ich schau mir die Radieschen nicht von unten
an!
(Wo ich doch schon bald von oben auf die Antipasti
blicke.)

Nein, ich beiß nicht ins Gras!
(Wo doch eine Bistecca Fiorentina als Hauptgang
wartet.)

Nein, ich geb meinen Löffel nicht ab!
(Wo ich den doch noch für das Dolce brauche.)

Ja, ich laß den lieben Gott einen guten Mann sein!
(Wo der doch früher oder später die Rechnung
präsentieren wird.)

Zum guten Schluß
ein wirklich guter Rat

Ungutes ist zu berichten:
Dickdarmkrebs trifft alle Schichten.
Fünfzigtausend fällt er an,
und das jährlich,
dreißigtausend sterben dran,
sein wir ehrlich:
Totsein hilft nicht wirklich weiter.
Überleben wär gescheiter,
und das geht, vorausgesetzt,
daß dem Tod, ders Messer wetzt,
letzteres zu Boden sinkt,
ehe er den Stich anbringt.
So ein Tod geht über Leichen.
Nicht durch Worte zu erweichen,
muß man ihn durch Taten hindern,
unsre Lebenszeit zu mindern.
Jedem Heute folgt ein Morgen,
also gilt es vorzusorgen,
was im Falle Darmkrebs heißt,
daß man etwas Mut beweist
und den Darm charakterfest
einer Spieglung überläßt.
Einer Spieglung? Einer Reise!
Langsam, lichtgestützt und leise
dringt ein Auge ins Gekröse,
übermittelt gute, böse
Bilder, und ein Monitor
stellt sie Arzt und Model vor:
Rote Grotten, feuchte Schlunde,
hie Polypen, die im Grunde

harmlos sind, hie fahle Flecken,
die beim Arzt Verdacht erwecken.
Zwick! entnimmt er mittels Zange
eine Probe, und nicht lange
drauf vermeldet das Labor:
Stimmt, hier liegt ein Tumor vor.
Zack! Der Krebs hat sich geoutet,
weshalb unser Fazit lautet:
Besser ist's, den Darm zu spiegeln,
als das Leben zu besiegeln.
Klüger ist's, den Krebs zu schneiden,
als das Sterben zu erleiden.
Schöner ist's, zu therapieren,
als Gesundheit zu verlieren.
Haarig ist die Therapie,
aber immer,
kürzer lebt man ohne sie.
Das ist schlimmer.
Daher lautet meine Meaning:
Unterzieht euch diesem Screening,
da selbst der, der kein Prophet ist,
weiß, daß nicht mehr früh zu spät ist.
Früherkennung sei das Motto!
So ein Krebs ist zwar ein Lotto,
das, dem Zufall unterstellt,
den verschont und den befällt,
doch ein Schicksal ist er nicht.
Flackert auch das Lebenslicht,
kann doch der, der's früh erkennt,
helfen, daß es weiterbrennt.
Helfen. Das meint nicht: Erzwingen.
Doch beim Darmkrebs kann gelingen,
wonach alles Leben strebt,
nämlich: Daß es weiterlebt.

Krieg als Shwindle

2003. ENDE JANUAR. Die Präventivkriegsvorbereitungen der US-Regierung laufen auf Hochtouren, doch in Europa gibt es noch immer Staaten, die auf einer friedlichen Lösung des Konflikts durch die Fortsetzung der Arbeit von UN-Waffeninspekteuren im Irak bestehen. Für diese Abweichler findet der amerikanische Verteidigungsminister Donald Rumsfeld die Formulierung, sie gehörten zum »alten Europa« – eine Paarung, die am Jahresende zum »Wort des Jahres« gekürt wird.

Sonett von dem jungen Amerika
und den alten Europäern

Der am'rikan'sche Aar spreizt seine Schwingen
zu jugendfrohem Flug ins Land des Bösen.
Das gute Öl vom Saddam zu erlösen:
Jetzt oder nie muß dieser Streich gelingen!

Ach, daß wir abseits stehn bei diesem Ringen!
Wir alten Europäer sehn entgeistert,
wie feurig junges Volk solch Wagnis meistert.
Laßt mich davon ein – ältres – Liedlein singen:

Sternbanner hoch! Kampfhelme gut verschlossen!
USA marschiern mit heißem Jünglingstritt.
Die Rache winkt. Und die wird cool genossen.

Zwar macht der Feind beim Kriegsspiel nicht recht mit –
doch daß ein Krieg wird, ward mit Gott beschlossen:
Wenn keiner schießt, wird halt zurückgeschossen.

ANFANG FEBRUAR. Der amerikanische Außenminister Powell begründet die dringende Notwendigkeit eines amerikanischen Angriffs auf den Irak vor dem UN-Sicherheitsrat. Am 5. Februar erklärt er diesem Gremium, der Irak besitze Massenvernichtungsmittel, die eine Gefahr für den Rest der Menschheit darstellten. »Das sind keine Behauptungen, das sind Tatsachen.« Berichten der UN-Waffeninspekteure, sie hätten bisher keinen Beweis für eine solche Anschuldigung finden können, tritt die amerikanische Regierung mit dem Argument entgegen, dieser Umstand belege lediglich, wie gut die Waffen versteckt seien.

Am 4. April 2004 gibt Powell zu, bei seinen Angaben des Vorjahrs habe er sich auf »zweifelhafte Quellen« gestützt: Es scheine, daß die »besten verfügbaren nachrichtendienstlichen Informationen« nicht »allzu zuverlässig« gewesen seien.

Sonett von der nie versagenden
Bush-Powell-Rumsfeldschen Schuldzuweisung

Jedwede Schuld ist jederzeit beweisbar.
Daß jemand beispielsweise lärmen will,
wird durch den Fakt belegt, daß er stets still,
ja direkt unverschämt dezent und leis war.

Denn dadurch, daß der Lärmer ständig leis ist,
versucht der Bastard listig zu verschleiern,
wozu er wirklich zählt. Meint: Zu den Schreiern.
Wofür sein stetes Nichtschrein der Beweis ist.

Denn schriee er, er wär sofort enttarnt.
Draus folgt: Man muß ihm in die Fresse schlagen,
bevor er Laut gibt und die Ruhe stört.

Der Schurke schweigt? Wir haben ihn gewarnt
und jedes Recht, den Lärmer anzuklagen:
Taugt doch als Zeuge jeder, der nichts hört.

─────────────

*ENDE FEBRUAR. Angela Merkel, die Vorsitzende der
CDU, besucht die USA und kritisiert in einem Artikel für
die »Washington Post«, die den Krieg ablehnende Hal-
tung der rot-grünen Regierung. Zuvor bereits, am 8. Fe-
bruar, hatte sie Präsident Bush und dessen Ministern ihr
volles Vertrauen ausgesprochen: »Die Bedrohung durch
Saddam Hussein und seine Massenvernichtungswaffen
ist real.«*

Sonett vom Schwächeln und Stärkeln

Einst einte den Atlantik helles Lächeln.
Nun liegt der Nato Zukunft ganz im Dunkeln.
Und aus dem State Department hört man's munkeln,
das vormals starke Bündnis sei am Schwächeln.

Gewisse Deutsche wollten nicht mehr buckeln.
Anstatt vereint den Kriegsfall hochzuschaukeln,
versuchten sie dem Bürger vorzugaukeln,
auf deutschem Sonderweg dahinzuzuckeln.

Ist niemand da, mit denen anzubandeln?
O doch. Ein Frauenzimmer sieht man fuchteln,
sie wollt' die Politik der Stärke stärkeln.

Wer die Frau sei? Was sie beweg' zu handeln
nach Mannesart? Hört's, Pazifistenschwuchteln!
Ihr solltet euch den Namen Merkel merkeln!

---

*ANFANG MÄRZ. Dazu aufgefordert, seine ohnehin nicht
weitreichenden Al-Samud-Raketen zu zerstören, beginnt der Irak zögernd zwar, doch fristgerecht damit,
die beanstandeten Waffen funktionsunfähig zu machen.
Es nützt ihm wenig. Kurz darauf wird George W. Bush
ein weiteres Ultimatum verkünden, das Saddam Hussein eine Frist von 36 Stunden zum Verlassen des Landes
vorschreibt, andernfalls sei der Krieg unvermeidlich.*

Sonett vom Gebet des George W. Bush
zu seinem Gott

O Lord! DU siehst den Bastard das verschrotten,
weshalb wir ihn, von DIR bestärkt, verteufeln –:
Läßt DU DEIN Volk an DEINEM Rat verzweifeln,
wird alle Welt den Frieden so vergotten,

Daß nichts mehr läuft: Ganz ungenutzt verrotten
die besten unsrer Waffen. Es verstummen
die schlausten unsrer Köpfe. Sie verdummen
fortan nicht mehr. An ihrer Statt verspotten

Dreist Friedenstauben Falken, die versessen
versuchten jeden Frieden zu verhindern.
O Lord! Wenn ich DICH bitte, zu verbitten,

Dem Krieg das letzte Schlupfloch zu verkitten,
dann deshalb: Die zum Weich-Gott DICH vermindern,
soll'n nicht den Gott des Schlachtens, MICH, vergessen.

---

*ENDE MÄRZ. Pünktlich zum Frühlingsanfang beginnt
die amerikanische Luftwaffe die »Shock and Awe« ge-
taufte Bombardierung Bagdads. »Furcht und mit Ent-
setzen gepaarte Ehrfurcht« soll die Folge eines vom
Gegner kaum behinderten Bombeneinsatzes sein, der
ein neues Niveau konventioneller Zerstörungstechnik
markiert. Nicht zuletzt von der »Mutter aller Bomben«
verspricht sich das Pentagon eine friedensfördernde Wir-
kung bei der Zivilbevölkerung.*

Sonett vom Versuch eines amerikanischen
Pressesprechers, einem irakischen Kind
den Krieg zu erklären

Mein liebes Kind, wir wollen dich befreien.
Das heißt: Wir müssen dich zuvor beschießen.
Wenn du das so verstehst: Als das Begießen
des Pflänzchens Freiheit, wirst du uns verzeihen.

Mein Kind, dir blüht die Mutter aller Bomben.
Wenn sie dich trifft, dann nimm das nicht persönlich.
Wenn du sie triffst, so grüße sie versöhnlich:
Wo keiner bohrt, kann niemand was verplomben.

Das meint: Wenn wir dir deine Stadt zerhauen,
dann mit dem Zweck, sie schöner aufzubauen.
Sofern du tust, mein Kind, was dir geheißen,

Wirst du schon bald das Reich der Freiheit schauen.
Du zweifelst noch? Uns kannst du blind vertrauen:
Wer dich beschießt, muß dich nicht noch bescheißen.

———————————

*ANFANG APRIL. Der Irak wird von amerikanischen
Truppen besetzt, und im ganzen Lande stürzen die Sad-
dam-Statuen. Ihr Vorbild freilich ist verschwunden und
er wird es noch lange bleiben: Erst am 14. Dezember ge-
lingt es den Besatzern, den Mann zu fassen, dessen »de-
capitation« zu Beginn des Krieges ebenso fehlgeschlagen
war wie bei nachfolgenden Versuchen.*

Sonett vom Entsorgen eines Diktators

Zu Kriegsbeginn hieß der Befehl: Enthaupten.
Doch das ging schief. Der Schurke konnt' entkommen.
Das hab ich unserm Blätterwald entnommen,
dem immer dürreren, schon fast entlaubten.

Seither ist Saddams Schicksal nicht entschieden.
Der Schuft scheint unwillig, sich zu entleiben,
sich zu entmannen oder zu entweiben –
wird er für alle Zeit die Welt entfrieden?

Nicht, wenn sie's schafft, ihn derart zu entfernen,
daß es gelingt, ihm stückweis zum Entzücken
der Gegner all die Glieder zu entreißen:

Ihn nach und nach entbauchen und entkernen,
entarmen und entbeinen und entrücken
und ihm als Letztes seinen Kopf entsteißen.

---

*ANFANG MAI. Am 2. Mai verkündet Präsident Bush
das Ende der Kampfhandlungen – »mission accom-
plished« –, in den folgenden Monaten des Jahres 2003
werden mehr amerikanische Soldaten bei Schießereien
und Attentaten umkommen als während der Dauer des
offiziellen Krieges. Die Siegeserklärung wird von Dro-
hungen gegenüber weiteren Schurkenstaaten wie Syrien
und dem Iran begleitet, während der Grund, welcher
in den Irak-Krieg geführt hatte – die Massenvernich-
tungswaffen –, von Paul Wolfowitz, dem stellvertreten-
den amerikanischen Verteidigungsminister, für uner-
heblich erklärt wird: Diese Waffen seien lediglich aus
politischen Gründen derart in den Vordergrund gerückt
worden. Bis Ende des Jahres werden keinerlei Beweise
für die Existenz der vor Jahresfrist so eindringlich be-
schworenen irakischen Vernichtungspotentiale gefun-
den; am 3. Oktober räumt die amerikanische »Iraq
Survey Group« ein, was Blix, der Leiter der UN-Waf-
feninspekteure, bereits vier Monate zuvor in seinem
Abschlußbericht festgestellt hatte: Ergebnis Fehlanzeige.
Im Januar 2004 schließlich unterläuft einem weiteren
Kriegsherrn ein bezeichnender Lapsus: Der britische
Premier Tony Blair spricht vor englischen Truppen in
Basra statt von »weapons of mass destruction« verse-
hentlich von »weapons of mass distraction«, also von
»Massenablenkungswaffen«.*

Sonett vom Lehrmeister Krieg

So'n Krieg macht klug. Was wußten wir vom Kurden,
von Baath-Partei, Peschmerga und Sunniten,
was war'n uns Mosul, Tikrit, was Schiiten,
bevor wir täglich schlau und schlauer wurden?

Bagdad – vertraut wie unsre Westentasche!
Samt Saddam-City, Dschumhurija-Brücke,
dem Palestine Hotel und jener Lücke,
da der Palast stand. Friede seiner Asche.

Klug schaun mer aus: Fachleute wider Willen.
Schwer abgefüllt mit Tönen, Wörtern, Bildern
aus des Zweistromlands nahgerückten Fernen.

War's das? fragt mancher sich bedrückt im Stillen.
Wird uns der Krieg bald neuen Schauplatz schildern?
Soll'n wir als nächstes Syrien kennenlernen?

XI

Toscana, 2002

Zypressen muß ich nicht haben.
Nicht welche, die sichtbar vergehen.
Was stehen die in der Landschaft rum?
Das Vergehen muß ich nicht sehen.

Das zieht sich ganz schön, dieses Sterben.
Das ist eine Sache von Jahren.
Weshalb die so langsam den Bach runtergehn?
So genau muß ich das nicht erfahren.

Zypressen muß ich nicht sehen.
Was nicht da ist, kann keiner vermissen.
Warum mich das alles so total nervt?
All das muß ich wirklich nicht wissen.

Wiedersehen und Abschied am 27. Juni 2004

Es tut mir in der Seele weh,
wenn ich dich seh, Badía See.

Einst warst du rings von Wald umsäumt,
im Schilf versteckt, im Grün verträumt.

Heut liegt dein Ufer bloß und nackt.
Da haben Menschen zugepackt.

Einst warst du voll Gesumm, Gesang,
Getier, Gefrosch, Gelurch, Geschlang.

Heut summt nichts mehr, heut fliegt nichts mehr.
Dank Menschen bist du tiereleer.

Einst sprang ich nackt in dich hinein:
Hier war ich Mensch, hier durft ichs sein.

Heut lohnts nicht mehr, sich auszuziehn.
Wo Menschen wüten, muß Mensch fliehn.

Einst schlug mein Herz, wenn ich dich sah.
Heut geht mir deine Nacktheit nah.

Grad, daß mich keine Träne nässt.
Wir Menschen sind schon eine Pest.

Rückblick, Einsicht, Ausblick

Durch die Landschaft meiner Niederlagen
gehe ich in meinen alten Tagen:

Abends ist es am schlimmsten. Das Streiflicht
der nur langsam untergehenden Sonne
modelliert die fernen gefalteten Berge,
die nahen gespaltenen Steine, kurz alles,
was sich ihm in den Weg stellt.

Abends war es am schönsten. Den Lichtstreif
der untergehenden Junisonne

für immer festzuhalten, verbrachte
ich Stunden um Stunden vor Leinwand und Landschaft,
ein Weg ohne Ende.

Abends war er am stärksten, der Eindruck,
diesmal den treffendsten Ausdruck zu finden
fürs glorreiche Ineinander der Lichter,
der Schatten, der Dinge, der Farben: Du bist
auf dem richtigen Wege!

Abends ist sie am stärksten, die Einsicht:
Du warst deiner Aufgabe niemals gewachsen.
Immer noch flüchtig das Licht. Nur ein Schatten
davon auf deiner Leinwand zu ahnen,
kein Weg, eine Sackgasse.

Abends ist es am schönsten. Der Streifzug
rund um den Hügel von Montaio
berückt und verzückt und beglückt wie damals.
Verrückter Gedanke, das halten zu wollen,
was nur Schein und dann weg ist:

Durch die Landschaft meiner Niederlagen
geh ich wie in alten Tagen.

Aus dem Lieder- und Haderbüchlein
des Robert G.

Schuldchoral I

O Robert hoch in Schulden
vor Gott und vor der Welt!
Was mußt du noch erdulden,
bevor dein – nein, nicht Gulden –,
bevor dein Groschen fällt?

Dein Groschen war einst golden,
nun ist er eitel Blei.
Und mit dem Kind, dem holden,
dem Frühling und den Dolden
ist es schon lang vorbei.

Spiel also nicht den Helden,
der noch auf Unschuld hält.
Schuld muß der Mensch vergelden.
Wann dürfen wir vermelden,
daß auch *dein* Groschen fällt?

Geh aus mein Herz
oder
Robert Gernhardt liest Paul Gerhardt
während der Chemotherapie

Geh aus mein Herz und suche Leid
in dieser lieben Sommerszeit
an deines Gottes Gaben.
Schau an der schönen Gifte Zier
und siehe, wie sie hier und mir
sich aufgereihet haben.

Die Bäume stehen voller Laub.
Noch bin ich Fleisch, wann werd ich Staub?
Ein Bett ist meine Bleibe.
Oxaliplatin, Navoban,
die schauen mich erwartend an:
Dem rücken wir zuleibe.

Die Lerche schwingt sich in die Luft.
Der Kranke bleibt in seiner Kluft
und zählt die dunklen Stunden.
Die hochbezahlte Medizin
tropft aus der Flasch' und rinnt in ihn.
Im Licht gehn die Gesunden.

Die Glucke führt ihr Völkchen aus.
Der Mensch verfällt im Krankenhaus
ganz lärmbedingtem Grimme.
Des Baggers Biß, der Säge Zahn,
die hören sich viel lauter an
als jede Vogelstimme.

Die Bächlein rauschen durch den Sand.
Wie gern säß ich an ihrem Strand
voll schattenreicher Myrten.
Die Wirklichkeit liegt hart dabei.
Sie ist erfüllt vom Wehgeschrei
der Kranken und Verwirrten.

Die unverdroßne Bienenschar
nimmt summend ihren Auftrag wahr
und nascht an jeder Blüte.
Mir brummt der Kopf, mir taubt die Hand,
statt süßem Duft füllt wüster Sand
mir Seele und Gemüte.

Der Weizen wächset mit Gewalt.
Ich aber fühl mich dürr und alt,
das Weh verschlägt mirs Loben
des, der so überflüssig labt
und mit so manchem Gut begabt:
Des hohen Herrn da oben.

Ich selber möchte nichts als ruhn.
Des großen Gottes großes Tun
ist für mich schlicht Getue.
Ich schweige still, wo alles singt
und lasse ihn, da Zorn nichts bringt,
nun meinerseits in Ruhe.

Von Fall zu Fall

Herrgott! Ich fiel aus deiner Hand
grad in des Teufels Krallen.
Doch hör! Der kleine Unterschied
ist mir nicht aufgefallen.

Frage und Antwort

»Warum muß das alles sein?«
Wer so fragt? Das arme Schwein.
Was das kluge Schwein erwidert?
»Robert, wirst halt ausgegliedert.«

Trotz

Robert, ach du Armerchen,
dein Gott ist kein Erbarmerchen,
dein Gott ist eine Geißel.
Drum, Robert, stell den Jammer ein.
Dein Gott will dir ein Hammer sein?
Dann sei ihm, Robert, Meißel.

Schuldchoral II

O Robert hoch in Schulden
Vor Gott und vor der Welt,
Was mußt du noch erdulden,
Bevor dein Groschen fällt?
Durch Speien und durch Kotzen,
Läßt der sich nichts abtrotzen,
Der auch dein Feld bestellt.

Dein Feld trägt lauter Dornen
Und Disteln ohne End.
Wie um dich anzuspornen:
Du hast genug geflennt.
Beim Rupfen und beim Jäten
Läßt der wohl mit sich reden,
Den man den Vater nennt.

Dein Vater starb im Morden,
Da warst du noch ein Kind.
So bist du nicht geworden,
Wie andre Menschen sind.
Und mußt dich doch ergeben,
Du hast nur dieses Leben.
Mach also nicht so 'n Wind.

Dialog

– Gut schaust du aus!
– Danke! Werds meinem
Krebs weitersagen.
Wird ihn ärgern.

Totengedenken

Das ist doch das Schöne an den Toten:
Da ist so gut wie alles erlaubt und nichts verboten.

Du kannst sie verhöhnen, du kannst sie beleidigen –
Sie werden sich nicht dagegen verteidigen.

Du kannst sie belästigen, du kannst sie verlassen –
Sie werden dich nicht dafür hassen.

Du kannst ihnen vorwerfen, sie übertrieben –
Sie werden dich deshalb nicht weniger lieben.

Du kannst sie foltern, du kannst sie quälen –
Sie werden es niemandem weitererzählen.

Du kannst sie verehren, du kannst sie verlachen –
Sie werden deshalb kein Aufhebens machen.

Du kannst sie salben, du kannst sie bespeien –
Sie werden dir weiterhin alles verzeihen.

Du kannst sie nach Strich und Faden betrügen –
Sie werden sich jeder Missetat fügen.

Du kannst sie erinnern, du kannst sie vergessen –
Sie werden an anderen Ellen gemessen.

Du kannst sie vergessen, du kannst sie erinnern –
Bei diesen Gewinnern bleibst du der Verlierer.

Abschied

Ich könnte mir vorstelln,
mich *so* zu empfehlen:

Die Zeit. Ich will sie euch
nicht länger stehlen.

Den Raum. Ich will ihn euch
nicht länger rauben.

Den Stuß. Ich will ihn euch
nicht länger glauben.

Das Ohr. Ich will es euch
nicht länger leihen.

Das Aug. Ich will es euch
nicht länger weihen.

Das Hirn. Ich will es euch
nicht länger mieten.

Die Stirn. Ich will sie euch
nicht länger bieten.

Das Herz. Ich will es euch
nicht länger borgen.

Den Rest? Den müßt ihr
schon selber entsorgen.

Vom Hunger

Ist eine böse Lust
Sitzt zwischen Beinen
Wenn es nicht deine sind
Sinds doch die meinen

Ist eine liebe Not
Die will sich paaren
Bitt dich, gestatte ihr
In dich zu fahren

Ist eine schöne Ruh
Wenn wir es hatten
Heiß sind die Hungrigen
Selig die Satten.

Ein breiter Reiter

Gemeinhin bin ich ziemlich breit,
wenn ich zu meiner Liebsten reit.
Verflüchtigt sich des Tages Brast,
mach ich zunächst im Wirtshaus Rast,
und lasse mir nach kurzem Ringen
so drei, vier Gläschen Obstler bringen.
Spür ich die auf der Zunge brennen,
dann laß ich rasch nach Nachschub rennen
sowie, schon winkt das Abendbrot,
nach einem Wein, und zwar in rot,
gepaart mit – nicht sehr schwer zu raten –
ganz ausgesuchtem Schweinebraten.

Drauf fang ich an, mich laut zu brüsten,
ich müsse mich zur Liebe rüsten,
war auch gewillt, bald aufzubrechen,
würd sich nicht Eile meistens rächen
bei Frauen, welche Liebe brauchen.
So red ich, fange an zu rauchen
und trink in Mengen, sprich: in rauhen,
vom Bier, das sie im Wirtshaus brauen.
Dann halt ich ein. Nun bin ich randvoll
und frag, wohin ich mit dem Brand soll,
um mich sodann nach längrem Brabbeln
zu raschem Aufbruch aufzurabbeln,
indem ich Sattel und Schabracke
geschwinde auf das Rößlein backe,
und mich dazu. Aus voller Brust
sing ich von Lieb, sing ich von Rust,
ich eile voller Trieb und Brunst,
schon bin ich da, ich steige runst
und herze lachend meine Braut,
da sagt sie, daß ihr vor mir raut.
Ich werde wild, ich brause auf,
ich knöpfe ihre Rause auf –
da schickt sie mich, den edlen Retter,
per Faustschlag auf die Dielenbretter.
Ein uppercut, nach Art der Briten –:
O wär ich niemals fortgeritten!

Malade Ballade

Es war in grauer Novembernacht,
da ist die Frau unter Schmerzen erwacht.

»Was stehst da im Dunkel, mein lieber Mann
und fassest so schmerzhaft mein Füßlein an?«

»Und fass ich dein Füßlein so schmerzhaft an,
so ist das nicht ohne Absicht getan.«

»Sag mir, mein Mann, welche Absicht du hast,
wenn du nächtens mein Füßlein so schmerzhaft
anfasst?«

»Ich, Frau, bin krank, und ich ich möchte gesunden.
Da hat mir mein Arzt ein Mittel gefunden.«

»Welch Mittel, mein Mann? O sag mir gezielt,
welche Rolle mein schmerzhaftes Füßlein spielt!«

»Dein Füßlein allein vertreibt meine Pein,
drum brech ich es ab und verleib es mir ein.«

»Und hilft dir mein Füßlein zu gesunden,
brichs ab, lieber Mann, und laß es dir munden.

Brichs ab, auch wenn's schmerzt, brich es ab, lieber
Mann.
Ich hab ja ein zweits. Auf dem hüpfe ich dann.«

Knabberwix

Gute Vorsätze

Frage nicht: Wie soll das enden?
Tu etwas mit deinen Händen!

Sage gleich nach dem Erwachen:
Heute werd ich etwas machen!

Klage nicht: Nichts klappt auf Erden!
Leb im Glauben: Wird schon werden!

Wage frisch: Dann wirst du's schaffen,
deinen Chef dahinzuraffen.

Trage keine Reu im Herzen:
Der Verlust ist zu verschmerzen!

Welt der Wunder

Unsre Welt ist voller Wunder,
staunend nehme ich sie wahr:
So die Alpen und die Berge
So die Sterne hell und klar
So die Weser und die Flüsse
So die Himmel hoch und hehr –
doch das größte aller Wunder
sind die Ostsee und das Meer.

Couplet-Fragment

Aus Stockholm kam der Anruf,
Nobelpreis stünde an.
Verleihung wäre Samstag.
Die Frau sagt: Lieber Mann,
wir warn schon zweimal auswärts,
und dreimal hat kein Stil –:

Drei Abende in Reihe
sind meiner Frau zuviel.

Mittagsfragen an die Katz

Haste jut jefuttert?
Wurdste jern bemuttert?

Haste jut jefressen?
Wars jerecht bemessen?

Haste jut jetafelt?
Wurd nich rumjeschwafelt?

Hast jenug vom Atzen?
Jeht et jetzt ans Ratzen?

Na denn penn ma jut!

Blanker Neid auf rote Sommer

Eine Klage für Peter Hacks nach Motiven von Peter Hacks

Derweil im großen Haufen wir auf überfüllten,
Erhitzten Straßen schrittweis in den Süden fahren,
Erblüht in meinem Kopf, dem reichlich zugemüllten,
Ein jähes Bild vom Schönen, Guten, Wahren –:

Erstehn vor meinem Auge Preußens Kommunisten
Auf raschem Weg in ihre Sommerresidenzen,
In Linnen leichtgewandet, duftenden Batisten,
Und auf dem Rücksitz Phlox, die Freundin zu
                              bekränzen.

So bremsen sie vor den Parterren mit Verbenen,
Und lichte Frauen treten aus Remiseschatten,
Und reichen hellen Wein, den sie gleich Pfauentränen
Der Traube schierer Schönheit abgewonnen hatten.

Dann schlendert man den Heckenweg zum See
                              hinunter,
Vom Klassenkampfe plaudernd und von bessren
                              Tagen –
Ich aber, noch im Stau, ein Spielball bunter
Erlesner Hacksscher Bilder, hebe an zu klagen:

Weh, daß ich Westler bin, ein Opfer der Geschichte,
Dazu verdammt, mit der Toscana anzubandeln,
Gegrillt von Hitze und gepfählt vom Lichte,
Statt deutscher Bäume tiefe Schatten zu durchwandeln!

Die aber sind Besitz betuchter Sozialisten.
Daß Hacks dazugehört, ist freilich zu begrüßen:
Dem dünkelhaftesten von Preußens Kommunisten
Solln rote Sommer noch so manches Jahr versüßen.

Finger weg!

Poeten, die nicht zeichnen können,
sollten's besser lassen.
Das gilt für Günter Kunerten,
das gilt für Günter Grassen.
Das gilt für all die Kritzelnden,
die zagen wie die forschen,
für Friederiken Mayröckern
als auch für Gerald Zschorschen.

Ein Maler, der nicht zeichnen kann
und 's tut, der sei verworfen.
Das zielt auf Paule Wunderlich
und Jörge Immendorfen.
Auf Fettingen und Salomen,
auf sie und ihre Sachen.
Und eine, die 's noch schlimmer treibt.
Sie heißt Elvira Bachen.

Ich ich ich

1

Uraltem Weistum folgend,
schreit ich gesegneten Pfad –
»Kann man heut noch so reden?«
Natürlich. Ich tat es doch grad.

2

Freunde zeiht mich nicht der Stumpfheit!
Stimmts nicht an, das alte Lied.
Ihr nicht, die ihr doch der Sumpf seid,
der mich in die Tiefe zieht.

3

Ich bin stolz, ein Deutscher zu sein.
Die Deutschen sind stolz auf mich.
Wie? Der zweite Satz trifft nicht zu?
Dann stimmt auch der erste nicht!

Alter Wein

Warm preist ihr mir den alten Wein.
Wie meinen? frag ich kalt.
Was soll das sein: Ein alter Wein?
Bei mir wird Wein nicht alt.

Bei mir ward manches alt und kalt:
Kopf, Rücken, Herz und Bein.
Es schwanden Schönheit und Gestalt.
Beim Wein muß das nicht sein.

Was immer auf der Flasche steht,
ob alt, ob jung der Wein:
Mit etwas gutem Willen geht
beim Reinen alles rein.

Koenig Fussball

Ein Akrostichon-Sonett
verfasst in der dunklen Zeit
des Schiedsrichterskandals

Kam einst so stolz daher in Purpurfarben!
Ohn' allen Makel Szepter, Kugel, Krone.
Erhobnen Hauptes saß er auf dem Throne
Nach Herrscherart. Auf seinen Wink erstarben

Im ganzen Lande Handeln, Streben, Hasten.
Gemeinsam ging das Riesenheer Getreuer
Für seinen König samstags durch das Feuer
Und fieberte in Stadien, vor dem Kasten.

Stark schien das Glück. Und mußte doch enteilen,
Seit schnöde Schiris, Geier unter Tauben,
Brutal auf Ehrlichkeit und Fairness pfiffen.

Aufklagend hat das Fußballvolk begriffen:
Land unter! Mit ihm Königstreu und Glauben.
Läßt Zeit *den* Schlag vernarben? Gar verheilen?

Wir Weltmeister

Ein Akrostichon-Sonett aus gegebenem Anlaß

Warum wir Deutschen die WM gewinnen?
Ist doch so klar wie Brühe voll von Klößen!
Rings staunt die Welt ob unsrer Fußballgrößen –
Wer nennt die Namen all? Mit wem beginnen?

Erlaßt es mir, die Spieler aufzuzählen!
Letztendlich gab sich keiner jemals Blößen,
Trotzt jeder sowohl Haken wie auch Ösen,
Macht es die Fülle schwer, die Besten auszuwählen.

Erspart mir diese Qual! Was sind schon Fakten?
Ich halte nichts davon, mit names zu droppen,
Säng' ich von einzelnen, ich müßte klügeln:

»Team« war schon immer Trumpf, wenn wir »es«
                                        packten.
Es wird's auch diesmal schaffen. Nicht zu stoppen,
Rauscht es von Spiel zu Spiel auf Siegers Flügeln.

Petrarcasonett

Ein Akrostichon

Petrarcagleich ist sie gestimmt. Der Leier
Erhebend Spiel soll laut von Lauren künden,
Traumbild der Nacht, um dann im Tag zu münden,
Rauschüberglänzt. Ein Nachhall jener Feier,

An deren Anfang jeder Braut ein Freier
Reseden schenkt, in die gleich frommen Sünden
Christrosenrot sich mischt, aus dessen Schlünden
Aroma bricht von Weihe und von Weiher.

So war 's geplant. Doch was taugt Dichters Streben
Ohn' allen Beistand hilfsbereiter Musen?
Nicht einen Heller. Nicht mal einen Groschen.

Es ging gut los. Und endet so daneben.
Tut mir echt leid. Ich mag nicht länger zusehn.
Troll mich davon. Und halt fortan die Goschen.

Editorische Notiz

Die Texte wurden folgenden Bänden entnommen:

    I Die Wahrheit über Arnold Hau. Frankfurt a. M.: Bärmeier & Nikel, 1966.

   II Besternte Ernte. Gedichte aus fünfzehn Jahren. Frankfurt a. M.: Zweitausendeins, 1976.

  III Wörtersee. Gedichte und Bildgedichte. Frankfurt a. M.: Zweitausendeins, 1981.

  IV Körper in Cafés. Gedichte. Zürich: Haffmans, 1987.

   V Weiche Ziele. Gedichte 1984–1994. Zürich: Haffmans, 1994.

  VI Lichte Gedichte. Zürich: Haffmans, 1997.

 VII Klappaltar. Drei Hommagen. Zürich: Haffmans, 1998.

VIII Berliner Zehner. Hauptstadtgedichte. Zürich: Haffmans, 2001.

  IX Im Glück und anderswo. Gedichte. Frankfurt a. M.: S. Fischer, 2002.

   X Die K-Gedichte. Frankfurt a. M.: S. Fischer, 2004.

  XI Später Spagat. Gedichte. Frankfurt a. M.: S. Fischer, 2006.

Die Textabweichungen in den Gedichten »Tierwelt-Wunderwelt«, »Der Nachbar« und »Rondo« gegenüber den Fassungen der Druckvorlagen gehen auf Korrekturen des Autors zurück.

Herr Gernhardt, warum schreiben Sie Gedichte?
Das ist eine lange Geschichte:

Die hier versammelten Gedichte stammen aus neun Bü-
chern und rund vierzig Jahren.* Ihr Ablauf entspricht
der Reihenfolge, in welcher diese Bücher erschienen
sind; die römischen Ziffern im Text geben einen Hinweis
darauf, aus welchem Buch ich die der Zahl zugeordneten
Gedichte entnommen habe. Was eint diese erstmals im
Schnelldurchlauf vorgestellte Produktion?
Die hilfreichste Schublade für mein Dichten und Trach-
ten war über Jahre mit K wie Komik beschriftet. Zu
Recht. Nicht, daß alle Produkte nun auch wirklich ko-
misch gewesen wären oder es immer noch sind. Doch
ist den frühen und mittleren Gedichten durchaus und
fast durchgehend die Absicht anzumerken, komische
Wirkungen zu erzielen. Gilt das auch noch für die spä-
teren?
Nein, hörte ich hin und wieder nach Erscheinen von
Körper in Cafés etc., und bei einigen dieser Stimmen
war ein enttäuschter, ja besorgter Unterton nicht zu
überhören: »Jetzt geht also auch er den Weg aller altern-
den Komiker, wird weise, wertvoll und weinerlich – ei-
gentlich schade ...«
Nein – keine Rechtfertigungen! Auf die nämlich kann

---

* Inzwischen muß es heißen: Die hier versammelten Gedichte
stammen aus elf Büchern und über vierzig Jahren. Die Auswahl
aus *Die K-Gedichte* (X) wie aus dem postum erschienenen Band
Später Spagat (XI) wurde von Almut Gehebe-Gernhardt getrof-
fen.

verzichten, wer eine These zur Hand hat, die den weh-
leidigen Gegensatz Komik–Ernst wenigstens so weit
aufzuheben in der Lage ist, daß der ganze Diskurs auf
einem ganz anderen Niveau weitergeführt werden kann.
Die These aber lautet, daß *alle* Gedichte komisch sind,
da das Gedicht die Komik vom ersten Tag an mit der
Muttersprache eingesogen hat und bis auf den heutigen
Tag von ihr durchtränkt ist, wenn auch manchmal in
kaum mehr nachweisbarer Verdünnung bzw. Vergeis-
tigung. Dazu ein paar Erläuterungen und Einschrän-
kungen:
Den Begriff »Gedicht« verwende ich im verbreitetsten
und plattesten Sinne: als sprachliche Mitteilung, die sich
am Ende reimt. Ich weiß natürlich, daß es auch reimlose
Gedichte gibt und andere Reime als den Endreim, doch
zumindest in unserem Sprachraum ist er seit gut tausend
Jahren das vorherrschende, manchmal sogar alleinherr-
schende Prinzip, nach welchem sich Worte dergestalt or-
ganisieren lassen, daß jeder Erwachsene »Ein Gedicht!«
sagt und jedes Kind begreift, wie es gemacht wird: »Der
Reim entspringt einer Neigung des Menschen, mit sei-
ner Sprache zu spielen; genauer: Worte mit gleichklin-
genden Bestandteilen zusammenzustellen«, schreibt
Karl Martin Schiller in seiner Einleitung des *Steputat* –
so nämlich heißt der Verfasser des seit 1891 meistge-
nutzten deutschen Reimlexikons und wie beim *Duden*
steht auch hier der Name fürs Werk –, und Schiller fährt
fort: »Schon die Kinder tun das, wenn sie einander mit
ihren Namen necken: Paul, Paul – Lügenmaul!« Das sei
zwar »nichts weiter als hübsch gereimter Unsinn – und
doch beginnt mit alledem der Reim bereits ein Mittel
dessen zu werden, was wir Dichtung nennen.« So weit,
so richtig – doch gilt das auch noch für Schillers Folge-

rung: »Ein magischer Vorgang im Rahmen der Sprache vollzieht sich, wenn wir reimen« –? Müßte es nicht heißen: »windiger Vorgang«?

Solange das Gedicht nur hübschen Unsinn mitteilt, ist es noch ganz und gar ehrlich. Die Worte Denker, Henker, Lenker und Schenker beispielsweise eint nichts als der Reim und die Tatsache, daß sie in dieser Reihenfolge im *Steputat* stehen; und solcher Beliebigkeit müßte eigentlich auch das Werk Rechnung tragen, das sich ihr verdankt:

> Ein Denker
> traf mal einen Henker
> und sagte: Gib mir deinen Lenker,
> dann bist du ein prima Schenker

– so oder ähnlich unschuldig würde wahrscheinlich das aufgeweckte Kind reimen und sich des offenkundigen Unsinns oder des zutage geförderten Nichtsinns freuen. Nicht so der Erwachsene in seinem unstillbaren Sinnbedarf und Sinnbedürfnis:

> Einst Land der Dichter und der Denker,
> Dann Land der Richter und der Henker,
> Heut' Land der Schlichter und der Lenker –:
> Wann Land der Lichter? Wann der Schenker?

Kein gutes Gedicht, zugegeben, aber doch eines, das sich nicht sogleich und so einfach als Unsinn begreifen, belachen und abtun läßt. Allzu zwingend suggerieren Endreim, Binnenreim, Anfangsreim (Dann–Wann) und Stabreim (Land der Lichter), daß in diesen vier Zeilen irgend etwas zusammengewachsen ist, das irgendwie zutiefst zueinandergehört. Und wenn das Bankert der Vereinigung von Reimlexikon und Alphabet dann noch auf den Namen »Mein Land« getauft würde oder »Fragen an mein Land« oder gar »Denk ich an ...« – so müßte der Leser schon sehr gewitzt oder äußerst dickfellig sein, um den Vierzeiler als ganz und gar sinnlos zu entlarven bzw. zu empfinden –: Mach einer was gegen die Dichter.

»Wer schreibt, bleibt. Wer spricht, nicht« – nicht gerade ein richtiges Gedicht, doch ein weiteres gutes Beispiel dafür, mit welch simplen rhetorischen Reimtricks sich selbst relativ wache Köpfe einlullen lassen. Beispielsweise meiner. Jahrelang hatte ich diesen Merksatz immer dann mit viel Erfolg ins Feld geführt, wenn es galt, mein Dichtertum gegenüber anderen Tätigkeiten herauszustreichen und zu erhöhen, da plötzlich wagte jemand Einwände: Von vielen der weltweit berühmtesten Menschen sei doch keine geschriebene Zeile überliefert, nicht von Homer und nicht von Sokrates, nicht von Jesus und nicht von Dschingis Khan, nicht von Nofretete und nicht von Johanna von Orleans – und plötzlich war er gebrochen: der Reimzauber, welcher bis dahin so zuverlässig gewirkt hatte.

»Was bleibt aber stiften die Dichter« – wirklich? Ist es nicht vielmehr die Sprache selber, die das Dichterwort schamlos gängelt, indem sie hier Zusammenhänge verwehrt, dort in geradezu unsinniger Menge stiftet? 129 Reimwörter führt der *Steputat* für die Endsilbe »-at« an, von »Achat, Advokat, Aggregat« über »Rat (Titel), Rat (Hinweis), Rat (Körperschaft)« bis hin zu »ich lad, ich schad, ich verrat«. Dementsprechend breit kann der Dichter nichtsnutzige Vorgänge wie den folgenden ausmalen: Der Advokat aß grad Salat, als ihm ein Schrat die

Saat zertrat. Nichts aber fiele dem gleichen Dichter ein, äße da nicht ein windiger Rechtsverdreher, sondern ein schlichter, dabei aber doch so unendlich viel wichtigerer »Mensch« seinen – ja, was eigentlich? Bekanntlich wissen weder der *Steputat* noch die deutsche Sprache einen Reim auf Mensch, und selbst ein so gewitzter Wortsucher wie Peter Rühmkorf wurde erst im Plural fündig:

Die schönsten Verse des Menschen
– Nun finden Sie schon einen Reim! –
Sind die Gottfried Bennschen:
Hirn, lernäischer Leim.

Das Dichten gilt als Kunst, und ich bin der letzte, der da widerspräche. Nur besteht die Kunst des Dichters nicht darin, seine Empfindungen oder Gedanken in Reime zu kleiden, sondern in seiner Fähigkeit, Sätze, Worte und Reimwörter so zu reihen, daß sie Gedanken oder Empfindungen suggerieren, im Glücksfall sogar produzieren. Als Meister aber erweist der sich, der uns vergessen läßt, daß da überhaupt gereimt wird. Das kann beim Lesen, häufiger noch beim Hören der Gedichte von, beispielsweise, Goethe, Mörike oder Brecht geschehen, und bezaubert fragen wir nicht lange, wieso uns das Mitgeteilte eigentlich dermaßen einleuchtet: Wir wollen ja auch nicht wissen, was die Kugeln wiegen und wieso sie dem Jongleur nicht runterfallen, sondern uns der schönen Täuschung hingeben, daß die Schwerkraft augenscheinlich doch zu überlisten oder gar ganz außer Kraft zu setzen ist.
Wo ein Vorhaben gelingen soll, kann es auch scheitern. Immer wieder unterlaufen selbst erfahrenen Dichtern Gedichte, in welchen die zutiefst komische Qualität al-

ler vom Reim gelenkten Sinn- und Beziehungsstiftung bloßgelegt wird. Wenn ein formstrenger Dichter wie August von Platen sich und der Sprache den Kraftakt zumutet, acht plausible Reime auf »Wunde nichts« zu finden, ohne daß sein Gedicht in blanke Beliebigkeit oder puren Nichtsinn abrutscht –:

> Es liegt an eines Menschen Schmerz, an eines
> Menschen Wunde nichts,
> Es kehrt an das, was Kranke quält, sich ewig der
> Gesunde nichts;

– dann kann der Leser das angestrengte Ergebnis ehrfürchtig bestaunen; er mag einwenden, daß man sich nicht »nichts« an etwas kehren kann, sondern lediglich »nicht«; er darf das Mißverhältnis von Aufwand und Ertrag jedoch auch innig belächeln:

> Und wer sich willig nicht ergibt dem ehrnen Lose,
> das ihm dräut,
> Der zürnt ins Grab sich rettungslos und fühlt in
> dessen Schlunde nichts;

– als ob es so schrecklich erstrebenswert wäre, auch noch als Toter und noch im Grabe etwas zu fühlen. Lächeln, ja lachen darf der Leser jedoch auch dann, wenn Clemens Brentano den Reim nicht wie Platen in die Zucht des Gedankens nimmt, sondern im Gegenteil dermaßen die Zügel schleifen läßt, daß sein Gedicht jedweden Sinn in Grund und Boden reimt:

> Wenn der lahme Weber träumt, er webe,
> Träumt die kranke Lerche auch, sie schwebe,

– und wenn das so ist, dann folgt daraus natürlich auch:

> Träumt das blinde Huhn, es zähl die Kerne,
> Und der drei je zählte kaum, die Sterne,

– und nach der achten Zeile schließlich glaubt uns der Dichter reif für die nun völlig rätselhaften, dafür zur Sicherheit gleich durch dreifachen Reim verklammerten Zeilen:

> Träumt die taube Nüchternheit, sie lausche,
> Wie der Traube Schüchternheit berausche;

– ein Gedicht, das in keiner Anthologie deutscher Unsinnsdichtung fehlen dürfte, von den zuständigen Stellen jedoch hartnäckig dem literarischen Tiefsinn zugerechnet und dementsprechend interpretiert, hofiert und glorifiziert wird.

Um Komik und Ernst war es zu Beginn dieser Überlegungen gegangen, einigermaßen folgerichtig sind wir bei den Grenzen gelandet, die Sinn und Unsinn scheiden, derart undeutlichen Markierungen, daß auch der gewitzteste Kartograph nicht weiterhelfen kann: Immer wieder nämlich finden sich Gedichte, die keinem der Bereiche eindeutig zuzuordnen sind; Gebilde, in welchen der Sinn langsam, fast unmerklich in Nichtsinn oder Unsinn übergeht. In anderen aber kippt er urplötzlich, und das gerade dann, wenn der Dichter ein Übermaß an Sinn produzieren, suggerieren oder schlicht ergaunern wollte, siehe Platens »Wunde nichts«-Variationen, aber auch mein Gedicht »Deutung eines allegorischen Gemäldes« –: alles Sinn-Implosionen, die teils unfreiwillig, teils beabsichtigt Komik freisetzen.

Niemand hantiert gern ungesichert mit kritischen Mas-
sen, niemand ist gerne ungeschützt jener Kritik und Lä-
cherlichkeit ausgesetzt, die bei jedermann erkennbaren
Stör- und Unglücksfällen sich zuverlässig einstellt –:
Kein Wunder, daß die Ernst-Dichter im Laufe dieses
Jahrhunderts immer entschlossener immer mehr Regel-
systeme über Bord warfen, nicht nur den Reim, auch
den Vers, das Metrum, den Takt und den Rhythmus.
Als ich zu dichten begann, Anfang der 60er, war *das*
Gedicht eine relativ kurze reimlose Mitteilung, die aus
meist unerfindlichen Gründen nicht in durchlaufenden,
sondern vielfach zerstückelten Zeilen abgesetzt wurde,
von Leerzeilen unterbrochen und auf möglichst viel
umgebendem Weiß, ganz so, wie es bereits Lewis Car-
roll in *Alice im Wunderland* dem Dichter geraten hatte:

Wir schreiben eine Zeile
Dann hacken wir sie klein
Dann würfeln wir die Teile
in bunt gemischte Reih'n
Der Wörter Reihenfolge muß
Nicht unsre Sorge sein.

Da nun konnte nichts so richtig schiefgehen, aber auch
nichts so recht gelingen. Künstler, die Regeln verwerfen,
gleichen Jongleuren, die sich von ihren Kugeln befreien:
Kein Dichter mußte fortan mehr befürchten, an der Re-
gel gemessen oder von ihr gefressen zu werden, doch
bezahlte er diese Sicherheit mit dem Verzicht auf jene
glorreichen Augenblicke, in welchen die Regel nicht an
dem zuschanden wird, der sie auftrumpfend zerbricht,
sondern an dem, der sie lachhaft mühelos meistert.
Reim oder Nichtreim – für mich war das schon damals

keine Frage. Ich brauchte die Regel, solange ich eindeutig auf Komik oder Nonsens aus war – Komik lebt von der Regelverletzung, und Nonsens ist nicht etwa jener hausbackene Unsinn, der ungeregelt in launigen Lautgedichten, krausen Collagen und absurden Verbalautomatismen wuchert, sondern konsequent, also regelmäßig, verweigerter Sinn –, und ich liebe die Regel nach wie vor, weil sie beides ist, Widerstand und Wegweiser: Da geht's lang, nicht aufgeben, hier mußt du durch.

Sich heute noch ernsthaft auf das uralte Reim- und Regelspiel einzulassen, ist, meine ich, schon mal per se komisch. Einfach war es nie, doch in Jahrhunderten gebundener Dichtung hat sich sein Schwierigkeitsgrad erheblich gesteigert. Daraus haben Verzagte wie Arno Holz gefolgert, daß nichts mehr gehe: »Der Erste, der – vor Jahrhunderten! – auf Sonne Wonne reimte, auf Herz Schmerz und auf Brust Lust, war ein Genie; der Tausendste, vorausgesetzt, daß die Folge ihn nicht bereits genierte, ein Kretin.«

Falsch, ganz falsch: Der Erste, der Brust auf Lust reimte, war ein braver Mann, der Einmillionste aber, dem es gelingt, die beiden Begriffe einleuchtend, einschmeichelnd oder auch nur eingängig zu paaren, ist ein Genie, zumindest ein achtenswerter Artist.

Prosamen

Die Frage

Wußten Sie schon ...

... daß nur der Mensch Schlange steht, die Schlange selber aber kriecht?

... daß auch die schönste Frau bereits an den Füßen aufhört?

... daß das Wort »Frankreichtour« gebenedeit ist vor allen anderen Worten, da in ihm sämtliche Vokale in alphabetischer Reihenfolge enthalten sind?

... daß nachts alle Glatzen kahl sind?

... daß bei uns jeder denken darf, was er sagt?

... daß vor Gott sieben Tage nur wie eine einzige Woche sind?

... daß Brechts Drama »Mutter Courage«, das schon in der Musicalfassung »Mut, Mutter« ein großer Erfolg war, nun unter dem Titel »Kopf hoch, Muttchen!« verfilmt werden soll?

... daß eine Schwalbe zwar noch keinen Sommer macht, zwei Schwalben jedoch schon einen Haufen Schwalben machen können?

... daß die Masturbation bei den Krimtartaren als das beste Mittel gegen kaltes Duschen angesehen wird?

... daß der Mensch dem Wolf ein Wolf ist?

... daß es auch in Eckkneipen rundgehen kann?

... daß das stolzeste Bauwerk des Niederrheins, der Kölner Dom, innen hohl ist?

... daß Beethovens Neunte ein Fräulein Stobeier aus Grinzing war?

... daß der Biß eines einzigen Pferdes für eine Hornisse tödlich sein kann?

... daß es eine Unsitte ist, Sätze nicht zuende zu schrei?

Die Antwort

Herr M. in N. Wieso es dem Benzin schadet, wenn man Zucker in den Tank schüttet?
Nun – Ihr Zucker wird ja auch nicht besser, wenn man Benzin in die Zuckerdose gießt.

Herr X. in Y. Ja, als Freiberufler müssen Sie Buch führen – in diesem Punkt hat das Finanzamt Sie richtig informiert. Aber keine Angst – es geht ganz einfach: Sie kaufen sich ein Büchlein und tragen links Ihre Eingaben und rechts Ihre Ausnahmen ein.

Beispiel Eins: Sie fordern zur Sommersonnenwende, daß der Bundespräsident Sie unverzüglich in den erblichen Ruhestand versetzt. Kommt in die Rubrik »Eingaben«.

Beispiel Zwei: Sie beschlafen zwar grundsätzlich keine Adligen, aber bei der Kronprinzessin Dieter wollen Sie mal nicht so sein – kommt in die Rubrik »Ausnahmen«.

Am Jahresende rechnet dann Ihr Finanzbeamter Eingaben und Ausnahmen gegeneinander auf, und zum Schluß sind Sie wieder mal der Dumme.

Frau A. in B. Nein, es stimmt nicht, daß die Fledermäuse ein Radarsystem besitzen, das sie auch bei tiefster Dunkelheit traumhaft sicher fliegen läßt. Sie ecken verhältnismäßig oft an. Aus diesem Grunde fliegen sie übrigens auch immer nur bei tiefster Dunkelheit: Damit nicht allzuviele Zeugen mitansehen, wie sie dauernd gegen die Wände rauschen.

Die Nachricht

Ein schönes Erfolgserlebnis hatte der Spitzensportler Sperlich, als er im Rahmen eines Sprungs vom Ulmer Münster schon beim ersten Versuch die Fallgeschwindigkeit erreichte.

Die Flucht in die Krankheit glückte drei Insassen der Strafanstalt Bad Wuschl. Sie werden jetzt im Anstaltslazarett gegen Hals, Nasen und Ohren behandelt.

Weil er vorsätzlich vorbeifahrende Segelschiffe mit »Aha« statt mit »Ahoi« begrüßt hatte, wurde dem Janmaat Pitter die Benutzung der 7 Weltmeere verboten.

Neben die fünf bekannten Schwierigkeiten beim Schreiben der Wahrheit ist im Markgräfler Ländle dieser Tage eine sechste getreten. Dort sind die Kugelschreiber alle.

Einmal mehr bestätigte sich in Bergisch-Gladbach eine alte Volksweisheit: Das beidhändige Kippen, das Hänschen nicht erlernt hatte, lernte Hans Nimmermehr in der Rekordzeit von drei Runden.

Eine Kreuzung zwischen Lachs und Luchs gelang dem Züchter Brosam. Sie kann kaum hören, aber nicht schwimmen und soll unter dem Decknamen Lauchs zu Zwecken der Umweltverschandelung eingesetzt werden.

Jesus soll nun doch heiliggesprochen werden. Das verlautete aus gewöhnlich gut deformierten Kreisen um Papst Nautilus, der Jesus' Ernennung zum St. Jesus allerdings als reine Formsache herunterzuspülen versucht.

Eine Ladenkasse erbrach ein Düsseldorfer Tagedieb im Kaufhaus Bertie. Der sofort hinzugezogene Bereitschaftsarzt erklärte, er habe ja schon Pferde kotzen sehen, aber so etwas sei ihm in seiner ganzen Praxis noch nicht vorgekommen.

Der Odenwald macht einen stark verwohnten Eindruck – das stellten Förster während einer Begehung fest. Die Waldbewohner, allen voran die Dachse, müssen nun mit einer Räumungsklage rechnen.

Nicht ohne Fohlen blieb ein zärtliches Beisammensein von Stute Halla und Hengst Berto. Stolz präsentierte die Mutter dieser Tage ihr fuchsrotes Folgen, das auf den Namen »Siemirunauffällig« getauft wurde.

Der Fluch der bösen Tat ereilte den Seeräuber Sobireit ausgerechnet am Tag der bösen Flut, als ihn eine Wassermasse hinterrücks ganz naß machte.

Eine überzeugende und rundum zufriedenstellende Dubeziehung glückte dem stellungslosen Holger Rorbruch, der aus dem Pinnsee einen Dube von zwei Metern Länge zog, der zur Zeit von dem Dermoplastiker Darlich eingestopft wird.

Das Weltall wird auch immer dicker, stellten amerikanische Gynäkologen während einer tour d'horizon fest. Als Ursache vermuten sie: Zuviel Sterne, zuwenig Bewegung.

Das erste Mal seit man Rom ohne H schreibt, wird am kommenden Sonntag in Bad Wuschl wieder das Jungfrauenwahlrecht praktiziert. Von dieser Maßnahme verspricht sich der Magistrat eine erhebliche Umsatzsteigerung in den Wahllokalen. Geldgier, wohin man auch schaut.

Den Mut zur Farbe bewies der Pfarrer von Kempten/Allg., der seine Gemeindemitglieder einheitlich anstreichen ließ. Er wählte dafür ein Lindgrün, das vielleicht eine Spur zu grell war.

Im Bremer Übergangszoo kamen in der letzten Nacht erstmals lebende Schnürsenkel zur Welt. Die Zooleitung hofft stark, daß es auch das letzte Mal bleiben wird.

Die Richtigstellung

In unsere Rechtsberatung hat sich leider ein Fehler eingeschlichen. Statt »Wie zeugt man einen Schmierer?« muß die Überschrift »Wie schmiert man einen Zeugen?« heißen. Außerdem sollte es statt »Einer der bekanntesten Knabberkekse sagte mir einmal...« »Einer der bekanntesten Rechtsanwälte sagte etc.« lauten.

Die Gegendarstellung

Sie haben unlängst folgende Behauptung aufgestellt: »Trotzdem Franz Burschel 17 Klare getrunken hatte, machte er einen total betrunkenen Eindruck.« Dieser Satz ist unrichtig. Er muß »Obwohl Franz Burschel etc.« heißen.

Franz Burschel, Emden

Die Klarstellung

Die unnötigerweise entbrannte Diskussion, ob Hamlet zu Laertes »Das interessiert mich nicht die Bohne« oder »Das interessiert mich nicht die Biene« sagt, hat uns dazu veranlaßt, noch einmal einen Blick in das englische Original zu werfen. Und da heißt es unmißverständlich: »That interests me not the bean.« Alles klar?

Der Tip

Haltbarerer Saft. Tomatensaft bleibt länger in der Dose, wenn man die Löcher nicht in der Unter-, sondern in der Oberseite der Dose anbringt. Er fließt dann nämlich nicht so raus.

Schönere Risse. Risse in der Hose kommen besser zur Geltung, wenn man an der Hose ein Pappschild mit der Aufschrift »Beachten Sie bitte auch die schönen Risse in der Hose. Vielen Dank« anbringt.

Unverkohltere Bibeln. Brandspuren in Bibeln lassen sich verhindern, wenn man seine Zigaretten stattdessen in einem Aschenbecher ausdrückt.

Das Telefongespräch

A Hallo, hier wir! Wer dort?
B Ich bin's!
A Sie dort?
B Nein hier!
A Moment, hier sind wir!
B Hier? Ich bin allein!
A Ja, dort.
B Nein hier!
A Wo denn da?
B Am Apparat.
A Da sind wir auch.
B Wo denn?
A Hier.
B Hier doch nicht!
A Doch, hier!
B Nein, nein. Hier bin nur ich.
A Und hier sind nur wir.
B Ach ja? Na, dann bleibt die Sache wenigstens unter uns.
A Danke, das genügt.

Der Rückblick

Erinnern Sie sich noch?

Vor 10 Jahren: Die Gewerkschaft Filz, Stifte, Kritzeln erkämpft 48-Stunden-Tag. In Plön wird Dieter, der Dreinschnabler, dazu verurteilt, nicht immer in Dinge dreinzuschnabeln, von denen er nichts versteht.

Vor 100 Jahren: Im Emsland wird ein Köhlerweiblein gesichtet, das auf dem Schambein lahmt.

Vor 1000 Jahren: In Magdeburg geht das Konzil von Prag beim Stande von 2:1 zuende. Hermann von Hohenstaufen beschläft Walpurga, eine weitschichtige Mahm mütterlicherseits, und zieht sich dabei einen haushohen Tripper zu.

Vor 10 000 Jahren: In Ägypten wird der Raddampfer erfunden.

Vor 100 000 Jahren: Moritz, das Mammut, durchschwimmt als Erster den Kaiser-Wilhelm-Kanal in Schrägrichtung.

Vor 1 000 000 Jahren: In immer breiteren Tierkreisen ist die Lungenatmung en vogue. Stielauge, der Urkrebs, versteht die Welt nicht mehr.

Das Info

Betr. Marketing

Die Wiege des Marketing stand in Nürnberg. Als der bekannte Freund und Kupferstecher Albrecht Dürer merkte, daß der Absatz seiner Kupferstich-Passion stagnierte, fragte er in seinem Bekanntenkreis herum, was die Leute sich denn gerne ins Zimmer hängen würden.
»Eynen strammen Reutersmann«, meinten 52% der Befragten, 28% waren für »Freund Hein«, 11% votierten für »Beelzebub« und die restlichen neun Prozent verteilten sich auf »Eyn scharf nackicht weyblein«, »Eyn gro-

ßes Rasenstück«, »Dürers betende Hände« und auf ähnlich abwegige Vorschläge.

Auf Grund dieser Befragung strickte Dürer sein Blatt »Ritter, Tod und Teufel« zusammen, stieß mit ihm in eine Marktlücke und verdiente dabei so viel, daß er das unter Denkmalschutz stehende Dürer-Haus kaufen konnte.

Die Firmen von heute machen es im Prinzip nicht anders. Ein Fall aus der Praxis: Der Zwieback-Konsum läßt nach. Die alarmierte Zwieback-AG läßt den Markt untersuchen und stellt dabei fest, daß drei Gründe verantwortlich sind:

1. Der Zwieback gilt als hartes Nahrungsmittel, 2. Der Zwieback gilt als zu trocken, 3. Der Zwieback gilt als Nahrung für Kinder.

Das Management zieht die Konsequenzen und bringt einen flüssigen Zwieback auf den Markt, der, mit 40% Alkohol angereichert, lediglich an Erwachsene verkauft werden darf. Um jede Assoziation mit Opas Zwieback zu unterbinden, nennt er sein Produkt »Doppelkorn« und verdient sich eine goldene Nase.

Ein extremes Beispiel? Gewiß. Und nicht immer gibt der Erfolg dem Marketing recht. Als abschreckendes Beispiel kursiert in der Branche die »Leichenwäscher-Schokolade«. Leichenwäscher – das hatte die Statistik ergeben – lagen in ihrem Schokolade-Konsum haustief unter dem anderer Berufsgruppen. Warum? Nun, mit ihren nassen, seifigen Händen mochten die Leichenwäscher während ihrer Arbeit ganz einfach keine Schokolade anfassen. Die Hersteller konterten mit einer extrem fahlen, nassen und seifigen Schokolade, die den Geschmack der Hände noch übertönen sollte. Vergebliche Liebesmüh! Das falsch gemarktete Produkt fand keine Käufer und mußte schließlich umgetütet und – wegen seines leicht süßlichen Aromas – als »Kinder-Seife« verschleudert werden. Denn, wie schon eine alte Marketing-Regel sagt: »Man kann dem Kunden zwar etwas andrehen, was er nicht braucht, jedoch nie, was er nicht kauft.«

Die Hausmitteilung

18. 7. 11-Uhr-Konferenz im grünen Chefzimmer, und wieder einmal stellt sich die Frage: »Wie kriegen wir das nächste Heft voll?«
»Ich hätte da ein Thema . . .«, räuspert sich Gernhardt.
»Ja?«
»Mir ist aufgefallen, daß erstaunlich viele bedeutende Männer Namen tragen, die irgendwie mit Nahrungsmitteln und dem Essen zusammenhängen . . .«
»Ja? Welche denn?«
»Nun, Helmut Kohl . . . Otto Hahn . . . Max Brod . . . Bruno Ganz . . .«
»Hm«, überlegte Chefredakteur Zirfeld. »Klingt interessant. Aber es müßten noch mehr Beispiele her . . .«
»Johann Mario Semmel!« ruft Redaktionsbote Dr. Golz keck.
»Richtig! Weitere Vorschläge?«
»Maxim Gurki!«
»Sehr gut! Und? Weiter?«
Und auf einmal reden alle durcheinander: »Arthur Schnitzel!« – »Walter Bratenau!« – »Peter Handkäs!« – »Wolfgang Amadeus Mozartkugel!« – »Thomas Manna!« – »Samuel Gebäckett!«
»Genug!« will Zirfeld abwichteln, doch Leihbischof

Klamm läßt sich so schnell nicht zum Schweigen bringen.

»Kotzebue!« ruft er aus, »ermordet von dem Studenten Sandwich!«

»Fein. Etwas fürs Feuilleton. Wer schreibt's? Ja? Herr Waechter?«

»Mao Seezunge …«

»Tse Tung!« verbessert Zirfeld giftig. »Wir wollten während der Redaktionskonferenz doch nicht mehr mit Worten spielen! Also – schreiben Sie's?«

Waechter nickt, und Zirfeld fährt fort: »Thema Nummer zwei: In China sollen die Tschu En Leihgebühren drastisch erhöht worden sein, wer …?«

Ja liebe Leser – so wird bei uns gearbeitet. Und wie läuft's bei Ihnen?

2.2. Elf-Uhr-Konferenz. Leihbischof Klamm hebt den Finger:

»Mein Chefredakteur! Wir werden eine Berichtigung in das nächste Heft einrücken müssen!«

»Ei wieso denn?«

»Als wir unlängst behaupteten, alle bedeutenden Männer hätten seltsamerweise Nahrungsmittel als Nachnamen, irrten wir!«

»So?«

»Jawohl. Es handelt sich nicht um Nahrungsmittel, sondern um Alkoholika.«

»Beweise?«

»Wolf Biermann, Calvadostojewski, Jean Genever, Joseph Cognac …«

»Das sind nach Adam Riesling aber erst vier Namen«, kontert Zirfeld kühl, »weiter!«

»Peter Weißwein, Joseph Rothwein, Aquavittgenstein, Wermut Heissenbüttel, Hans Magnus Enziansberger, Albert Schampus ...«

»Wie bitte?«

»Oder Schampü, wie der Franzose sagt, Selma Lagerbier, Simone de Bommerlunder ...«

»Moment mal! Die Frau heißt immer noch Beauvoir!«

»Irrtumsk, Irrtumsk!« kreischt Klamm, »Beauvoir heißt doch ›Auf Wiedersehen‹!«

»Stimmt«, gibt Zirfeld bedrückt zu, doch dann plärrt er elegant zurück: »Na denn Beauvoir bis zum nächsten Mal, meine Herren! Ich muß noch etwas im fünften Buch Mosel herumblättern, mein Artikel über den Apostel Paulaner – Sie verstehen ...«

Zirfeld – wenn es ihn gäbe, müßte man ihn nicht erfinden ...

Das Interview

»Ratten nichts als Ratten«

Herr Putel, Sie haben unlängst die These aufgestellt, daß Mondrians Leistung hauptsächlich darin zu suchen sei, daß er in seinen Bildern radikal die Bisamratten weggelassen hat, die bis dahin das bevorzugte Thema der abendländischen Malerei gewesen seien. Wie kommen Sie zu dieser Behauptung?

PUTEL. Ganz einfach. Schaun Sie sich die Bilder Mondrians einmal unvoreingenommen an, und Sie werden feststellen: Ergebnis Fehlanzeige. Ich meine, falls Sie Bisamratten auf ihnen suchen. Schwarze Linien – ja. Aber keine Bisamratten.

Zugegeben . . .

PUTEL. Seh'n Sie? Seh'n Sie?

Aber in der abendländischen Malerei vor Mondrian werden Sie ebenso vergeblich nach Bisamratten suchen. Nehmen Sie Rembrandt . . .

PUTEL. Nein danke, ich rauche nicht.

Wir meinten den Maler.

PUTEL. Ach den! Den alten Bisamrattenpinsler!

Na hören Sie mal! In Rembrandts gesamtem Werk werden Sie keine einzige Bisamratte finden, Herr Putel!

PUTEL. Und weshalb wurde er dann »der alte Bisamrattenpinsler« genannt? Hä?

Wer hat ihn so genannt?

PUTEL. Ich. Eben.

Wir müssen wohl noch deutlicher werden, Herr Putel. Denken Sie an Raffael . . .

PUTEL. Ungern.

Aber Raffael hat doch . . .

PUTEL. Ach der! Ja! Ratten-Raffael, wie ja oft und gerne gesagt wird . . .

Auch von Ihnen?

PUTEL. Ja. Ich glaube schon. Sagte ich nicht eben Ratten-Raffael?

Ja.

PUTEL. Seh'n Sie? Und eben schon wieder. Also oft nenne ich den auf jeden Fall so. Ob auch gerne – na ja . . .

Herr Putel! Bei welchem italienischen Maler von Raffael bis Botticelli . . .

PUTEL. Bisam-Botti! Sagen Sie ruhig Bisam-Botti, so wird er ja wohl in den Kunstgeschichten tituliert.

In keiner einzigen!

PUTEL. Nein? Na, ich müßte mal in eine reinschauen. Das habe ich mir schon oft und oft gesagt. O, hätte ich nur auf mich gehört!

Tun Sie das mal. Dann werden Sie nämlich auch schnell feststellen, daß Sie auf keinem Bild eine Bisamratte finden werden.

PUTEL. Ehrlich? Was denn dann?

Zum Beispiel Landschaften ...

PUTEL. Landschaften?

Oder Kreuzigungen ...

PUTEL. Kreuzigungen?

Oder Portraits ...

PUTEL. Muß ich sehen! Wo findet man denn den ganzen Schamott?

In Museen.

PUTEL. Museen? ... Muß ich mir merken, das Wort!

Sie lassen Ihre Behauptung also fallen?

PUTEL. Klar. Liegenlassen, tritt sich fest. Habe noch ganz andere zu Hause! Tschüs, Jungs!

Museen ... Was es nicht alles gibt ... Museen ... *(Murmelnd nach rechts ab.)*

Die Reportage

Des Pöbels Kern

Um es gleich zu sagen: Steine habe ich nicht geschmissen. Auch keine Stinkbomben oder Kanonenschläge. Doch ich war einer der »rund vierhundert Punker und Rocker« (Bild), nein, einer der »etwa achthundert Kra-

keeler« (Frankfurter Allgemeine Zeitung), nein, einer
der »weit mehr als tausend Menschen« (Neue Presse),
nein, einer der »etwa 1500 Zuschauer« (Frankfurter
Rundschau), die hinter der Absperrung standen, als die
etwa 2600 festlich gekleideten Gäste des ›Ersten Interna-
tionalen Frankfurter Opernballs‹ ihren Gang vom Auto-
halteplatz zum Portal des feenhaft erleuchteten Gebäu-
des antraten. Vierzig Meter nur, doch werden diese vier-
zig Meter manchem der Schönen und Reichen schier
endlos vorgekommen sein. Waren sie doch »eine Zone
der Häme, der Infragestellung« (Frankfurter Rund-
schau), warteten da doch »Zaungäste auf die Festgäste,
um sie zu beschimpfen« (Neue Presse), wurde doch der
»Weg zum Opernhaus zu einem regelrechten Spieß-
rutenlaufen« (Bild), »tobte« doch »im dunklen Kreis
vor der Absperrung das Geschrei der Hölle« (FAZ).
Und wer war daran schuld? Die Häßlichen und Besitz-
losen: »Neider« (Frankfurter Rundschau), »gewalttätige
Demonstranten« (Abendpost), »gewalttätige Chaoten«
(Bild), »heulende Derwische« (FAZ), »150 bis 200 Per-
sonen der Szene, die als Krawallmacher bekannt sind«
(ein Polizeisprecher) – mit einem Wort: der Pöbel. Und
ich, schlimm, schlimm, immer mittenmang. Fühlte mich,
schlimmer noch, unter diesen Säuen ganz kannibalisch
wohl, obwohl ich doch eigentlich nur einen Freund hatte
treffen und dann unverzüglich ein Wirtshaus aufsuchen
wollen.
Was bewog mich zu bleiben, frage ich rückblickend.
Wieso nahm ich geschlagene anderthalb Stunden an die-
sem nichtsnutzigen Spektakel teil? Trotz der Kälte, des
Hungers und des sich ständig mehrenden Polizeiaufge-
bots?
Schaulust, belüge ich mich. Schließlich sieht man so

etwas nicht alle Tage: Zylinder, Roben, Ausgeh-Uni-
formen, einen britischen Prinzgemahl gar. Als ob ich
mich je für diesen Tinnef interessiert hätte.

Kritische Zeugenschaft, versuche ich mir weiszumachen.
Man wird doch wohl noch wissen dürfen, wie das Ge-
sicht dieser herrschenden Klasse aussieht, die locker 300
Mark Eintritt und 250 Mark für den Sitzplatz löhnt, um
mitten in Frankfurt vor aller Augen den ergaunerten
Mehrwert auf den Kopf zu hauen. Als ob nicht jedes
Bankgebäude der Stadt eine deutlichere Sprache re-
dete.

Nein, es war das ganz und gar pöbelhafte Benehmen des
Pöbels, das mich zum Bleiben bewog. Nicht die in allen
Blättern kolportierten Steinwürfe – ich sah keine – oder
die Kanonenschläge – ich hörte nur einen – machten das
Gaffen so unterhaltsam, sondern all der Lärm und all
das Geräusch, das der Pöbel nach altehrwürdiger Pöbel-
manier produzierte: »Pfeifkonzerte«, »Gejohle« und
»Schmährufe«. Wobei sich der Pöbel, Gott sei's geklagt,
im Laufe des Abends deutlich steigerte. Noch um halb
acht, als Prinz Philip vorfuhr, konnte man ihn eigentlich
kaum als richtigen Pöbel bezeichnen, da glich die Ge-
räuschkulisse noch sehr der eines ganz beliebigen Fuß-
ballplatzes: Trillerpfeifen und Buhrufe. Doch je später
der Abend, je zahlreicher und strahlender die Gäste, de-
sto schmutziger, bilderbuchhafter und festumrissener
formte sich die Menge der einzelnen Schaulustigen zur
Masse des Pöbels, der offensichtlich zusehends darauf
aus war, seinem Namen alle Ehre zu machen.

»Es liebt die Welt, das Strahlende zu schwärzen –«, wohl
wahr. Rudel schwarzgekleideter Herren – schließlich war
Frack angesagt – wurden mit dem Ruf »Schwarzer
Block, Schwarzer Block« begrüßt. Schönen und schön

dekolletierten Frauen wurde ein ganz unpassendes »Peepshow, Peepshow« entgegengerufen. Eilte, was häufiger vorkam, ein Mann mit zwei Frauen auf die Oper zu, brachte der Pöbel diesen Vorgang auf die äußerst gemeine Formel »Dreierbob, Dreierbob«. Alles im Chor, wohlgemerkt, durchsetzt von pöbelhaften Einzelrufen wie »Hand vom Sack« – wenn da ein unschuldiger Gast die Hand in der Hosentasche verbarg, »Versager« – wenn da ein Mann ganz ohne Frau den Festplatz ansteuerte, »Gradehalten« – wenn sich da einer nicht gradehielt.

»– und das Erhabne in den Staub zu ziehen«, leider, leider. »Amis raus aus El Salvador und der Oper« – diese äußerst unrhythmische Aufforderung mag einer der zahlreichen amerikanischen Militärs in Gala-Uniform vielleicht gerade noch begriffen haben. Was aber sollte er mit dem sehr viel flüssigeren Sprechchor »Geht doch alle rüber!« anfangen? Der Pöbel jedoch schrie's und amüsierte sich königlich. »Das ist euer letzter Ball!« – schierer Voluntarismus, gewiß, doch immerhin eine einigermaßen deutliche Aussage. Auch deutlich einzuordnen: So spricht der Systemveränderer. Viel schreckerregender aber wirkten offensichtlich so rätselhafte Sprüche wie »Ausziehn, Ausziehn« oder »Liften, Liften« oder auch »Schneller, Schneller, Schneller«. Da konnte es schon passieren, daß Gäste wirklich schneller dem rettenden Portal zustrebten, daß ein Schuh hängenblieb oder ein Zylinder herabfiel – man erspare es mir, das jeweilige »Freudengeheul« des Pöbels zu schildern. Es war schrecklich. Schrecklich mitreißend.

Seit jenem Abend bin ich gegen Opernbälle. Der Auftrieb der Feinen schweißt die Unfeinen zusammen. Hohe Eintrittspreise wecken niedrigste Instinkte. Glanz

erst läßt die Finsteren ihrer ganzen Finsterkeit inne-
werden. Und sie haben auch noch Spaß dabei!

Denn in einem Punkt sollte sich niemand etwas vorma-
chen: Neider waren das nicht, die da pöbelten. Die wä-
ren den Reichen nicht für Geld in die Oper gefolgt. Wo
es übrigens, glaubt man der FAZ, fix dröge zugegangen
sein muß: »Viele Gäste waren noch Stunden nach Beginn
des Festes über die Vorfälle empört, die eine den Ball ver-
achtende schreiende Minderheit verursacht hatte« –
wenn die kein anderes Gesprächsthema gehabt haben!

Während der Pöbel mal wieder kostenlos voll auf seine
Kosten kam. Da war hinterher keiner empört, glaube
ich. Die kommen das nächste Mal alle wieder, fürchte
ich. Denen sollte man das Handwerk legen, empfehle
ich. Mein Rat: Macht euren Opernball irgendwo, wo es
nicht so auffällt. Aber doch nicht ausgerechnet in der
Oper!

(1982)

Betrachten

Der Spruch

»Sterben«, soll ein kluger Franzose einmal gesagt haben,
»heißt immer auch zugleich mourir un peu.«

Einem klugen Franzosen zugeschrieben

»Nicht keckern – kotzen!«

Oberförster Pudlich zu einem betrunkenen Dachs

»Du willst mich wohl verarchen!«

Noah zu Jahwe, anläßlich der Diskussion zum Thema »Sintflut«

»Virus, Virus, gib mir meine Legionen wieder!«

Kaiser Augustus, nachdem er davon erfahren hatte, daß sein Feldherr Quintilius Virus im Teutoburger Wald von Hermann dem Tuberkel vernichtend geschlagen worden war

Der Slogan

13. 4. Es geht um eine nichtalltägliche Aufgabe: Das Deutsche Schirm-Institut hat alle WimS-Redakteure aufgefordert, sich an einer PR-Aktion für das schlechte Wetter zu beteiligen. Gesucht wurde ein knapper, einprägsamer Slogan. Und das sind einige der Ergebnisse:
»Wenn es gießt und pladdert / bin ich nicht verdattert / ich spanne auf meinen Schirm / dann mag es ruhig regnen Fäden von Zwirn« (Waechter).

»Welch ein enormer Segen / kann doch sein ein gut-
durchwachsener Regen« (Bernstein).
»Ein Hoch dem Tief« (Gernhardt).
Wer wohl das Rennen machen wird?

Der Aphorismus

Halali!

Der Aphorismus, jene Kunst, mit wenigen Worten gar
nichts zu sagen, schien in Deutschland lange Zeit so gut
wie ausgerottet. Doch der Eindruck täuschte. Nachdem
seit geraumer Zeit ständig einzelne Exemplare von Polen
kommend über die zugefrorene Elbe in die Bundesrepu-
blik wechselten, ist der Aphorismus bei uns nun wieder
ganzjährig anzutreffen. Etwa in der Seckbacher Heide,
wo Unterförster Norbert Gamsbart in einer einzigen
schwachen Stunde die folgenden Exemplare zur Strecke
bringen konnte:

Beim Anblick eines Kohlenhändlers: Ein Gentleman
vom Scheitel bis zur Kohle.

Definition der Ehe: Ein Paradies für die Frau, für den
Mann lebenslang »Bau«.

Der Mensch wird nie fertig. Deshalb sollte man ihm ru-
hig Beleidigungen zufügen.

»Aua!« sagte der Pirat, als er in den Bauch gestochen
wurde.

Lauf der Welt: Die Dummen werden nicht alle, aber alle werden dummer.

Ich denke, also bin ich – ein Denker.

Vor den Erfolg haben die Götter den Scheiß gesetzt.

Die Quizfrage

Knautschke fragt:
Wer war's denn nun schon wieder?

Es sind nicht die schlechtesten Autoren, die der Welt unsterbliche Meisterwerke geschenkt haben, und ihm ist es gelungen, sich in diesen Kreis hineinzuschreiben. Vorerst freilich glich sein Leben dem eines jeden Menschen: Von einem Mann unter Schmerzen gezeugt, von einem Weibe unter Umständen geboren, wuchs er im Norden seines Vaterlandes auf. Seiner erzählerischen Begabung genügte das jedoch bald nicht mehr, er begann zu schreiben und landete auf Anhieb den Bestseller »Buddelbox«.

Nach Jahren des Schweigens folgte sein nächster großer Treffer, »Der Zauderzwerg«. Sein Ruhm begann sich über die Grenzen seiner Heimat zu verbreiten und seine späteren Werke wie »Motte im Eimer« und der Roman »Doktors Hausputz« wurden Welterfolge. Sein Weltruhm wurde gekrönt durch die Verleihung eines Preises, der »Hotelpreis« hieße, finge er nicht mit einem N an und hätte er nicht ein b in der Mitte.

Seine Enkelkinder, von denen er eine Menge hatte, nann-

ten ihn gern »Omas Mann«. Einem breiteren Publikum freilich wurde er unter einem anderen Namen bekannt.
Wer war's?

Das Gedenkblatt

Der vergessene Mameluck

Selbst Professoren der Germanistik wissen nicht mehr, welch merkwürdige Rolle der Mameluck Mustafa ben Ough (in deutscher Schreibweise: *Auch*) in der Dichtung seines Gastlandes gespielt hat. Und doch haben ihn zwei der größten deutschen Dichter teils rühmend, teils mitfühlend besungen. Der erste war Schiller, der den Mamelucken in Jena kennenlernte, wohin diesen die wirren Zeitläufte verschlagen hatten. Er war von der Tapferkeit des äußerlich unscheinbaren Mannes so beeindruckt, daß er ihm in seinem Gedicht »Der Kampf mit dem Drachen« ein Denkmal setzte:

> »Mut zeiget *Auch*, der Mameluck,
> Gehorsam ist des Christen Schmuck«

dichtete Schiller, der Christ, nicht ohne leise Resignation.
Nach seiner Jenaer Zeit verlieren wir den Mamelucken aus den Augen, doch einige Jahre später taucht er sterbenskrank im norddeutschen Wandsbek wieder auf und findet kurz vor seinem Tode Einlaß in eines der schönsten Lieder deutscher Sprache. Wir meinen das von Matthias Claudius verfaßte Gedicht »Der Mond ist aufge-

gangen«, in dem der mitfühlende Dichter Gott bittet, uns ruhig schlafen zu lassen, uns und »unseren kranken Nachbarn *Auch*«. Als Mustafa diese Zeilen zu Gesicht bekam, rührten sie ihn so sehr, daß er noch auf dem Totenbett konvertierte. Er starb als Christ.

Die Unkenntnis späterer Setzer oder Korrektoren bewirkte, daß beide literarischen Denkmäler so sehr entstellt wurden, daß sie heute vollkommen mißverstanden werden. Es ist daher dringend zu wünschen, daß in Zukunft die ursprüngliche Fassung der Gedichte wiederhergestellt wird. Wenigstens das sind wir dem tapferen Mamelucken schuldig – finden Sie nicht auch?

Der Nachruf

In memoriam Picasso

Von der Öffentlichkeit bemerkt starb am letzten Zahltag – aber machen wir es kurz.

Picasso, von dem Pablo Matisse keinmal gesagt haben soll, er sei das Pique Asso der modernen Malerei, kam eigentlich als Pablo Karobubo zur Welt, nannte sich aber nach der Familie der Mutter Max Beckmann.

Schon früh begann er zu zeichnen, zusammen mit seinem Bruder Jan van Picasso entdeckte er die Ölmalerei, eine Vorläuferin des Kubismus.

Bereits mit 12 Jahren schnitt er sich das erste Ohr ab, wenig später schon galt er in seiner Heimatstadt Barcelona als Wunderkind; diesen Titel konnte er bis zum Jahre 1956 erfolgreich verteidigen, er verlor ihn erst nach einem Stechen an Pablo Mozart.

1902 kam Picasso nach Paris und bezog dort sein erstes Atelier, das später berühmtgewordene Künstlerdomizil Sacré-Cœur. Damals war die Seine-Stadt noch das Mekka der Künstler, Muhamed Manet und Ali Renoir waren die gefeierten Größen dieser Zeit, doch bald sollte ihnen der durch einen tragischen Unfall bereits seit der Kindheit verwachsene Korse den Rang ablaufen: Seine Fresken an der bis dahin für unbemalbar gehaltenen Nordwand von Notre Dame nötigten selbst Pablo Grohmann, dem Kunstpapst seiner Epoche – aber wem erzähle ich das alles.

An dieser Stelle sollte vielleicht eine Legende berichtigt werden, die bis heute hartnäckig totgeschwiegen wurde: Picasso war zwar kein Zöllner, er hat dafür aber auch keine Urwaldlandschaften gemalt, ja, er war sogar nie in Mexiko. Das geht aus seinem Fahrtenbuch, das er laut Auflage der Pariser Polizei führen mußte, eindeutig hervor. Jawohl.

Picasso war nun 25, aber seine Schaffenskraft war ungebrochen. Fast ertaubt dirigierte er vor ausverkauftem Hause seinen berühmten Guernica-Zyklus, der mit dem für ihn so typischen Farbakkord Grau-Grau-Grau-Schwaaaarz beginnt und – aber kommen wir zum Schluß.

Picasso – sein Name umschließt eine ganze Epoche europäischer Kulturgeschichte. Als Kind tanzte er vor Napoleon, das heißt, Napoleon hat vor ihm getanzt, gut 150 Jahre vor ihm, aber auch später sollten große Frauengestalten seinen Weg begleiten: Käthe Kollwitz, Alma Mahler-Werfel, Marie Curie – er hat sie alle geliebt oder gemieden. Und als alter Mann noch entschloß er sich ein letztes Mal zur Ehe. An der Seite von Grandma Picasso lebte und malte er auf seinem Alterssitz Malente-Grems-

moulins ein Bild nach dem anderen, und zwar genau in
dieser Reihenfolge. In dem Punkte war er eigen.

Nun hat er seinen Schirm für immer zugeklappt.

Ein Frühvollendeter, der trotzdem 18 Millionen Bilder,
170 Tausend Radierungen und 12 Handzeichen hinter-
läßt.

Ein Spanier, der trotz aller Erfolge der gutmütige Lauser
von nebenan blieb.

Ein Maler, der das stolze Wort aussprechen konnte: »Ich
suche nicht, ich pinsle.«

Der Aufsatz

Liebe – Eros – Sexus

Auf einer Abendgesellschaft wurde der greise Casanova
von einem blutjungen Mädchen gefragt, welches eigent-
lich der Unterschied zwischen Liebe, Eros und Sexus sei.
Er schaute sie bekümmert an und antwortete sinngemäß,
was der Quatsch solle.

Diese Antwort ist bedauerlicherweise auch heute noch
typisch. Dabei sind diese Unterschiede ebenso wichtig
wie einfach.

Beginnen wir mit der Liebe. Sie meint das geistig-seeli-
sche Eins-Sein mit einem anderen Menschen, das mei-
stens ganz harmlos beginnt, dann jedoch dazu führt, daß
das Ich den Weg zum Du findet, um schließlich in einem
ewigen beglückenden Geben und Nehmen zu enden.

Der Eros ist dahingegen schon daran zu erkennen, daß er
auf den ganzen Partner, auf Körper *und* Geist gerichtet
ist. Leider kann jedoch auch er zu einem beglückenden

Eins-Sein und all den anderen Weiterungen führen, wenn man nicht sehr aufpaßt, da die Grenzen des Eros zur Liebe hin fließend sind. Wer sich absichern will, der sollte vor allem sein Ich unter Kontrolle halten und es, wenn es versucht, sich auf den Weg zum Du zu machen, notfalls mit Gewalt zurückpfeifen.

Der Sexus schließlich sieht im Partner ausschließlich ein Objekt der Lust. Kennzeichnend für ihn ist, daß er an die Stelle des Gebens *und* Nehmens das sehr viel einträglichere Nehmen setzt. Doch so erfreulich und verlockend das alles klingt – rein sexuelle Beziehungen sind ebenso selten wie schwierig zu gestalten. Sobald sie über das rein Körperliche hinausgehen – und das kann bereits mit harmlosen Fragen und Gesprächen beginnen –, schleicht sich nur allzuleicht der Eros in das Verhältnis ein, und von ihm zur Liebe ist es bekanntlich kein weiter Weg.

Daher ist Wachsamkeit nirgendwo so geboten wie gerade in den zwischenmenschlichen Beziehungen. Die geflügelten Worte Julias, mit denen sie Romeo an jenem berühmten Mittwochabend empfing – »Heute mußt du aber ganz besonders aufpassen!« –, sie gelten hier nicht nur für eine schwache Stunde oder einen starken Moment.

Das Feuilleton

Der Apfel des Apoll

Rot, leuchtendes Rot, die Farbe der Blattlaus, der Kardinäle, des Bluts – aber auch die Farbe der Tomate.
Tomate, heilige Frucht! Aphrodite – so berichtet der

Mythos – soll sie einst einem Hirten geschenkt haben, der ihr einen Dorn aus der Pratze gezogen hatte. Sappho besingt sie: »Wo nur selten was verpufft, pufft, pufft, von dem Duft, Duft, Duft dieser Frucht, Frucht, Frucht«, heilig war sie auch den Etruskern, die in Tomatenhainen den Beginn des Sommerprogramms feierten.

»Veni, vidi, vici« – Zwiebel, Essig, Pfeffer: bereits Caesar bereitete seinen Tomatensalat auf dieselbe Art und Weise, wie er noch heute von den Bäuerinnen der Schlampagna gekocht wird, Frucht, in der sich die Jahrhunderte die Hände reichen.

Frucht aber auch der Zwietracht. Mit einer Tomate versuchten die Epheser den Apostel Paulus zu steinigen, der HErr aber ließ sie entsetzlich baden gehen. In »Onkel Tomates Hütte« darbten die versklavten Schwarzen. Eine Tomate führte der japanische Kaiser Hirohito in seiner Fahne, als er frevelnd Pearl Harbour überfiel, jene amerikanische Nobelpreisträgerin, die ihm ja nun wirklich nichts getan hatte.

Frucht schließlich der Gegensätze. Bestochene Dalai Lamas schmuggelten sie im Mittelalter von Paderborn nach China, in Tischtennisbällen versteckt gelangt die kostbare Fracht nach endlosen Mühen und kaum vorstellbaren Strapazen in Peking an, wo sie der Kaiser hastunichtgesehen verputzt. Eine Tomate aber war es auch, die Columbus auf die Idee von der Kugelgestalt der Tomate brachte. Und noch heute wird in Amerika die uralte Kunst beherrscht, Tomaten in Flaschen einzutüten: Indianisches Brauchtum lebt weiter in den atomatengetriebenen Ketchupwerken unserer Tage.

Tomate: Frucht zwischen Gestern und Osten . . .

Die Kritik

Dreimal Mozart, dreimal Klassiker-Aufnahmen. Die erste zeigt das Wiener Wunderkind beim feierlichen ersten Spatenstich zu seinem Armenbegräbnis, zu sehen ist auf ihr wegen der schlechten Lichtverhältnisse nicht viel, zu hören gar nichts, wenden wir uns also den beiden anderen zu.

Da wäre zunächst einmal Leo Nachts Interpretation der Kleinen Blechmusik, die den Rezensenten freilich kaum überzeugen konnte, nicht wahr, Herr Rezensent?

»Nöö ... Finnichnichgut ... Finnichschwach ...«

Danke, ganz meiner Meinung. Denn soo kann man Mozart nun wirklich nicht mehr spielen: mit nur zwei Sturmspitzen, einer völlig konfusen Hintermannschaft und einer ersatzgeschwächten Streicherreihe, die mit den schweren Noten ganz einfach nicht fertig wird.

Wie anders dagegen der Ansatz Erwin von Karajans! Seine Interpretation desselben Werkes, die 1925 im großen Sendesaal des Merseburger Schlachthauses aufgenommen wurde, fesselt vom Anpfiff an. Durch einen kleinen Kunstgriff – Karajan läßt die Streicher weg und stellt statt dessen die Flöte in den Vordergrund –

»Die Piqueflöte!«

– jawohl, die Piqueflöte, danke, Herr Rezensent, Karo hatte Karajan ja gedrückt –, durch diesen kleinen Kunstgriff also erreicht Karajan nicht nur, daß die Tempi sehr viel lauter wirken, das ganze Werk bekommt auch etwas fast Musikalisches. Ohne ein einziges As, aber mit 27 Buben im Orchester versteht es der Interpret, der sich strikt an die Musikerregel »Langer Ton – kurze Farbe« hält, dem Opus jene heitere Grazie zu verleihen, die Mozart wohl vorgeschwebt haben mag, als er

1785 zu Haydn sagte: »Heit beschlauch i mi – mochst mit?«

»Immer!«

Ach, Sie auch? Herr Rezensent? Bin gleich so weit, muß bloß noch schnell einen Schluß finden – ah! Da ist er ja schon!

Die Rede

Rede zur Klage der Bastion

Liebe Landsläuse! Meine Rahmen und Sperren!

Ohrwurm geht es in diesen Runden? Warum: Anachronistische Säfte, Linksridiküle und ihre Lymphatisanzen schlucken sich an, unseren Spechtsrat zu hinterwandern! Nicht nur unsere freie Mißwirtschaft, nicht nur die Wiedervereisung Deutschlands in Friesen und Geilheit, nein, auch der innere Frieder unseres Geheimwesens ist verroht!

Da beißt es für jeden von uns, die Solidität der Demoskopen nicht nur in Torten, sondern auch in Braten zu beeisen!

Den Kicherreizorganen der Hundesreplik, der Bullizei, der Hundesmär, dem Hundesglänzschmutz sowie den Innengeschwistern der Bänder verschachern wir, und ich glaube, daß jeder hier in diesem hohlen Hause dieser Meisung ist, unser unschweingeschenktes Verdauen!

Die kommenden Knochen werden unsere Gürtel einer engen Zerreißprobe unterschnallen! Jetzt müssen sich Standhäßlichkeit und Bürgerkinn beweinen! Und deshalb ruhe ich alle Menschen guten Brüllens dazu aus, mit

mir in den Ruf einzubrechen: Peinlichkeit und Knecht und Dreistheit müssen in unserem Kratersand wieder Gütigkeit verkommen! Und zwar jetzt oder wie!
Meine Samen und Spermen – ich zanke Minen für Ihre Ausmerzamkeit!
Beischlaf von allen Zeiten.

Die Predigt

24. 4. Wegen Terminschwierigkeiten kann die WimS-Weihnachtsandacht erst heute stattfinden. Trotzdem ist selbst das geschäftige Mucksmäuschen still, als Leihbischof Klamm den Klappaltar entert und also beginnt:
»»Es begab sich aber zu der Zeit, daß ein Gebot von dem Kaiser Augustus ausging, daß alle Welt geschätzet werde‹ – jaa, so beginnt die Weihnachtsgeschichte. Was wollen uns diese Worte sagen? Da ist Augustus, ein großmächtiger Mann, ja, ein Kaiser gar. Und was befiehlt er? Befiehlt er, daß alle Welt heruntergeputzt werde? So wie es heute ja leider Mode geworden ist? Nein. Er gebietet ausdrücklich, ›daß alle Welt geschätzet werde‹.
›Aber, aber‹, so höre ich nun euch, liebe Zuhörer, sagen, ›ist es denn überhaupt möglich, alles und jedes zu schätzen?‹ Und hören wir nicht gerade heute allenthalben Sätze wie diesen: ›Ich schätze es gar nicht, wenn man mir Rotwein über die Hose gießt?‹ Nun, meine Lieben, wer so denkt ...«
»Schätze, das reicht!« schreit da Chefredakteur Zirfeld dazwischen.
»Herr Zirfeld, ich frage mich ...«, setzt Klamm an.
»Gegenfrage«, brüllt Zirfeld: »Welches Getränk ist seit

der Währungsreform nicht teurer geworden? Das Freibier, von dem ich übrigens ein Glas im Nebenzimmer habe auffahren lassen, das nun ...«
Und – hast du nicht gesehen? – leert sich die Kapelle. Kannst du auch gar nicht gesehen haben, lieber Leser, warst ja nicht dabei. Tja, Pech für dich, denn es wurde noch ein grooooßer Weihnachtsabend ...

Die Reflexion

Was ist der Mensch?

Es ist schon ein seltsam Ding um die Reichen ...
Da traf ich neulich nach langer Zeit einen Klassenkameraden wieder, einen, der es, wie man so schön sagt, geschafft hat, einen Herrscher über Menschen, Mädchen und Maschinen.
Und was sagte mir dieser Mann? Pries er sich glücklich? Prunkte er mit seinen Schnürsenkeln aus eitel Speckstein und seinem Wams aus eitel Schnürsenkeln?
O nein. Er sagte vielmehr: »Jetzt habe ich schon seit über dreißig Jahren jede Menge Geld verdient, doch erst gestern erkannte ich, daß ich über diesem Treiben das Wesentliche vergessen habe ... ›Mensch, werde wesentlich‹, las ich, als ich zufällig in den Sinnsprüchen des Angelus Silesius blätterte, und ›Genau!‹ dachte ich unwillkürlich. Den Rest meines Lebens aber werde ich dem Wesentlichen widmen. Und worin liegt das Wesentliche?
Für mich wird es in Zukunft darin liegen, *wesentlich* weniger zu arbeiten und *wesentlich* mehr zu verdienen ...«

Und er sah mich mit einem Blick an, der mir durch und durch ging . . .
Nun, vielleicht nicht durch *und* durch. Aber *durch* bestimmt.

Das Gesetz

Hört, was ich euch verkünde:
Was ihr da tut ist Sünde.

Ihr dürft nicht euren Mitmenschen eins ins Kreuz schlagen und dann sagen: »Nicht so gemeint, bitteschön, alles halb so schlimm.«

Ihr sollt nicht nachts auf die Frauen eurer besten Freunde steigen und ausrufen: »Juvivallera! Die Sache macht ja Spaß!«

Geht nicht ans Henkelkörbchen der Witwe, um die besten Sachen herauszuklauen, den Rest aber zu lassen, vielleicht noch mit einem Briefchen: »Wohl bekomms!«

So einer den Waisen Unrecht zufügt, so soll ihm auch Unrecht zugefügt werden.

Wer die Erstgeburt ausrottet, dem soll sie bis in das vierte Glied auch ausgerottet werden.

Ihr sollt nicht den alten Menschen verlachen und sagen: »Seht diesen alten Menschen! So alt und schon so hinfällig! Du machst es auch nicht mehr lange, Opa!«

Wer der Eitelkeit frönt und sich fortwährend im Spiegel betrachtet, der soll vierzig Hiebe bekommen.

Wer seine Notdurft nicht verscharrt, der soll verstoßen sein tausendfach.

So einer dem Weibe beiwohnt, das zur selben Zeit einem anderen Manne beiwohnt, so soll er weder Seiler noch Einzelhändler werden können.

Wer der Witwe beiwohnt in dem ersten Monat der Trauer, der soll zwei Scheffel Weizen erhalten. Wer ihr aber in jedem weiteren Monat beiwohnt, der soll leer ausgehen.

Heuchelt nicht!

So einer den Schnabel allzuweit aufreißt, so soll ihm der Älteste sagen: »Reiß den Schnabel nicht allzuweit auf!« Fährt er jedoch fort, den Schnabel allzuweit aufzureißen, so soll man ihn gewähren lassen.

Auch untersage ich das Eckenstehen, die Unzucht an Feiertagen und alles, was damit zusammenhängt, das Fangen und Braten von Schnepfen, sowie die widerrechtliche Inbesitznahme festen oder beweglichen Guts zum Zwecke der Weiterverarbeitung, Vernichtung, Verwendung oder Aufwertung. Der Versuch ist strafbar.

So einer seinen Schwestervater mit einem Beil bedroht, so soll man ihm einmal ganz deutlich klarmachen, daß es so nicht geht.

Redet nicht alle durcheinander!

Ferner gebe ich euch ein Wort, das ihr stets im Munde führen sollt. Ihr sollt es ausrufen, wenn ihr euch des Morgens erhebt, wenn ihr euch des Mittags zu Tische setzt, wenn ihr euch des Nachmittags anschickt, ein Nickerchen zu machen, wenn ihr des Abends zum Weibe geht und zu jeder anderen Tageszeit. Und ihr sollt es in Ehren halten, denn ich habe es euch gegeben. Das Wort aber lautet: »Schnüss.«

So ihr diese Gesetze beachtet, so soll es euch gut gehen. Ihr sollt in Seide gekleidet schreiten und die Tiere sollen euch untertan sein, sowie alle Völker westlich von Ratzeburg, die Völker aber, die östlich von Ratzeburg siedeln, sollen euch nicht untertan sein. Das gilt auch für die Völker, die gegen Abend wohnen, für die Völker unter der Mitternachtssonne und die Völker, die sich von Hunden nähren.

So ihr diese Gesetze aber mißachtet, will ich einen Bund zwischen mir und euch stiften. Und das habt zum Zeichen: Ich will einen gewaltigen Lärm machen und ihr sollt ihn nicht hören. Das soll gelten für Greise, Greisinnen, Männer, Frauen, Kinder und Kindeskinder, sowie für alles Volk. Dieser Lärm aber soll 1000 Jahre und einen Tag dauern. Danach aber soll er nicht mehr dauern. Und es soll ein ewiger Friede sein.

Arnold Hau

Die Lehre

Aus dem Buch der Wandlungen

I

»Seht diesen Baum«, sagte Lao-tschi einst seinen Schü-
lern unter einer Yunga-Eiche, in deren Schatten sie nach
anstrengender Wanderung um die Mittagszeit ausruhten.
»Mannsdick der Stamm, sieben Kulis könnten ihn nicht
umfassen, stark wie die Arme der Arbeiter von Sezuan
die Äste, nicht zu zählen das Blattwerk. Und doch war
er einst eine winzige Eichel, ein unscheinbarer Keim.
Was lernen wir daraus?«
Die Jünger, die bereits die Augen geschlossen hatten, öff-
neten sie wieder für einen Moment.
»Geschenkt, Meister, geschenkt!« riefen sie und »Schon
gut«.
Seufzend blickte der Lehrer um sich, und als er alle
schlafen sah, folgte er mißmutig ihrem Beispiel.

II

Eines Abends kam ein Jünger zu Lao-tschi und sagte mit
erregter Stimme: »Meister, du erzähltest doch einst die
Parabel von der Kirsche und dem Spatzen.«
Lao-tschi schaute auf und sagte: »So, tat ich das?«
»Ja«, sagte der Schüler. »Du erzähltest, daß ein Spatz eine
Kirsche sah und Appetit nach ihr verspürte und sie ver-
schlang. Da sie aber zu groß für ihn war, erstickte er an
ihr. So geht es jedem, der allzu habgierig ist, sagtest
du.«
»Sagte ich das?« fragte Lao-tschi. »Dann wird es wohl
stimmen.«

»Nein, es stimmt ganz und gar nicht!« schrie der Schüler. »Ich habe daraufhin die Spatzen beobachtet. Sie denken nicht daran, Kirschen zu verschlucken. Sie picken langsam an den Früchten herum, bis sie genug haben.«

»So?« sagte der Meister glücklich. »Da sagt man immer, die Spatzen hätten nur ein kleines Hirn. Und trotzdem haben sie auf meine Worte gehört und sich gebessert. Was lernen wir daraus?«

»Daß deine Parabeln hinten und vorne nicht stimmen«, brüllte der Schüler.

»Das auch«, entgegnete der Meister. »Aber ich wollte eigentlich noch etwas anderes sagen. Wie war das gleich? Na, es tut nichts zur Sache.«

Und er vertiefte sich wieder in das Buch der 88 Sprüche, während sein Schüler in eine Dunkelheit hinauswankte, die für ihn auch durch den milden Vollmond nicht heller wurde.

III

Lao-tschi pries einst das Wasser.

»Ich wüßte wirklich nicht, was ihm gleichkäme«, sagte er. »Der Wein? Nein, der ist von anderem Geschmack und berauscht. Das Gras? Nein, es ist grün und oben spitz. Der Stein etwa? Nein, der ist rund, und man kann ihn wegwerfen. Der wilde Büffel? Nein, er rennt ziellos hin und her und kann mit dem Schwanze wedeln.«

Hierauf schwieg Lao-tschi eine Weile, worauf er erschöpft fortfuhr: »Ich könnte euch noch andere Beispiele nennen. Doch vielleicht glaubt ihr mir auch so, daß ich wirklich nicht weiß, was dem Wasser gleichkäme?«

»Aber ja!« riefen die Schüler, die nicht im mindesten daran gezweifelt hatten, »Aber ja! Und nun ruhe wieder ein wenig, Meister!«

Das Vermächtnis

An meine Söhne

Zum Geleit: Ich sage euch wohl nichts Neues, wenn ich euch sage, daß ich soeben sagte, daß ich euch »nichts Neues« gesagt habe. Beachtet das bitte bei der Lektüre der folgenden Zeilen.

Seid immer anständig zu mir, vergeßt nie, daß ich euer Vater sein könnte.

Hütet euch vor Menschen, die euer Bestes wollen. Denn das ist und bleibt nun mal euer Bargeld.

Redet nicht schlecht von den Distelfinken. Denkt stets daran, daß es ein Distelfink war, der seinerzeit – ach nein, das war ja gar kein Distelfink. Also, meinethalben, redet schlecht von den Distelfinken.

Ihr sollt nicht und es dann doch tun.

Seid gut zu den Armen. Wenn ihr die nicht hättet, würden euch die Rucksäcke dauernd runterfallen. Nur zum Beispiel.

Wo zum Weib ihr nicht die Tochter wagen würdet zu begehren, haltet euch zu wert, um gastlich in dem Hause zu verkehren. Es sei denn, ihr wollt bei der Mutter landen.

Laßt euch nicht durch Schmeicheleien verwirren. Seht: Der Schmeichler ist doch oft nur ein dummer Süßholz-raspler, während ihr klug, wohlgestalt und hochgewachsen seid; ja, ihr seid schön, meine Söhne, schön seid ihr. (Schön doof, Anm. d. Vaters.)

Beim Essen gehören die Hände auf und nicht unter den Tisch. So kommt ihr schneller an die Pastetchen.

Seid nicht wie das Wasser im Wind, das sich da kräuselt, wenn es säuselt, seid lieber wie Vorstopper Schwarzen-

264

beck: umsichtig, raumdeckend und ungeheuer spurt-schnell.

Es gibt zwei Sorten von Menschen: solche, die vorn und solche, die hinten nicht mehr hochkommen. Es liegt an euch, zu welchen ihr dereinst gehören werdet!

Zum Ausklang: Wenn es stimmt – und es stimmt nicht –, daß die Sonne ein Pfannekuchen ist, dann sollte es einen eigentlich ein klein wenig mehr verwundern, wieso es im Sommer immer so schön warm ist.

Denkt auch darüber einmal nach!

Der Kommentar

Das Quadrat und die Frauen

DIE NACHRICHT:

```
epz 180 191280 apr 80 vvvg
trf 112 ab
dpa (rg)

wissenschaftler des instituts fuer grundlagenforschung
in muenchen haben in reihenversuchen mit weiblichen
testpersonen herausgefunden, dass frauen keine quadrate
zeichnen koennen, eine erklaerung fuer diese bisher
unbekannte tatsache ...


-------
```

DIE KOMMENTARE:

Frankfurter Rundschau

Frauen, hört man, können keine Quadrate zeichnen. Ja und? Anstatt – wie es geschehen ist – schadenfroh auf diese Nachricht zu reagieren, sollten wir Männer uns doch lieber fragen, wohin wir es mit unserer Fähigkeit, Quadrate zu zeichnen, eigentlich gebracht haben. Haben wir diese uns allen anvertraute Erde in den Jahrtausenden, in denen ihre Geschicke vom Patriarchat gelenkt wurden, nicht an den Rand des Abgrunds geführt? Ist es nicht fünf vor zwölf? Strotzt der Erdball nicht von den schrecklichsten Vernichtungswaffen, die ohne die, allerdings männliche, Erfindung des Quadrats wohl kaum in dieser Perfektion hätten entwickelt werden können? Freilich – auch ein Straßburger Münster, ein Dürer, eine Hochrenaissance, alles erwiesenermaßen »Männer«-Leistungen – auch wenn diese Erkenntnis militanten Feministinnen nicht schmecken mag – basieren auf dem Vermögen des Mannes . . .

Pflasterstrand
Stadtzeitung für Frankfurt

. . . in unserer Männergruppe jedenfalls hat die Nachricht, daß Frauen keine Quadrate zeichnen können, erst echt irritierend gewirkt. Dann aber hat Werner den Vorschlag gemacht, wir alle sollten doch mal angstfrei unsere geometrische Sozialisation einbringen, und da ist uns in sehr intensiven Gruppengesprächen klargeworden, wie sehr . . .

DIE ● WELT
UNABHÄNGIGE TAGESZEITUNG FÜR DEUTSCHLAND

Der Wunschglaube nicht nur der Neurotiker und Chaotiker der linken Szene, sondern auch mancher sich »liberal« gebender Kreise, man könne die natürlich gewachsenen Unterschiede zwischen den Geschlechtern so einfach leugnen, hat durch die Wissenschaftler des ›Instituts für Grundlagenforschung‹ eine nur auf den ersten Blick amüsante Relativierung erfahren. Denn hinter der überraschenden Feststellung, daß Frauen keine Quadrate zeichnen können, steckt mehr als eine nur marginale Korrektur jener Weltverbesserungsutopien, die in den späten 60er Jahren ihren Ausgang nahmen und auf geradem Weg in den Terrorismus führten. Zu Ende gedacht, bedeutet sie nicht mehr und nicht weniger als eine Bestätigung auch und gerade unserer Wirtschaftsordnung. Sie, die sich von Beginn an mit wachem Instinkt weigerte, unsere Damenwelt dem fruchtlosen Konkurrenzkampf mit den Männern – zumal im gehobenen Management – auszuliefern, darf heute von sich behaupten, die Zeichen der Natur . . .

Brigitte

Das Magazin für Frauen

. . . lassen wir also den Männern ihre Quadrate, und schauen wir uns die Frühjahrsmode auf S. 144–155 an. Kein Zweifel: Die Mode wird wieder normaler. Was wir in diesem Heft zeigen, wird sicher allen Frauen Appetit machen, denen die Trends des letzten Jahres zu schwer im Magen lagen. Was BRIGITTE anläßlich . . .

Kompliment, meine Damen! Zwei Nachrichten. Zwei Welten.

Da haben Wissenschaftler herausbekommen, daß Frauen keine Quadrate zeichnen können. Typisch Mann.
Da hat Mutter Teresa den Friedensnobelpreis dafür bekommen, daß sie viele Jahre lang Inderkinder bemuttert hat. Typisch Frau.
Wir meinen: Forschung ist gut. Ohne Forschung kein Fortschritt. Liebe ist besser. Ohne Liebe kein Leben. Frauen kennen es noch, das Geheimnis, wie man Liebe gibt. Das ist wichtiger als alle Quadrate der Welt. Danke, Mutter Teresa!

DER SPIEGEL
DAS DEUTSCHE NACHRICHTEN-MAGAZIN

»Na denn Prostata!« hatte sie anläßlich des Bundespresseballes noch im Kreise schwofender Chauvinisten gescherzt, doch zwei Stunden später kehrte die alberne Alice (35) wieder die schwierige Schwarzer (37) hervor: »Unfug!« Stein des Anstoßes: die ärgerliche Erkenntnis des ›Instituts für Grundlagenforschung‹, daß Frauen keine Quadrate zeichnen können. Ereiferte sich die hochgemute Herausgeberin des eher engstirnigen Emanzenblattes: »Können sie doch!«
Freilich dürfte es der schwadronierenden »Schwanz-ab«-Schwarzer diesmal schwerfallen, die Erkenntnisse des Instituts allein durch verbale Kraftakte zu widerlegen. Stützen sie sich doch auf Untersuchungsmethoden, die kratzbürstiger Krittelei wenig Handhabe liefern: Ein repräsentativer Querschnitt von drei Frauen wurde – unabhängig voneinander – in einen schalltoten, lichtlosen Raum geführt und ...

DIE✠ZEIT

... in das fruchtlose Lamento all jener einzustimmen, die da mit Erwin Morgennatz meinen, »daß nicht sein kann, was nicht sein darf«. Wäre es nicht sinnvoller, die Erkenntnis des ›Instituts für Grundlagenforschung‹ nicht als Cannae, sondern als Rubikon des Feminismus zu werten? Eines, mit Montesquieu zu reden, »wohlverstandenen« Feminismus, der über den »astra« nicht vergißt, wie viele »asperas« der Mann im Laufe leidvoller Jahrtausende zu durchqueren hatte, bis er schließlich Quadrate zeichnen konnte?

So viel zumindest scheint festzustehen: Eine Frauenbewegung, die, entgegen wissenschaftlich gesicherten Fakten, weiterhin dem Prinzip des schieren Voluntarismus huldigt, wird ihre Anhängerinnen früher oder später in ein Valmy hineinführen, das sich als äußerst zweischneidige Medaille entpuppen könnte. Zumal in einer Welt, in der nur Realitätstüchtigkeit und Augenmaß eine Gewähr dafür bieten, daß dem über uns schwebenden »Hi Roshima« nicht ein schreckliches »Hi salta« folgt, welches dann freilich die Unterschiede zwischen Männern und Frauen in einer Weise nivellieren dürfte, die auch hartgesottenen Suffragetten ...

Der Brief

GROSSARTIGES KUNSTMAGAZIN ›ART‹,
»Keine Kunstzeitschrift informiert Sie umfassender und verständlicher über Kunst«, behauptest Du von Dir, und

diese umfassende Information geht schon in Deinen Anzeigen los: »El Greco – Prophet der Neuen Malerei.« El Greco? Was'n das für ein Vogel? »Mehr als 360 Jahre nach seinem Tod widerfährt El Greco, einem in Spanien malenden Griechen, jetzt Gerechtigkeit« – tut sie das? Wie schön. Gemalt hat er? Was'n da? »Die bislang größte Greco-Ausstellung feiert den fast in Vergessenheit geratenen Künstler« – fast? Ganz! Wie hätte man denn auch jemals etwas von El Greco erfahren sollen – sieht man mal von den ca. 200 El-Greco-Monographien ab, die seit Beginn dieses Jahrhunderts erschienen sind, sowie davon, daß dieser Herr aber auch in keiner Kunstgeschichte und in keinem größeren Museum fehlt –: »feiert den fast in Vergessenheit geratenen Künstler als« – als was denn? Als Schüler Tintorettos? Als Vertreter des Manierismus? Als Sonderfall der spanischen Malerei? Ach, was sind wir nun gespannt –: »als Vorläufer der Neuen Malerei des 20. Jahrhunderts.«

Na, da hat er ja wenigstens nicht umsonst gemalt, der alte Ekstatiker! Von niemandem bemerkt, ist er den Neuen Wilden vorangelaufen – geradewegs in die Arme von ›art‹. Welche Fänge werdet Ihr uns noch präsentieren? Kleiner Tip: Im alten Holland soll mal einer ebenfalls einen ganz schön heißen Pinsel geschwungen haben. Weinbrandt oder Remtemtem – jedenfalls auch jemand, den Ihr locker als fast vergessenen Vorläufer der Nagelneuen Malerei verbraten könnt.

Stellt schon mal die Pfanne heiß! Das rät Euch

Titanic

Das Tagebuch

Aus drei Brunnen-Heften (5.12.87 bis 13.3.88)

Pflegefall: Es gibt keine Verpflichtung der Volksgemein-
schaft bzw. der Kulturnation, irgendetwas von dem auf-
zuheben, was aktuell an Kunst produziert wird, noch
von dem, was sich da so in den letzten fünf Jahrzehnten
angesammelt hat. Dann freilich beginnt eine gewisse Ver-
antwortung: Was *so* alt geworden ist, sollte auch ein
Gnadenbrot bekommen.

Peinlicher Moment, als Cs Bruder im Ecklokal auf mich
zutrat, schwer entstellt und zum Sprechen unfähig durch
mehrere Krebsoperationen, um sich dadurch für ein
Hochzeitsgeschenk zu bedanken, daß er einen mit »Dan-
ke« beschrifteten Bierdeckel vor mich auf den Tisch leg-
te. Da tat ich das falscheste und schrieb ihm, der doch
hören konnte, »Bitte« darunter.

Zu spät: Als nach einer Lesung eine schöne Frau mir
sagte, sie verstehe etwas von Intelligenz und meine sei
herausragend, da erwiderte ich Verwirrtes und Undeut-
liches, anstatt die einzig denkbare wirklich intelligente
Antwort zu geben: »Endlich lobt mal jemand meine In-
telligenz und nicht immer nur meine Schönheit.«

Werke markieren in der Biographie eines Autors jene
Momente, in welchen es ihm gelungen ist, sich mal wie-
der an den eigenen Haaren und mit eigener Hand aus
dem Sumpf zu ziehen, richtiger: So viel festes und halt-
bares Material im Sumpf des Lebens zusammenzuraffen,
daß er sich auf dem Zusammengetürmten für eine Weile

ausruhen kann und sicher wähnen darf. Aber nicht lange! Er will ja weiter, ans rettende Ufer, also wird er den Ruhepunkt früher oder später verlassen, um weiterzuplanschen, weiterzuversinken, weiterzuraffen, weiterzubauen, weiterhinaufzukrabbeln, weiterauszuruhen, weiterzuziehen, weiterzuhoffen – und so fortan, bis er endlich begreift, was er insgeheim immer schon wußte: daß es gar keine rettende Küste gibt, daß Rettung immer nur punktuell möglich war, auf jenen nun immer weiter zurückliegenden Gebilden, die, je länger desto eindeutiger, wirklich zu einer Art von Küstenstrich zusammenrücken, nur daß der hinter dem Reisenden liegt, dort also, wohin kein Weg mehr zurückführt. Also alles vergebens? Keineswegs. Der aus dem Nichts aufgebrochen war, zieht zwar immer noch ins Nichts, wie vor dreißig Jahren, doch wenn er zurückschaut, ist da nicht mehr nichts. Und das ist immerhin schon etwas.

Gelesen in der U 1 in F/M, mit Filzer auf den Kunststoffsitz der U-Bahn geschrieben: »Wozu Tierversuche? Es gibt doch Lehrer.«

W. auf die Frage, wie es denn so sei als 50jähriger: »Ich fühle mich überhaupt nicht so. Nicht als 50jähriger jedenfalls. Anders.«
»Jünger?«
»Ja, sicher.«
Es liegt wohl in der Natur der Sache, daß man sich desto jünger fühlt, je älter man wird. Vom Burschi zum Bubi – und wenn dann schließlich Freund Hein seine Sanduhr schwingt, ruft man entgeistert: »Jetzt holen sie schon die Kinder!«

Das mag, mein Freund, ein schlechtes Gedicht sein.
Doch ist, mein Freund, Sein besser als Nichtsein – Oder
etwa nicht?

Ich werde prinzipiell nicht grundsätzlich.

Ein Mann beim Sex-Berater wg. Impotenz. Der Arzt be-
ruhigt ihn: Daß das häufig vorkomme. Daß Sex nicht
gleich Beischlaf sei. Daß Frauen nicht nur durch den eri-
gierten Penis zu befriedigen seien. Daß Zärtlichkeit viel
wichtiger sei etc.
Zum Schluß hat er den Patienten wieder aufgerichtet,
und zum Abschied haut er ihm auf die Schulter: Kopf
hoch, alter Junge, jetzt ziehen Sie mal die Tante durch,
daß die Heide weint, und dann läuft der Laden wieder!

Sie: Wenn du nicht mit mir schlafen willst – was willst
du denn dann von mir?
Er: Das ist jetzt aber ein sehr reduziertes Bild der Frau,
das du da entwirfst!

Giacometti in Stuttgart: Die dürren Giacometti-Frauen
und die drallen Schwäbinnen, alle jung, straff und
putzmunter – das Leben geht weiter, als es Giacomettis
Kunst eigentlich erlaubt. Aber auch: Schön, daß solch
eine reduzierte Kunst so viel pralles Leben heranzulok-
ken vermag. Erfreut siehts der Schwerenöter, der hier
alles auf einen Blick serviert bekommt: die ewigen
Frauen und die vergänglichen, die Bronze und das
Fleisch, die ausgezehrten Idole und ihre rundlichen Ver-
ehrerinnen.

Der penetrante Fan (nach einer Lesung in Ludwigs-
burg):
– Du bischt für mi der Gröschte . . . I duz di einfach . . .
Trinket mir no oi Alt . . . Die Kreativität fängt da o, wo
d' Eifälle aufhöre . . . I bin bsoffe . . . I trink seit Eins . . .
Seit Eins . . .
– Wieso trinkst du denn seit Eins?
– Weil i bis Eins gschlofe hob!

Ausstellung meiner Karikaturen in der Parlamentari-
schen Gesellschaft zu Bonn. Garbe berichtet mir, ein ihm
bekannter Anästhesist erzähle den Patienten vor oder
während der Anästhesie zur Beruhigung Gedichte aus
meiner Feder, einem habe er das Gedicht »Der Hinz, der
spricht zum Kunz« vorgetragen. Der Patient sei ohne
jedes Lächeln eingeschlafen, habe jedoch beim Auf-
wachen, etwa eine dreiviertel Stunde später, lange und
heftig gelacht.

Der Gute redet stets über sein Gutsein. Seit zwei Jahren
bin ich clean, sagt der Ex-Raucher stolz. Der Schlechte
schweigt, da ihn sein Schlechtsein bereits ausreichend be-
lohnt.
Niemand sagt: Jetzt ist es schon zwei Jahre her, daß ich
trinke. Jeder erklärt unaufgefordert, er trinke seit x Jah-
ren keinen Tropfen mehr. Worin liegt eigentlich der
Wert, etwas nicht zu tun?

Was mich tröstet? Die Musik
dieser Welt von Bach bis Griegk.
Sie versöhnt mich mit dem Krach
der Musik von Griegk bis Bach.

Sensibilisierung durch Kunst, in diesem Fall Beuys. Er ist jener Künstler, der mich darauf aufmerksam gemacht hat, daß überall was rumliegt. Ohne ihn hätte ich das da weder bemerkt noch für bemerkenswert gehalten: Auf dem Bürgersteig der Neuhausstraße fällt mir ein Stück Hundescheiße auf, an dem, angeklebt, eine zarte, aufrechtstehende Taubenfeder im milden Wind mehr zittert denn flattert.

Ein Gedicht von H. Kohl:

> Vorm Eßtich da dacht ich
> Was gibts wohl zum Nachtich?

Erzählen

Das Rätsel

Diesmal gilt es eine einfache Dreisatzaufgabe zu lösen:
Wenn REDEN Quecksilber ist, was ist dann SCHWEIGEN?
Na? Naaa...?

Quecksilber natürlich. Und versuchen Sie bitte nicht, diese Lösung anzuzweifeln. Das hat nämlich überhaupt keinen Queck-.

Die Fibel

Kinder – mal herhören!

Vorschläge für ein zeitgemäßes Lesebuch der zweiten Klasse

WEIHNACHTEN

ICH BIN ERIKA.

JETZT KOMMT WEIHNACHTEN.

ICH SCHENKE VATI EIN TISCHFEUERZEUG ZU 22,50 DM.

VATI SCHENKT MICHAEL TENNISSCHLÄGER ZU 22 DM.

MICHAEL SCHENKT MUTTI EINE SCHÄLMASCHINE ZU 19,70 DM.

MUTTI SCHENKT MIR SCHALLPLATTEN IM WERT VON 18 DM.

4,50 DM MUSS ICH NOCH BEKOMMEN.

VON WEM?

ICH BIN SO GESPANNT AUF WEIHNACHTEN.

RATENZAHLUNG

HÖRT MAL ZU, KINDER. ICH BIN KARLCHEN.

DIETER HAT MIR SEIN SCHWESTERCHEN VERKAUFT.

ICH ZAHLE ES IN MONATSRATEN ZU 20 PFENNIG AB.

WENN ICH 25 BIN, GEHÖRT MIR DIETERS SCHWESTER-
CHEN.

DANN WERDE ICH ES HEIRATEN ODER GEBRAUCHT
WEITERVERKAUFEN.

AUSSERDEM STOTTERE ICH EINEN FUSSBALL, EINEN
ROLLER UND EINEN DAUERLUTSCHER AB.

MANCHMAL GEHE ICH SORGENVOLL ZU BETT.

ABER VATI HAT ES BIS JETZT AUCH IMMER GE-
SCHAFFT.

GASTARBEITER

MICHAEL UND ICH GEHEN ZUM BAHNHOF.

IN DER HALLE SIND VIELE MÄNNER.

SIE REDEN UND SINGEN.

MICHAEL UND ICH VERSTEHEN KEIN WORT.

VATI SAGT, DASS DAS DIE ITALIENER SIND.

ER SAGT, DASS SIE FAUL, KLEIN UND DRECKIG SIND.

MUTTI SAGT, DASS SIE AUFDRINGLICH SIND.

SEIT ZWEI WOCHEN IST EIN ITALIENER BEI VATI IN DER
FIRMA.

ER IST SAUBER, FLEISSIG UND AUS SPANIEN.

MUTTI IST DREIMAL AM BAHNHOF GEWESEN.

NIEMAND HAT SIE BELÄSTIGT.

JETZT SIND VATI UND MUTTI SAUER.

SIE SAGEN: »DAS IST TYPISCH FÜR DIE ITALIENER. SIE
VERSTELLEN SICH ALLE.«

(1962)

277

Der Witz

Neue Ostfriesenwitze

Woran erkennt man bei einer Trauung in Ostfriesland die Braut?
An ihrem weißen Schleier.

Warum haben viele Ostfriesen eine Mütze auf?
Um den Kopf zu wärmen.

Was sagt ein Ostfriese, wenn er einem anderen Ostfriesen begegnet?
Moin, moin.

Warum gibt es in Ostfriesland so viele Möwen?
Weil Ostfriesland am Meer liegt.

Die Fabel

Der Uhu und der Hase

Ein alter Uhu trat eines Tages vor den Hasen hin und sagte: »Ich glaube zuversichtlich, schneller als du laufen zu können. Daher bitte ich dich, deine Kräfte mit den meinen zu messen!« Der Hase nahm die Herausforderung an, und an einem vereinbarten Tage fanden sich beide im Gottfried-Hammer-Stadion ein, dessen Ränge schon dicht besetzt waren.
Der Uhu, der in sehr guter Form antrat, ging sogleich nach dem Startschuß in Führung, er hielt den ersten

Platz auch während der drei angesetzten Runden, doch in der Zielgeraden holte der Hase auf, Brust an Brust zerrissen beide das Zielband, und erst das Zielfoto klärte einwandfrei, daß der Hase den Lauf gewonnen hatte.

Der Uhu nahm das Ergebnis jedoch in sehr unsportlicher Haltung auf. Er bezichtigte die Jury der Schiebung, trat dem Hasen gegen das Bein und beschimpfte Meister Grimbart, einen der Schiedsrichter, als alten Frechdachs. Auf Grund dieser Vorfälle schloß ihn der Verband aus und erteilte ihm überdies ein zweijähriges Startverbot.

Moral: Suche das Unrecht nicht bei anderen, wenn du es auch bei dir selbst finden kannst.

Denn: Was ein alter Uhu ist, muß sich damit abfinden, nicht mehr zu den jüngsten zu zählen.

Und: Wer es mit den Hasen aufnehmen will, muß sich eben sputen.

Die Legende

Wer schon einmal in London war, kennt sie sicher, die Victoria-Station, jenes längliche Bauwerk, das sich wie ein steinerner Zeuge mitten in der Millionenstadt erhebt. Aber wer weiß schon, wieso es gebaut wurde?

Nun, einst hatte sich die Queen Victoria bei der Jagd verirrt, immer verzweifelter wurde ihre Lage, und schließlich brach sie mitten im Walde zusammen, die nackte Furcht in den Augen, ein Stoßgebet auf den Lippen, doch da teilte sich plötzlich das Gesträuch und ein Hirsch trat heraus, ein Hirsch, der ein Geweih auf dem Kreuz oder ein Kreuz zwischen dem Geweih trug, da gehen die Meinungen auseinander, verbürgt jedoch ist, daß

der Hirsch eine segnende Bewegung mit der Hinterhand machte und also zur Königin sprach: »Habe keine Angst! Denn du wirst in Bälde errettet werden!«
Da aber sank die Königin in die Knie und gelobte, an dieser Stelle einen Bahnhof zu errichten.

Die Anekdote

Erwin Ullstein

Erwin Ullstein, der bekannte Verleger, war zugleich ein begeisterter und gefürchteter Hobby-Zyniker. Doch hin und wieder fand auch er seinen Meister. So, als er einmal an Tucholsky ein Telegramm kabelte, das aus dem lakonischen Satz bestand »Zahle Honorar rar«.
»Liefere Beiträge träge«, kabelte Tucholsky ungerührt zurück, und diese glänzende, von Ullstein mit einer Honoraraufbesserung belohnte Replik machte bald die Runde durch die Berliner Literatencafés, wo sie auch Hannes Heber zu Ohren kam, der gleichfalls mit den Ullsteinschen Honoraren unzufrieden war und daher spornstreichs in die nächste Post eilte, wo er das an den Verleger gerichtete Telegramm »Schreibe Artikel ikel« aufgab, ein Schritt, der jedoch nicht den beabsichtigten Erfolg hatte, sondern vielmehr dazu führte – aber liest überhaupt noch jemand zu? Na gut, hör' ich halt ab.

Das Märchen

Die Waldfee und der Werbemann

Es war einmal ein Werbemann, der hatte seiner Agentur viele Jahre lang nach besten Kräften gedient. Da begab es sich, daß die Agentur den riesigen Etat für ein neues Produkt an Land zog. Dieses Produkt aber hieß »Meyers Pampe«, und das war eine Pampe, die einen echten Produktvorteil besaß, da sie alle anderen Pampen an Klebrigkeit, Sämigkeit und Pampigkeit weit übertraf. Und weil das so war, sollte sie auch mit einem Slogan beworben werden, wie er eingängiger und treffender noch nicht erdacht worden war. Diese Aufgabe nun fiel unserem Werbemann zu, doch wie er sich auch anstrengte, alles, was ihm einfiel, war der Spruch »Meyers Pampe ist die beste«. Diesen Vorschlag hatte er auch beim Kreativdirektor eingereicht, doch wie er des Abends Überstunden machte, da hörte er, wie der Kreativdirektor dem Agenturchef auf dem Flur sagte: »So geht es nicht weiter mit unserem Werbemann. Er ist alt und zahnlos geworden. Das beste ist, wenn wir ihn so bald wie möglich schlachten.«

Da krampfte sich das Herz des Werbemannes zusammen, und er dachte bei sich: »Bevor es so weit kommt, da will ich lieber in die Fremde ziehen.« Und noch in derselben Nacht schnürte er sein Bündel und wanderte zur Stadt hinaus.

Bald gelangte er in einen tiefen Wald, wo er sich ermattet ins Gras sinken ließ. »Ach«, dachte er glücklich, »wie schön ist es doch hier im Wald. Hier will ich mein Leben beschließen. Was brauch ich denn? Wasser gibt's hier im Überfluß, Pilzchen und Würzelchen ebenfalls. Und

Ruhe! Wenn ich dagegen an die Hetze in der Agentur denke!« Und unter solchen Gedanken schlief er ein.

Am folgenden Morgen tat er sich zunächst am Quell gütlich, dann verspeiste er einige Wildkirschen, die ihm köstlich mundeten, und schließlich streckte er sich auf der Wiese aus und ließ sich die Sonne recht ordentlich auf den Pelz brennen. Als er so eine Weile gelegen hatte, da sah er einen Hasen über die Wiese hoppeln, und unwillkürlich ging ihm das folgende Verslein durch den Kopf: »Selbst der braune Meister Lampe greift erfreut nach Meyers Pampe.«

Das aber ärgerte ihn, und so verscheuchte er jeglichen Gedanken an Meyers Pampe aus dem Kopf und konzentrierte sich auf ein allerliebstes Meisenpaar, das auf dem Ast einer Buche turtelte. Doch auch bei diesem Anblick ging es ihm nicht besser. »Die Meise ruft es vom Geäste: Meyers Pampe ist die beste!« reimte er wider Willen. Das ärgerte ihn noch mehr und laut rief er aus: »Ach Scheiße, was geht mich denn jetzt noch diese Pampe an!« Doch schon im selben Moment schoß ihm wieder ein Verslein durch den Kopf: »Ach Scheiße, ruft der Werbemann, nichts reicht an Meyers Pampe ran« – und so ging es ihm mit jedem Ding, das er betrachtete und bedachte, bis es ihn nicht länger hielt. »Was habe ich hier im Wald verloren?« dachte er bei sich. »Ein kreatives Talent wie ich gehört nun mal in eine Agentur!« Und er begann so schnell wie möglich in die Stadt zurückzuwandern.

Da geschah es, daß ihm am Waldrand eine Fee begegnete.

»Guten Tag, lieber Werbemann«, sagte die Fee. »Ich weiß, daß du ein unschuldiges Gemüt hast, und deswegen sollst du jetzt drei Wünsche frei ha – «

Doch der Werbemann war so in Gedanken versunken,

daß er gar nicht auf das hörte, was die Fee sagte, ja, er unterbrach sie sogar und rief ihr zu: »Du tust mir in der Seele weh, weil ich dich ohne Meyers Pampe seh!« Und mit diesen Worten ließ er die verdutzte Fee stehen und eilte in die Agentur zurück, wo er dem Kreativdirektor sogleich stolz seine neuen Slogans unterbreitete.

Diese Vorschläge freilich stießen auf eine derartige Ablehnung seitens der Geschäftsleitung, daß der Werbemann noch am selben Nachmittag geschlachtet wurde.

Die Fee aber nahm sich seine Worte so sehr zu Herzen, daß sie fortan nur noch Meyers Pampe benutzte. Und da sie der erste Versuch sehr zufriedenstellte, benutzt sie sie wohl noch heute.

Die Kurzgeschichte

Arabien

Achmed, ein Kaufmann aus Bagdad, hatte sich kaum im Hafen von Dschidda eingeschifft, als sein mit kostbaren Tuchen beladenes Schiff in einen furchtbaren Sturm geriet und mit Mann und Maus unterging. Er allein konnte sich auf einem Delphin retten, doch auch das hätte ihm nicht viel genützt, wenn nicht ein Greif beide gepackt und in sein Nest getragen hätte. Von dort floh der Kaufmann, indem er aus den Flügeln der jungen Greifen einen Flugapparat baute, gelangte in ein unermeßlich reiches Land, in dem die Menschen auf dem Kopf gingen, und wurde dort Ratgeber des Königs.

Die Sehnsucht nach seiner Heimat ließ ihn erneut flüchten, Menschenfresser fingen ihn, er entkam mit Hilfe der

Tochter des Häuptlings, erreichte das ferne China, fand dort den geheimen Zugang zum Goldland und kehrte nach vielen Jahren zehnmal so reich nach Bagdad zurück, wie er ausgezogen war.

Der erste, den er dort traf, war ein alter Freund. »Hallo, Achmed«, rief dieser, »dich hat man aber schon eine Ewigkeit nicht mehr gesehen. Wie ist es dir denn in der Zwischenzeit ergangen?«

»Ich kann nicht klagen«, antwortete Achmed. »Und was hat sich hier getan?«

»Allerhand, mein Lieber«, sagte der Freund, »Said zum Beispiel hat den Teppichhandel aufgegeben und ist jetzt bei Fajoud in Medina angestellt.«

»Unglaublich«, unterbrach ihn Achmed.

»Und der alte Ibn Mir hat seine zweite Frau verstoßen und die Tochter des Wasserträgers geheiratet!«

»Na ist denn das zu fassen. Die Tochter des Wasserträgers!«

»Ja«, sagte der Freund, »sie ist allerdings eine Schönheit. Und der kleine Ben Zwi ist zum zweiten Male Vater geworden.«

»Der kleine Ben Zwi«, rief Achmed aus, »ja ist denn das die Möglichkeit! Erzähle mir mehr!«

Und da sie an diesem Tage nicht fertig wurden, lud Achmed seinen Freund in seinen Palast ein, wo ihm dieser 40 mal 40 Tage Bericht erstattete. Reich beschenkt machte er sich schließlich daran aufzubrechen, als er auf der Treppe noch einmal stehen blieb.

»Um das noch kurz zu erzählen, der alte Mouludji hat sich mit Harun verkracht.« »Das höre ich ja das erste Mal«, schrie Achmed, »das mußt du mir aber genauer erzählen.«

Und so blieben sie weitere 40 Tage und Nächte beisammen, denn, wie schon der Koran sagt, von drei Dingen kann der Mann nicht genug bekommen: von Frauen, von Kus-Kus und von guten und lehrreichen Geschichten.

Die Lesung

Ich lese aus einem Manuskript, das ich bisher noch nicht veröffentlicht habe. Es trägt den Arbeitstitel »Aktien«. Die Situation ist folgende: Gustav ist aus den 60er Wirren mit einem verletzten Bein in seine Heimatstadt zurückgekehrt. Dort hat er nach seinem Vaterhaus gesucht und es schließlich gefunden. Es liegt in Trümmern. Während er schweigend durch die Überreste wandert, trifft er eine Frau, die er anfangs für seine Mutter hält. Sie ist es auch, aber auf eine sehr verwickelte Weise – ich kann das hier alles nur andeuten – ist sie zugleich seine vor Jahren verstorbene Geliebte und sein Gewissen. Sie veranlaßt Gustav, auf reichlich krummen Wegen die Aktienmehrheit der Brauerei der Heimatstadt zu erwerben.

Gustav erreicht dieses Ziel, indem er den Bürgermeister vielfacher Umtriebe anklagt, seine Versetzung bewirkt und sich selbst zum neuen Bürgermeister ausrufen läßt. Dadurch gelangt er automatisch in den Vorstand der Brauerei und befiehlt, daß ihm ein Aktienpaket überreicht wird. Unterdessen ist sein Vater ebenfalls aus den Wirren zurückgekehrt. Als Türke verkleidet – es würde im Moment zu weit führen, zu erklären, wieso er gerade diese Verkleidung gewählt hat – deckt er den Schwindel seines Sohnes auf, doch er schweigt.

Eines Abends jedoch sucht ihn der Pastor auf, der gesehen hat, wie Gustav die Aktien beiseite schaffte, und stellt ihn zur Rede.

Die folgende Passage nun beschreibt ihre Begegnung:

»Der Pastor kam schnell herbei und der Türke« – Gustavs Vater also – »brauchte seine ganze Selbstbeherrschung, um nicht laut herauszuschreien: Bleib, wo du bist!«

Darauf folgt eine längere Beschreibung, die das Näherkommen des Pastors zum Inhalt hat, und dann sagt der Türke: »So eilig?«

Darauf sagt der Pastor, daß er etwas über den Bürgermeister wisse.

Mittlerweile ist Gustav immer mehr unter den Einfluß der Frau geraten, die ihm nun erzählt, daß der Pastor zum Türken gegangen sei, um ihm Schwierigkeiten zu machen.

In seiner Verwirrung läßt Gustav, der Bürgermeister also, den Staatsstreich ausrufen, er setzt den Pastor ab und erklärt den Türken zum offiziellen Gegenpapst. Er befindet sich nun auf dem Höhepunkt seiner Macht und heiratet seine Mutter.

Die folgenden Sätze geben die Gedanken seines Vaters wieder:

»So etwas dürfte es eigentlich nicht geben ... Doch vielleicht trage auch ich Schuld an dieser Entwicklung ... Ich war Gustav gegenüber oft zu weich, dann wieder zu hart, und nun ist es passiert.«

Doch Gustav und seine Mutter erkennen bald, daß sie nicht zueinander passen. Sie trennen sich nach einer längeren Aussprache, die das geplante Werk vorerst beendet:

»›Wenn ich neben dir saß, war mir immer so, als säße ich

neben einer anderen‹, sagte Gustav und vermied es, seine Mutter anzuschauen.

›Wir hätten uns halten sollen‹, entgegnete sie, ›wir hatten nicht die Kraft dazu.‹

›Leb wohl.‹

›Leb wohl.‹«

Ein folgender Band soll den Aufstieg Gustavs zu einem der bedeutendsten Männer seiner Zeit schildern, ein dritter seine Kanonisierung. Ich danke Ihnen für Ihre Aufmerksamkeit.

Die Fallstudie

Der Fall Binder

Schauplatz: eine Knäckebrotmine in Schleswig-Holstein. Eine kleine Mannschaft arbeitet dort, die dem harten Schoß der Mutter Erde Tag für Tag den begehrten Knäkke abgewinnt: Herbert, Paul, Jupp und Georg. Vier Herzen, die anscheinend nur einen Gedanken kennen: KNÄCKE! Doch der Eindruck täuscht. Denn in Wirklichkeit sind sie nur hinter einem her. Genauer gesagt: hinter einer, Frl. Binder von der Lohnbuchhaltung. Eine Frau, wie sie im Buch steht, und zwar in ... na ... die ›Buddenbrooks‹ waren es jedenfalls nicht. Egal. Ein Teufelsweib, dieses Frl. Binder. Allen vieren hat es den Kopf verdreht, alle vier haben nur einen Wunsch, wenn sie auf der 800-Meter-Sohle in den steinharten Knäcke hacken: Fräu – lein – Bin – der, Fräu – lein – Bin – der! So kann es nicht weitergehen. Wie aber dann? Unerwartet. Ein junger, gutaussehender

Lohnbuchhalter wird eingestellt, Schultern wie ein Abschleppseil, Hüften wie die B 42. Und intelligent! Ein so schwieriges Wort wie »Rilke« kann er mit geschlossenen Augen rückwärts buchstabieren. Dabei eine Seele von Mensch. Keiner Fliege kann er etwas zuleide tun. Doch das Frl. Binder ist keine Fliege. So kommt es, wie es kommen muß: Eines Abends, als Herbert, Paul, Jupp und Georg an der Lohnbuchhaltung vorbeischlendern, sehen sie, wie in dem hell erleuchteten Büroraum der Lohnbuchhalter in die Lohnbuchhalterin eindringt. Und da reift in ihnen ein teuflischer Plan. Sie locken den Lohnbuchhalter unter einem nichtigen Vorwand aus der Lohnbuchhalterin, das dauert zwar seine Zeit, aber schließlich kommt er raus, etwas weich in den Knien, ist ja verständlich – und wenn jemand dafür Verständnis hatte, dann Herbert, Paul, Jupp und Georg (d. h. Jupp verstand es erst drei Jahre später auf dem Sterbebett, und das wiederum versteht nur der ganz, der sich jemals mit Frl. Susi Sterbe, ja, der kleinen, drallen aus Berlin-Britz, eingelassen hat – aber worum ging es denn überhaupt?) – der Lohnbuchhalter kommt also raus, fährt sich verlegen durch die Schamhaare und fragt: »Ist was?«
Die vier schweigen verdutzt. Alles hatten sie erwartet, nur nicht diese Frage. »Was soll schon sein?« brummt Herbert schließlich. »Nicht daß ich wüßte«, druckst Paul. »Wie kommen Sie denn darauf?« meint Jupp, und Georg zischt, daß er »diese Fragerei, diese überfallartige« satt habe, was ihn beträfe, er werde jetzt noch im »Solber-Eck« einen sicherstellen. Die anderen schließen sich ihm an, und beim 15. Klaren erwachen ihre Lebensgeister wieder: Nach kurzer Beratung zogen sie los, kauften sich gefälschte Fahrkarten, färbten sich die

Schuhe, rasierten die Waden und fuhren, auf diese Weise unkenntlich gemacht, schnurstracks in die große Stadt Berlin und zündeten dort den Funkturm an.

Die Fliegergeschichte

Abschuß Nr. 62

»Die Engländer kommen!« hatte Brummel geschrien, und der Geschwaderkommandant hatte nach oben geschaut.
»Sopwith-Camel«, hatte er lakonisch gesagt. »Mindestens 700 Stück . . .« Und dann waren sie zu den startklaren Maschinen gerannt: Möbitz, Köhlemann und Winter. Drei gegen 700, aber es mußte sein. War ja 1. Weltkrieg.
Möbitz kam als erster hoch, jagte seine Focker D 7 dem brummenden Schwarm entgegen. Wie schwarze Rucksäcke sahen sie jetzt aus, doch Möbitz wußte, daß er noch näher rankommen mußte. Zog seine Maschine in einem steilen Turn nach rechts und war endlich über ihnen. Kam nun direkt aus der Sonne auf sie runter und hielt auf die Leitmaschine zu. Und jetzt erst roch der englische Pilot den Braten, versuchte wegzutauchen, doch Möbitz' MG hatte schon zu reden begonnen. Und da drehte sich der Tommy um . . . Das durfte doch nicht wahr sein! Dieses Gesicht kannte Möbitz doch! Diese feinen, grauen Augen, diesen schmalen, sinnenden Mund . . . »Mutter!« schrie er, doch die Sopwith-Camel schmierte schon ab, trudelte immer weiter runter und zerbarst tief unten als kaum erkennbarer roter Punkt.

Zehn Minuten später ist der Spuk vorbei. »Habe gesehen, wie Sie die Sopwith runtergeholt haben«, sagt der Geschwaderkommandant im Vorbeigehen, »dolle Sache das!« Doch Möbitz' Gedanken sind woanders ... Sollte er wirklich ...?

Und rasch kommt die schreckliche Gewißheit. Sein Adjutant bringt ihm die Papiere, die man in der zerstörten Sopwith gefunden hat. Sie sind auf Magda Möbitz ausgestellt. Magda Möbitz ... Und ein Brief war da noch gewesen, angefangen, aber nicht zuende geschrieben: »Lieber Dieter, krieg keinen Schreck, ich fliege jetzt für die Engländer. Wir sind hier ein sehr netter Haufen, und ich habe bereits viel Spaß an der Kampffliegerei gefunden. Mein Junge, trägst Du auch die Wollsocken regelmäßig, die ich Dir ...«

»Scheißkrieg«, denkt Möbitz, doch dann schluckt er die Tränen herunter. »Sie oder ich!«

Und eine Viertelstunde später steigt er schon wieder auf. Dem 63sten Abschuß entgegen ...

Die Reiseerzählung

Durch Bella Italia mit der – – Nuckelpinne

»Na, Alte, was hältst du von einer Spritztour durch Bella Italia?«

Dieser Ruf erschallte eines schönen Frühlingsmorgens durch das schmucke Schwarzwaldhäuschen, als dessen Besitzer jeder in Kniedorf Gerhard Wohlgemut benannt hätte.

Und kein anderer hatte auch diese Worte geäußert, die nun eine von ihm zweifellos beabsichtigte Wirkung zeitigten. Denn hast du nicht gesehen öffnete sich die Küchentür, und die so summarisch als »Alte« angeredete – in Wirklichkeit eine prächtige Frau von etwa 35 Jahren – trat auf den Flur.

Marie, so war ihr Name im Paß vermerkt, und als Nachnamen konnte man dort einen Namen lesen, der uns nun schon vertraut ist, den Namen Wohlgemut.

»Gerhard, ist das dein Ernst?«

»Klar. Schau mal, was da draußen steht.«

»Ein Auto! Wie kommt denn das hierher?«

»Von selbst bestimmt nicht!«

»Du hast es gekauft?!«

In Maries Stimme lag ein Jauchzen.

»Hat es schon einen Namen?«

»Klar«, brummte Gerhard und zwinkerte verräterisch mit den Augen. »Nuckelpinne.«

»Nuckelpinne, wie hübsch. Und wann soll's losgehen?«

»Wenn du willst, sofort.«

»Ach Gerhard, wie herrlich!«

Zwei Stunden, nachdem dieses Gespräch stattgefunden hatte, lag das Reisegepäck wohlverstaut im Kofferraum, und auf den beiden vorderen Plätzen befanden sich die beiden Personen, die wir nun schon kennen und die sicher nichts dagegen haben werden, wenn wir sie ab jetzt ganz einfach mit ihren Vornamen anreden.

Hinter dem Steuer saß – wie könnte es anders sein – der stolze Besitzer Gerhard. Neben ihm hockte Frau Marie und strahlte aus allen Knopflöchern. Und ab ging's.

Zuerst mit Karacho durch das verschlafene Schwarzwaldstädtchen, dessen Bewohner nicht schlecht staunten, als sie das seltsame Gefährt daherrauschen sahen.

»Na Alte, was sagst du zu unserer Nuckelpinne? Unser fahrbarer Untersatz hat einen ganz schönen Zack drauf – wie?«

»Fahr nicht so schnell, Gerhard.«

Unter solchen Gesprächen verging die Zeit bis Trient.

»Trento«, stellte Gerhard fest. »Trient ist wohl zu schwer für die Spaghettifresser. Na, hier werden wir, schätze ich, mal ausgiebig an der Matratze horchen. Schau mal links der Campanile. Also bauen können sie!«

Ein Hotel zu einem annehmbaren Preis war schnell gefunden, der Wirt geleitete die Gäste persönlich in das Zimmer, wo Gerhards Interesse rasch von dem Doppelbett gefesselt wurde. Vor den Augen des erstaunten Wirtes ließ er sich auf die Bettstatt plumpsen und stand mit verdüsterter Miene wieder auf.

»Das quietscht ja. Das Bett – il letto, capisci?«

Der Wirt zuckte mit den Achseln, offenbar gingen diese Worte nicht in seinen braunen Schädel.

»Das quietscht. Fa quietschi, quietschi. Niente capito? Kommen Sie mal. Horchen Sie mal. Hier. Macht quietsch, quietsch. Il letto quietsche. Claro?«

Nun wollte der Wirt unter Zuhilfenahme aller Extremitäten irgendwelche Beschwichtigungsversuche vorbringen, doch Gerhard stoppte seinen Redeschwall. »Für das Geld, was das hier kostet, kann man auch ein Bett erwarten, das einen ruhigen Schlaf garantiert. Garantia – capito? Bene schlafen. Voglio bene schlafen senza quietsch, quietsch. Ich zehn Stunden im Auto, sempre wrumm, wrumm, nun ich müde. Ich schlafen. Ohne quietsch, quietsch. Va bene?«

Doch unser armer Italiano schien nichts zu begreifen.

Dann schließlich ging ein Leuchten über sein Gesicht, und er verschwand eilig auf dem Flur, freilich nur, um zwei weitere Kissen hereinzutragen.

Am nächsten Morgen, nach so, so verbrachter Nacht, gab dieser Vorfall unseren beiden Helden noch Anlaß zu einem scherzhaften Wortwechsel.

»Irgendjemand mußte es dem Wirt ja einmal sagen.«

»Du hast dich absolut richtig verhalten, Gerhard.«

Hinter Trient veränderte sich die Landschaft ziemlich rasch.

»Weniger Hügel, mehr Flachland, das muß ich mir merken«, sagte Gerhard, während der Marie fast die Augen aus dem Kopf fielen.

»Guck mal, da geht wieder so ein Mann mit einem Korb unter dem Arm.«

»Ging da schon mal einer?«

»Ja, vorhin. Hast du ihn nicht gesehen?«

»Nein, ich war zu sehr von dem Säulengang gefesselt.«

»Den hab ich nun wieder nicht gesehen.«

»Solltest du aber. Anstatt Männern nachzuschauen.«

»Gerhard, du weißt doch, wie es gemeint war!«

»Klar. Sollte auch nur ein Scherz sein.«

Bis Florenz ging alles gut. Dann tauchte in der Ferne die Domkuppel auf.

»Scheint il duomo zu sein«, bemerkte Gerhard mit Kennerblick. »Brunelleschis Meisterwerk. Roter, als ich dachte.«

Marie war ganz Ohr, als sich die Nuckelpinne ihren Weg durch das Verkehrschaos der Stadt am Arno bahnte und Gerhard seine Erläuterungen abgab.

»Jetzt muß gleich der Palazzo Vecchio kommen. Da hat früher der Stadtrat getagt. Was war denn das da links?«

Der erste Vormittag gehörte ganz und gar den Uffizien.

Die Meisterwerke der Malerei wurden ausgiebig begutachtet, und dann war eine kleine Stärkung fällig.

»Voglio un poco mangiare«, bedeutete Gerhard dem dienstbaren Geist der Trattoria, der bald, mit einer Speisekarte bewaffnet, wiederauftauchte.

»Na, was gibt's denn hier Gutes?« mit diesen Worten vertiefte er sich in la carta. »Also da kenn sich einer aus. Alles so ein Brutta con Tutta und Cotschelone alla Panna-Zeug. Was nimmst du? Ich nehme Spaghetti.«

Da wollte Marie nicht nachstehen. »Was ist denn das hier?«

Der Kellner klaubte seine zugestandenermaßen etwas armseligen Deutschkenntnisse zusammen und erklärte: »Eine schöne Fleisch von Huhn mit Reis.«

»Eine schöne Fleisch – der gefällt mir!« sprang Gerhard hilfreich ein. »Der meint wahrscheinlich schönes Hühnerfleisch. Würde ich nehmen. Und dazu« – nun wieder zum Kellner gewandt – »und dazu eine Fanta. Habt ihr nicht? Dann vino rosso.«

Ziemlich belämmert zog der cameriere ab, doch nach stattgehabter Atzung waren die beiden Reisenden wieder ganz obenauf und schauten sich Santa Croce an.

»Komm mal hier rüber, so siehst du die Giottos am besten.«

»Ja, jetzt sehe ich sie auch.«

»Ganz schön schmissig, was?«

Der Toskana waren zwei weitere Tage gewidmet.

»O sole mio«, mit diesen Worten steuerte Gerhard die wackere Nuckelpinne weiter südwärts. Eines Tages wachten unsere Reisenden in Amalfi auf, und Gerhard plierte mißtrauisch durch die Jalousie. »Niente sole«, stellte er ärgerlich fest. Dazu kam, daß die Pinunzen langsam knapp wurden.

»Aber Rom war doch schön.«

»Da schien auch noch die Sonne.«

»Das stimmt.«

»Na, juckeln wir mal gemächlich die Küstenstraße runter. Die Sonne wird schon wieder scheinen.«

In der Tat, bald lugte sie wieder hinter den Wolken hervor, und schnell stieg das Stimmungsbarometer unserer beiden Italienfahrer wieder auf Markierung »Prima«.

Vor einer Kurve trat Gerhard plötzlich auf die Bremse und lenkte die Nuckelpinne auf einen Rastplatz. »Mal ein bißchen lucki, lucki machen«, erklärte er seiner besseren Hälfte und schaute die Steilküste runter. Mit einem italienischen Herrn, der dasselbe tat, kam er ins Gespräch.

»Das da unten nennen wir in Germania eine Haarnadelkurve.«

Doch der Italiener schien immerzu Bahnhof zu verstehen.

»Haarnadelkurve«, erklärte Gerhard mit Nachdruck.

»Curva, si, si.«

»Niente curva. Haarnadelkurva!«

Der Italiener begriff immer noch nicht.

»Passen Sie auf. Curva – si?«

»Si.«

»Bene. Und questa Kurva e una Haarnadelkurva. Capito?«

Der Italiener schüttelte den Kopf.

»Haarnadel – capisce Haarnadel?«

Nein, er begriff nichts.

»Haarnadel – come si dice? Hier, ecco –« Gerhard deutete auf seinen Kopf. »Das sind Haare. Hair. Hier oben. Und nun ... le donne, Frau – capito? Le donne haben langes Haar ... questa cosa longa – und dafür

Nadeln ... Haarnadeln – capisce? Nadeln per hier oben – claro?«

Der Italiener guckte immer noch wie nicht gescheit.

»Paß mal auf. Nadeln – ja? Si qualque cosa e kaputto, ja? Dann sie prende una Nadel per fare bene ...« Gerhard machte die Bewegung des Nähens, »Nadel – capito? Questa e una Nadel. Und una Nadel per hier oben e una Haarnadel und questa Kurva e una Haarnadelkurva. Con la forma di una Haarnadel – capito?«

»Gerhard laß doch, der begreift's nicht.«

»Ich glaub's beinahe auch. Na, macht nichts. Tschau!«

Wieder im Wagen, konnte er sich jedoch längere Zeit nicht beruhigen.

»Er hätte es doch wirklich begreifen können, der Italiano!«

»Es ging vielleicht über seinen horizonto«, meinte Marie begütigend und brachte so den Göttergatten wieder zum Schmunzeln.

Trotzdem hätte die in Maries Worten enthaltene Mahnung Gerhard vorsichtiger werden lassen müssen, aber in Riccione stach ihn der Haber noch einmal. Und dabei hätte es beinahe Ärger gegeben.

»Mit Ihnen würde ich gerne ein Nümmerchen schieben«, bedeutete er einer Kellnerin, die verlegen die Achseln zuckte.

»Also Nummer ...«, versuchte Gerhard zu erklären.

»Numero?«

»Ja, bene, numera. Ich – ego – io – ja?«

Das schöne Kind nickte und bemühte sich augenscheinlich, hinter den Sinn von Gerhards Worten zu kommen.

»Io Nümmerchen – una piccola numera, io una piccola numera con te – capito?«

Das hörte Marie ja nicht so gern: »Gerhard, laß das doch!«

Doch Gerhard wollte nun mal keine Ruhe geben: »Guck lieber nach, was ›schieben‹ heißt.«

»Das kannst du dir selber raussuchen«, stieß Marie wütend hervor, schmiß Gerhard das Wörterbuch auf den Tisch und wollte gerade die beleidigte Leberwurst spielen, als Gerhard ihr durch ein Zwinkern bedeutete, daß er nur Spaß machte.

»Also wir piccola numera schieben, wir insieme – si?«

»Sieben?« fragte die Kellnerin und provozierte ungewollt eine nur mühsam unterdrückte Heiterkeit bei unseren Freunden.

»Nicht sieben. Sieben e sette. Schieben. Wir Nümmerchen schieben – ja?«

»Nümmerschen?«

»Una piccola numera solo wir zwei Hübschen – capito?«

Aber die Brave begriff immer noch nicht, und schließlich ließ es Gerhard des grausamen Spiels genug sein. Die Kellnerin ging, und endlich konnte Marie ihrem angestauten Gelächter freien Lauf lassen.

Noch im Hotelzimmer wollte sie sich nicht beruhigen: »Nümmerschen sieben – also wie sie das gesagt hat!«

Doch auch die schönsten Ferien gehen einmal zuende. Unerbittlich flatterte Kalenderblatt auf Kalenderblatt zu Boden, bis es auf einmal Abschiednehmen hieß.

»Schön war's in Italia, doch schön ist auch Germania«, sang Gerhard über das Lenkrad der unverwüstlichen Nuckelpinne gebeugt, und Marie summte den Refrain versonnen mit.

»Es waren doch trotz allem herrliche Tage, wie?«

»Ganz herrliche Tage.«

Und dann tauchten plötzlich zwei Schilder auf. »Bundes-republik Deutschland« stand auf dem einen, »Freistaat Bayern« auf dem anderen.

»Man« war wieder zuhause: Gerhard, Marie und – nicht zu vergessen – die brave Nuckelpinne, die die ganzen drei Wochen wirklich ausgesprochen gut überstanden hatte.

»Buon giorno, Germania!« rief unser Italienfahrer über-mütig aus.

Und war es mehr als nur ein Zufall, daß ihm das erste »Grüß Gott« seit drei Wochen – es war der Zöllner, der es aussprach – wie Musik in den Ohren klang?

Der Fortsetzungsroman

Volk ohne Öl

WAS BISHER GESCHAH: *Wir schreiben das Jahr 1980. Der Aufruf der CDU-Politiker Dregger und Wörner, Deutschland müsse sich notfalls mit der Waffe für seine Öl-Interessen am Persischen Golf einsetzen, zeitigt Fol-gen. Rund um Schulenburg, einen Ritterkreuzträger aus dem 2. Weltkrieg, hat sich das Freikorps Wörner geschart, sieben Männer, die auf eigene Faust von Fulda aus auf-gebrochen sind, um dem deutschen Volk wenigstens eine der lebenswichtigen Ölquellen zu erobern. Ihr Ziel sind die Ölfelder von Sham an der Straße von Hormuz. Um zum Golf zu gelangen, müssen sie die von Nomaden wimmelnde Wüste von Jiwa durchqueren . . .*

Wir hatten bereits zur Nachtzeit die Zelte abgebrochen und die Kamele gesattelt.

»Dürfte verdammt heiß werden heute«, hatte Schulenburg in seiner knappen Art gesagt, und dann waren wir losgeritten: der grüblerische Roenninghoff, Merkel, der ehemalige Pazifist, der Berliner Sprüchereißer Gnitschke, die unzertrennlichen Brüder Meyer, Meyer Eins und Meyer Zwo, wie Gnitschke sie zu titulieren pflegte, Schulenburg und ich. Und noch ein achter war da, Omar, das arabische Faktotum, dessen durch diverse Lücken verzierte Zahnreihen nun im Licht des untergehenden Mondes schimmerten, als er sein unvermeidliches, bewunderndes »Deutsch gutt« ausrief. Seit Roenninghoff ihm vor zwei Wochen in der Oase Ahwab einen vereiterten Dorn aus dem verlängerten Rücken gezogen und ihm einen der von den Arabern so sehnlichst begehrten Bubble-Gums geschenkt hatte, war der braune Geselle nicht mehr von seiner Seite gewichen, und Roenninghoff hatte ihn gewähren lassen.

Und jetzt ritten wir wieder. Ritten, wie wir es schon seit Wochen getan hatten. Oder waren es bereits Monate? »Fulda!« dachte ich, und für einen Moment huschte eine Erinnerung durch mein Hirn ... Wie uns der Oberbürgermeister Dregger während einer geheimgehaltenen Weihnachtsfeier die Hand gedrückt und wie Wörner jedem von uns einen geweihten Ölkanister um den Hals gehängt hatte ... »Was immer ihr tun müßt«, hatte er noch gesagt, »denkt daran, daß ihr es für Deutschland tut.« Deutschland! Aber für welches Deutschland ritten und litten wir hier? Für das Deutschland der Entspannungsphantasten und Alternativ-Energieler etwa? Für jenes Deutschland, das nichts von uns wissen durfte und wollte? Lohnte es sich dafür überhaupt ...

»Na, Gernhardt – leiden Sie mal wieder unter ideologischen Bauchschmerzen?«

Schulenburgs spöttische Stimme riß mich aus meinen Grübeleien.

»Schätze, wir kriegen Besuch . . .«, fügte er überraschend ernst hinzu und zeigte auf eine Staubwolke, die nun rasch näherkam.

»Sieht wie Nomaden aus«, bemerkte Roenninghoff.

»Nomädchen wären mir lieber«, frotzelte der unverwüstliche Gnitschke.

»Scheinen in friedlicher Absicht zu kommen«, riefen Meyer Eins und Meyer Zwo wie aus einem Munde, und schon wollte ich die obligaten Bubble-Gums aus der Geschenktasche holen, als sich Schulenburgs Augen plötzlich verengten.

»Absitzen!« schrie er gepreßt und »Feuer frei!«

Und dann geht alles sehr schnell. Unsere MGs beginnen zu reden, mitten in das »Salaam« des Nomadenführers hinein. Sein Burnus ist auf einmal eine rote, blutige Masse, unendlich langsam, so kommt es mir vor, gleitet er vom Sattel seines Reitkamels, dann fällt er wimmernd in den Wüstensand, umgeben von sich hastig ergebenden Nomaden.

»Schulenburg!« schreie ich. »Sie kamen als Freunde – warum . . .«

Doch Schulenburg ist bereits über dem stöhnenden Anführer. Reißt seinen Bart ab. Ein Milchgesicht kommt zum Vorschein. Reißt seinen Burnus auf. Zwei Brüste quellen hervor. Wischt ihm wie rasend die braune Schminke vom Gesicht. Kalmückenhaft geschlitzte, brechende Augen blicken uns an.

»Politkommissarin Traptzşeva«, sagt Schulenburg hart. »Kenne sie noch von Minsk her, als sie unsere braven

Ukrainer gegen uns aufwiegelte. Traf sie dann an der FU wieder, wo sie unter dem falschen Namen Rabehl die Anti-Vietnam-Demonstrationen organisierte. Wußte, daß sie seit geraumer Zeit im Mittleren Osten die Araber gegen unsere Energieversorgung aufhetzen sollte ...« Er pfeift durch die Zähne. »Und schauen Sie sich mal diese niedliche Empfangsüberraschung an!« Er deutet auf die Handgranate, die die Liegende noch fest umklammert hält. »Sie oder wir!« Er wendet sich kalt ab.

Und auf einmal schnattern die Nomaden alle aufgeregt durcheinander ... Der seltsame »Anführer« habe sich bei ihnen vor zwei Wochen als Mullah vorgestellt, der sie im Auftrage des Ayatollah Khomeini in den heiligen Krieg gegen die »Alemannis« führen sollte ... Sie seien ihm blindlings gefolgt ...

»Ayatollah Khomeini!« Schulenburg lacht knapp auf. »Ihr meint wohl Alexejewitsch Kominski – wie sein richtiger Name lautet. Hatte bereits die Ehre mit ihm, als er noch Folterchef im berüchtigten Tscheka-Gefängnis ...« Doch da verstummt er abrupt, wirft einen letzten Blick auf den Leichnam, und plötzlich sehe ich, wie eine Träne sich zögernd auf seine gebräunte Haut hinaustastet.

»Aufgesessen!« schreit er gepreßt.

Und wir reiten weiter.

Am Abend kampieren wir bereits am Persischen Golf. Merkel hatte das Meer als erster gesehen. »Da!« hatte er geschrien, »Wou? Wou?« hatten Meyer Eins und Meyer Zwo, die unverbesserlichen Ostfriesen, gebrüllt, und »Bellt hier nicht so rum!« hatte Gnitschke dröhnend gelacht. Doch nun waren die Zelte aufgeschlagen, über einem munteren Feuerchen verbreitete ein Kessel Erbsensuppe heimatliche Düfte, und langsam versammelte sich das Freikorps Wörner in Erwartung des Abendessens um

die mit Recht so geschätzte Atzung. Nur Schulenburg
fehlte. Saß wohl noch über seinen Aufmarschplänen.
»Wat denn, wat denn – wir sind doch hier nicht bei der
Firma Drängelmann und Söhne!« Das war Gnitschke,
dem traditionsgemäß die Suppenausgabe oblag. »Is doch
für jeden wat da!«
Und bald hatte denn auch jeder sein randvoll gefülltes
Kochgeschirr vor sich. Wir aßen schweigend und blick-
ten nur kurz auf, wenn Gnitschke sein obligates »Jefrä-
ßige Stille« und Omar sein näselndes »Deutsch gutt«
ausstieß.
Und dann starrten wir noch eine Weile sinnend in das
Feuer. »Zu Hause feiern sie jetzt Ostern . . .«, sagte
Roenninghoff nachdenklich, und auf einmal griff Meyer
Zwo zu seiner Mundharmonika. »Es ist ein Has' ent-
sprungen . . .«, sehnsüchtig klang das alte deutsche
Osterlied über den dunklen Persischen Golf, und nach
und nach fielen wir alle ein: ». . . aus einer Wurzel
zart . . .«
Doch dann war, wie eine Erscheinung, Schulenburgs
schmale Gestalt aus der Dunkelheit in unseren Kreis ge-
treten.
»In die Schlafsäcke, Leute! Morgen wird ein heißer Tag!
Gnitschke und Gernhardt beginnen mit der Zeltwache,
die Ablösung erfolgt wie gewohnt. Gute Nacht!«

Gnitschke hatte es sich auf seinem Rucksack bequem ge-
macht, ich stand gegen den Stamm einer Palme ge-
lehnt.
»Du, Gernhardt . . .«
»Ja?«
»Manchmal frage ich mich . . .«

Ich ahnte die Frage, die kommen würde. Hatte sie mir ja selbst oft genug gestellt in den letzten Wochen ...

»... is det nich doch ein Wahnsinn, wat wir hier machen? Öl! Öl! Jibt et denn nischt Wichtijeres als Öl?«

Ich versuchte meine Stimme fest erscheinen zu lassen.

»Schau, Gnitschke – eine Volkswirtschaft ist wie der menschliche Körper. Und so ein Körper braucht Luft ...«

»Braucht er, klar!« bestätigte Gnitschke.

»... und wenn dir nun einer die Hände um die Kehle legt, um dir die Luft abzudrehen ...«

»Mann – der Kerl, der könnte wat erleben!« polterte es aus Gnitschke, »dem würd' ick ...«

»Öl«, fahre ich fort, »ist die Luft unserer Volkswirtschaft. Deshalb sind wir hier. Damit Deutschland atmen kann. Und Deutschland muß atmen können, Deutschland ist ...«, ich suche nach einfachen Worten, doch zu meiner Überraschung fällt mir Gnitschke ins Wort, Gnitschke, der Unstudierte, Gnitschke, das Berliner Schandmaul: »Deutschland is die Lunge det freien Westens. Und wenn die nich mehr funzionalisiert – oder wie det heißt, der olle Gnitschke kennt sich da nich so aus – denn ...« Und er macht die Bewegung des Halsabschneidens.

Ich nicke und drücke ihm die Hand.

»Aba«, fährt er fort, »warum wissen det nur so wenije? Warum sind wa hier nur sieben und nicht siebzigtausend Mann? Warum schweigt die Heimat – außer Dregger, Wörner und ein paar anderen Durchblickern? Warum ...«

Ein Geräusch läßt uns herumfahren. Hinter uns steht Schulenburg. »Schlaf dich mal aus, Gnitschke. Ich übernehme deine Wache.«

»Aba . . .«

»Nichts aber! Bist ein feiner Kerl, Gnitschke! Und nun hau dich in die Falle!«

»Ja, wenn det ein Befehl is . . .«

»Ist ein Befehl!«

Und Gnitschke zieht ab. Schmunzelnd schauen wir ihm nach.

Wir hatten schon eine Weile schweigend nebeneinandergestanden, als Schulenburg plötzlich zu reden begann: »Scheiß Ölkrieg!«

Überrascht blicke ich ihn an. Habe ich richtig gehört?

»Scheiß Ölkrieg, werden sie in der Heimat sagen und uns fallen lassen wie eine heiße Kartoffel, falls irgendwas schiefgeht, die Herren Politiker. Mit dem Völkerrecht werden sie uns kommen. Uns der Aggression gegen die Araber beschuldigen. Als ob die Araber ein Volk wären! Es sind prächtige Kerle – aber wie Kinder. Geben Sie dem Araber eine Handvoll Kamelmist und einen Bubble-Gum, und er wird den Tag selig kauend unter einer Palme verbringen: Mañana – Gott will es so. Öl? Der Araber braucht kein Öl. Der weiß nicht, was das heißt: Heizölkosten. Benzinpreise. Zuwachsraten. Nein – wir kämpfen hier nicht gegen die Araber. Wir kämpfen hier gegen den, gegen den wir uns schon immer zur Wehr setzen mußten. Den, der uns 1940 den Zutritt zu den Ölfeldern von Baku verwehren wollte, den, der uns 1945 die schlesischen Kohlegruben raubte, den . . .«

». . . ewigen Russen«, will ich ergänzen, doch Schulenburg fällt mir ins Wort:

»Gernhardt, wissen Sie eigentlich, warum Merkel bei uns mitmacht? Er hat es mir mal erzählt: Es war 1976, an einem dieser verkehrsfreien Sonntage. Merkel lebte damals noch mit seiner alten, schwachen Mutter zusammen. Und die bat ihn, ihr eine Flasche Bier vom Kiosk an der Ecke zu holen, sie verdurste sonst glatt. Merkel wirft sich also in seinen Wagen, will zum Kiosk – doch er kommt nicht weit. Polizei hält ihn auf – Fahren ohne Sondergenehmigung. Na, und bis Merkel all diese Formalitäten hinter sich hat, bis er mit der Flasche Bier ins Zimmer seiner Mutter stürmt, da ...« Er schluckt. »... da ist die alte Frau glatt verdurstet. Verdurstet, bloß weil am Persischen Golf irgendwo ein von Russen aufgehetzter Ölscheich uns den Ölhahn abgedreht hat ... Ja – so wurde aus dem Pazifisten Merkel ...«

»... ein ölbewußter Deutscher!« ergänze ich, und Schulenburg nickt.

In Gedanken verloren schauen wir über die Bucht, und plötzlich erblicke ich sie: winzig kleine Lichtpunkte am anderen Ufer.

»Die Ölfelder von Sham«, sagt Schulenburg, der meinem Blick gefolgt ist. »Morgen geht's ran. Ich hab' es den anderen verschwiegen. Sollten nochmal eine ruhige Nacht haben. Gilt übrigens auch für Sie, Gernhardt. Schlafen Sie – ich übernehme Ihre Wache!«

Sein Ton ist so bestimmt, daß ich keinen Protest wage. Zögernd wende ich mich zum Gehen, doch dann stelle ich sie noch, die Frage, die mich den ganzen Tag gequält hat ...

»Schulenburg ...«

»Ja?«

»Wieso haben Sie den vermeintlichen Nomadenführer eigentlich so ohne weiteres als Politkommissarin erkannt? Ich meine ...«

Ich verstumme, und als Schulenburg antwortet, ist seine Stimme rauh.

»Gernhardt – wenn Sie mal älter sind, werden Sie es auch erfahren: Ein Mann wird eine Frau, die er einmal geliebt hat, überall und immer wiedererkennen können – in jeder Verkleidung dieser Welt. Doch nun gehen Sie endlich« – er stöhnt es fast – »schlafen Sie sich aus, Menschenskind! Deutschland braucht Öl, und wir erörtern hier Weibergeschichten!«

»Ja«, denke ich, als ich auf das Zelt zugehe, »Deutschland braucht Öl. Und morgen ... Was mag der morgige Tag bringen?«

In der Ferne bellte ein Schakal, und alles Leid der Welt schien in diesem Bellen zu liegen ...

(Wird fortgesetzt.)

Die Autobiographie

Die Prominenten und ich

Wenn ich die Berühmtheiten meiner Tage Revue passieren lasse, erstaunt es mich immer wieder, daß nur relativ wenige meinen Lebensweg gekreuzt haben. Ob das damit zusammenhing, daß sie nur selten ausgerechnet dort waren, wo ich mich gerade aufhielt? Willy Brandt beispielsweise habe ich nie getroffen, obwohl wir jahrelang in derselben Stadt, Berlin, wohnten. Das war zwischen 1958 und 1964. Es kann für Brandt nicht immer einfach gewesen sein, mir dauernd aus dem Weg zu gehen. Damals war Berlin ja noch eine hochlebendige Stadt, auch ich war viel unterwegs, tauchte überraschend in der FU, dann wieder in der Hochschule für Bildende Künste auf, besuchte ohne Voranmeldung das Café am Steinplatz, war eine halbe Stunde später in den S-Bahnstuben am

Savignyplatz oder bei Leidicke. Irgendwie hat es Brandt jedoch immer geschafft, mir auszuweichen, schließlich aber wurde es dem übrigens hochbegabten Politiker zuviel. Er siedelte nach Bonn über, wohin ich nur selten komme, und hat sich dort einen Freundeskreis aufgebaut, dessen Hauptkriterium zu sein scheint, daß sie nichts mit mir zu tun haben. Oder ist es ein Zufall, daß ich weder Heinemann, Bahr, Scheel noch Schmidt persönlich kenne?

Vielleicht. Aber daß ausgerechnet ein Mann wie Ludwig Erhard, dem ich einmal in Göttingen begegnet bin, keinen Zutritt zu diesem Kreise hat – ist auch das ein Zufall? Es muß in den frühen 50er Jahren gewesen sein, als wir uns das erste und einzige Mal sahen. An Einzelheiten kann ich mich kaum erinnern, nur so viel weiß ich, daß der gefeierte Vater des Wirtschaftswunders mich eindringlich beschwor, CDU zu wählen. Nun, der Appell mußte erfolglos bleiben, ich war ja damals noch ein blutjunger Oberschüler, vielleicht fiel die Mahnung bei den anderen Besuchern der Wahlveranstaltung auf fruchtbareren Boden. Unsere Wege trennten sich, wie es scheint, für immer.

Günter Grass dagegen begegnete ich häufiger, ja so häufig, daß ich annehmen muß, daß er mir geradezu auflauerte. Das erste Mal beispielsweise sahen wir uns mitten im Grunewald, am Teufelssee. Ich kam gerade vom Baden, und als Grass an mir vorbeiging, schoß mir der Gedanke durch den Kopf: »Da geht doch der Grass!« Dasselbe dachte ich einige Monate später, als ich zur Adventszeit lieben Besuch vom Bahnhof Zoo abholen wollte: »Da steht doch der Grass!« – und da stand er tatsächlich, wirkte trotz seines wachsenden Ruhms merkwürdig verfroren und tat so, als ob er auch jemanden erwarte. Der kaschubische Schnauzbart sollte mir noch manchesmal über den Weg laufen, ohne daß ich je erfuhr, was er eigentlich von mir wollte. Den letzten Versuch, mit seinem Anliegen rauszurücken, scheint Grass in den späten 60er Jahren gemacht zu haben, als er mir nach Frankfurt – dort lebe ich seit 1964 – nachreiste, angeblich um einen Vortrag im Cantatesaal zu halten. Ich erinnere mich dunkel, diesen Vortrag gehört zu haben, der Inhalt ist mir jedoch entfallen. Wird wohl nichts Besonderes gewesen sein.

Namen, Namen, Namen! Und wie viele sind schon verloschen! Robert Kennedy etwa, den ich vom Oberdeck des 48er Busses dabei beobachtete, wie er gerade das Berliner Amerika-Haus betrat – »jungenhaft und locker«, wie ich später den Zeitungen entnahm. Ich kann das nicht bestätigen, aber es ging auch alles sehr flink.

Oder Henry Miller, dem ich – ebenfalls im Berlin der 60er Jahre – plötzlich im Zeichenbedarfsgeschäft Spitta und Leutz gegenüberstand. Er benahm sich übrigens sehr anständig, kaufte lediglich eine Radiernadel und ging. Ich hätte ihm gerne etwas zu seinen Büchern gesagt, aber mit meinem Englisch haperte es. Heute bedaure ich meine Zurückhaltung, Millers Bücher sind seit unserem Treffen immer lascher geworden. Schade, noch heute weiß ich nicht, was »sich am Riemen reißen« auf Englisch heißt. »To pull yourself at the . . .« – ja wie nun? Ewig schade. Dem alten Henry hätte ein freundschaftlicher Rüffel gutgetan.

Oder die Nobelpreisträger! Da war Werner Heisenberg, der extra in die Göttinger Felix-Klein-Oberschule kam, um mich in der Schulaufführung des Stückes ›Diener zweier Herren‹ die herrliche Figur des Pantalone spielen zu sehen. Ich weiß das, weil Heisenbergs Sohn, der in meine Klasse ging und während derselben Aufführung Geige spielte, vor der Premiere auf einen runden Herrn in einer der ersten Reihen deutete und sagte: »Mein Vater.« Da war der alte Professor Hahn, den ich laut Aussagen meiner Mutter eigentlich gesehen haben müßte, weil er in Göttingen nur einige Straßen von uns entfernt wohnte, und da war natürlich Einstein. Aber der lebte ja nun in den Staaten, und da war ich noch nie. Dafür war ich schon in Frankreich, der Heimat so bedeutender Männer wie Pascal, Voltaire, Napoleon – um nur die wichtigsten zu nennen. Doch davon ein andermal mehr. Wenn ich das Kapitel ›Meine Reisen und ich‹ beendet habe.

(1972)

Das Gedächtnisprotokoll

Die Katz ist weg

Die Gastkatze war weg. Zuerst herrschte Ratlosigkeit.
»Wie konnte das nur passieren?« »Aus dem dritten Stock!« »Und es ist nichtmal unsere Katze!« »Ich weiß, ich weiß!«
Dann ließ ich 500 Handzettel drucken: »Hohe Belohnung. Katze entlaufen: schmal, graubraun-weiß gefleckt, sehr scheu, hört auf den Namen Rosa.«
Wir plakatierten das Westend und steckten die Handzettel in alle umliegenden Briefkästen.
Leute riefen an.
»Also ich habe Ihre Katze nicht. Aber haben Sie schon mal daran gedacht, im Schrank nachzusehen?«
»Ich habe Ihren Aushang gelesen. Sie, mir ist auch mal

eine Katze entlaufen. Eine Siamkatze. Auf dem Frankfurter Hauptbahnhof ist sie mir entsprungen. Sie, der Zug nach Hamburg hat eine halbe Stunde Verspätung gehabt. Ich wollte nach Kassel, ich habe dem Zugführer gesagt: ›Sie fahren mir nicht weg. Rafi sitzt unter dem Zug. Ich nenne ihn Rafi, er heißt eigentlich Raffael. Ich kratz Ihnen die Augen aus, wenn Sie losfahren!‹ Und er ist nicht losgefahren. Später fand ich Rafi, er saß in einer Blumenschale. Was ich ausgestanden habe!«

»Sie suchen doch eine Katze. Es geht mir nicht um die Belohnung.«

»Ja . . .«

»Bei uns im Garten ist eine rumgestrolcht. Die kam gestern schon.«

»Wo wohnen Sie denn?«

»In Buchschlag. Das ist bei Sprendlingen. Und diese Katze – «

»Ja?«

»Wir haben einen Pudel.«

»Ja und?«

»Und der Pudel ist jetzt im Haus. Aber die Katze, die kriegt eben dahinten im Garten etwas zu fressen. Von den Nachbarn.«

»Wie sieht sie denn aus?«

»So schwarz.«

»Schwarz? Die, die ich suche, ist grau-weiß gefleckt.«

»Ja – Weiß hat die auch.«

»Und Grau?«

»Na ja . . . so ein Grau . . . So ein dunkles Grau . . .«

»Ich habe ein Foto der Katze vor mir. Also, die hat einen weißen Kopf, weiße Brust, weiße Beine und oben, um die Ohren – das ist schwer zu beschreiben – «

»Die Ohren sind spitz.«

»Nein, ich will sagen – oben, um die Ohren, da ist eine dunkle Zeichnung. Wie ein Madonnenscheitel, verstehn Sie?«

»Nein.«

»Das Grau geht auf beiden Seiten schräg und gleichmäßig runter.«

»Ja, ein schwarzes Näschen hat die hier auch.«

»Ein schwarzes Näschen? Das hat die, die ich suche, nämlich nicht. Die hat eine weiße Nase.«

»Also die hier, die ist auch nicht richtig schwarz.«

»Könnten Sie das nicht genau sagen? Ich komme gerne nach Buchschlag, wenn etwas Hoffnung ist, aber Buchschlag ist ja recht weit von hier und ich . . .«

»Hören Sie: Ich kann die Katze nicht ewig im Garten behalten!«

»Bleibt sie denn wenigstens im Garten? Damit sie nicht weg ist, wenn wir kommen . . .«

»Woher soll ich denn das wissen? Was heißt das: Bleibt sie im Garten? Wir haben einen großen Garten, das Tier kann überall hinlaufen. Wir können es doch nicht festhalten!«

»Verstehn Sie doch. Ich möchte nur vermeiden, daß ich den ganzen Weg umsonst mache.«

»Ja – suchen Sie das Kätzchen, oder nicht? Was soll denn das? Ich lasse mir hier wegen Ihrer Katze den Kaffee kalt werden, ich habe noch nicht gefrühstückt und –«

»Ich komme gern, aber wenn sie ein schwarzes Näschen hat –«

»Was reden Sie denn da von einem schwarzen Näschen? Sie haben das Tier doch überhaupt nicht gesehen! Und ich frage mich, ob Sie es überhaupt sehen wollen. Mir geht es nicht um die Belohnung. Mir geht es um das Tier. Um die Kreatur. Wir geben ihr schon zwei Tage zu fressen, aber hier sind scharfe Hunde, ich kann da für nichts garantieren. Aber Ihnen scheint das alles ja wohl egal zu sein. Ich muß Ihnen ehrlich sagen, so wie Sie sich verhalten, da muß ich ja annehmen, daß Ihnen Ihre Katze völlig egal ist. Warum – «

»Sie ist – «

»Warum geben Sie denn dann überhaupt eine Anzeige auf, wenn Sie Ihre Katze nicht holen wollen?«

»Sie ist mir nicht egal!«

»Und warum kommen Sie dann nicht? Erleichtern Sie Ihr Gewissen! Schauen Sie sich das Tier an!«

»Könnten wir noch einmal die Frage klären: Hat sie ein weißes oder ein schwarzes Näschen?«

»Schaun Sie sich das Tier doch an! Eben sehe ich es vom Fenster aus schon nicht mehr. Ich werde mir jetzt einen neuen Kaffee kochen müssen. Wir haben einen scharfen Pudel – «

»Gut, ich komme.«

Fast alle Anrufer waren Frauen.

»Sie haben doch die Anzeige wegen der entlaufenen Katze aufgegeben?«

»Ja.«

»Wir haben das Kätzchen. Sie können es abholen.«

»Ja? Wo wohnen Sie denn?«

»Im Grüneburgweg. Am Sonntagnachmittag hat es vor unserer Haustür gesessen, das Kätzchen. Direkt vor der Haustür.«

»Dann muß es eine andere sein. Die Katze, die ich suche, ist vom Montag auf den Dienstag entlaufen.«

»Nein. Das war am Sonntag. Wir kamen gerade vom Spaziergang, mein Mann und ich, da saß es vor der Haustür. So ein kleines Siamkätzchen.«

»Ich suche eine Hauskatze. Grau-weiß gefleckt.«

»Nein, die ist ganz braun. Ein Siamkätzchen.«
»Dann muß es eine andere Katze sein.«
»Nein, ich kenn' mich da etwas aus. Das ist ein Siamkätzchen. Braun und das Gesicht schwarz und ganz blaue Augen.«
»Die, die ich suche, ist eine Hauskatze mit auffallend gelben Augen.«
»Nein, die sind blau beim Kätzchen. Das sieht man doch. Die sitzt doch vor mir.«
»Dann muß es eine andere Katze sein, glauben Sie mir.«
»Nein, das ist keine andere Katze. Das ist ein Siamkätzchen!«

Ich führte mehrere Dutzend solcher Gespräche. Die Katze blieb verschwunden und wurde nie wieder gefunden.

Die Humoreske

Es gibt Tage, da ist bereits beim Frühstück alles zu spät:

Kinder, Kinder!

»Hör mal, Norbert«, sagte meine Frau, »ich hätte gern ein Kind.«
»Wer hätte das nicht gern, liebe Ingrid«, erwiderte ich, ohne von der ›taz‹ aufzuschauen, »selbst ich hätte gern eines. Aber sie sind so schwer zu fangen.«
»Ich hätte gern ein Kind!« wiederholte meine Frau mit ungewohntem Nachdruck.

»Geh ins Kinderhaus«, riet ich ihr zerstreut und griff zum Bio-Yoghurt. »Wenn sich hinter diesem Namen nicht eine Schwindelfirma verbirgt, müßte es dort Kinder geben. Vielleicht haben sie eins günstig auf Lager.«

»Ich hätte gern ein Kind von dir!« sagte meine Frau ungehalten.

»Von mir?« Verblüfft ließ ich die Zeitung sinken. »Wie kommst du denn auf die Idee, ich hätte ein Kind abzugeben?«

»Wer spricht hier von abgeben?« fragte meine Frau scharf zurück. »Du sollst mir eins machen!«

»Ich?«

»Ja, du.«

»Und wie kommst du darauf?«

»Andere Männer machen ihren Frauen auch Kinder.«

»Anderen Frauen würde ich auch Kinder machen, das ist keine Kunst.«

»Und warum machst du mir keins?« fragte meine Frau.

»Na hör mal ...« Scham hinderte mich für einen Moment am Weiterreden, doch dann überwand ich mich. »Wir sind doch schließlich verheiratet, falls dir das entgangen sein sollte.«

»Seit fünfzehn Jahren«, bestätigte meine Frau lächelnd. »Na und?«

Ich starrte sie fassungslos an. »Was du verlangst, ist Inzest!« brachte ich schließlich hervor.

»Ich denke, du bist ein aufgeklärter Mensch, der keine Tabus kennt?!« konterte meine Frau schnippisch.

»Kenn ich auch nicht«, erwiderte ich erregt. »Aber mit der eigenen Frau zu ... zu ...«

»Was?«

»Na, du weißt schon . . .«

»Also doch!« sagte sie höhnisch.

»Also was?« fragte ich zurück.

»Tabus!«

»Na gut, Tabus«, räumte ich ein. »Ja, Tabus! Jede Kultur ist letztlich auf Tabus aufgebaut. Selbst bei den Trobriandern . . .«

»Komm, komm – laß die Trobriander aus dem Spiel!«

Meine Frau hatte in den späten 60ern ein Seminar über die Trobriander mitgemacht und dieses Südseevolk seither ständig ins Feld geführt, wenn es darum gegangen war, überkommene Sexual-, Moral- und Wertvorstellungen kritisch zu hinterfragen und faktisch zu konterkarieren.

»Nein – laß mich ausreden!« ereiferte ich mich. »Zufällig habe ich gerade gestern von einem befreundeten Ethnologen erfahren, daß bei den Trobriandern auch nicht jeder mit jedem darf. Zum Beispiel ist dort der Geschlechtsverkehr zwischen Minderjährigen und ihren leiblichen Großeltern während der Zeit der Dattelernte untersagt.«

»Weiß ich«, gab meine Frau unwirsch zurück. »Während der Zeit der Dattelernte ist bei den Trobriandern alles untersagt, sogar das Dattelernten. Also was ist: Machst du mir ein Kind?«

»Ich dir?« Nervös tunkte ich die ›taz‹ in den Bio-Yoghurt. Dann kam mir eine rettende Idee:

»Und was sollen Detlev und Vera denken, wenn wir – na du weißt schon was?«

Meine Frau schaute betroffen auf: »Tja . . .«

Vielleicht sollte ich hier zum besseren Verständnis einflechten, daß Vera meine Freundin ist und Detlev der Freund meiner Frau.

»Die haben doch wohl auch noch ein Wörtchen mitzureden!« hakte ich, sicherer geworden, nach. »Oder findest du es solidarisch, sie einfach zu hintergehen?«

»Nein, nein«, erwiderte meine Frau kleinlaut. »Wir müßten es natürlich thematisieren. Ob wir mal wieder ein Beziehungsgespräch ansetzen sollten. Wir vier – bei einem Fondue bourguignonne?«

»Du weißt doch, daß das nicht geht«, sagte ich kalt.

»Ja, ja, ich weiß«, seufzte meine Frau.

Seit Vera Detlev bei einem Wochenend-Encounter vorgeworfen hat, er sei unfähig, seine Aggressionen rauszulassen, gehen die beiden einander aus dem Weg, da solche Treffen regelmäßig damit enden, daß er seine Aggressionen rausläßt.

»Aber weißt du, was?« schlug sie unerwartet heiter vor, »wir könnten es ja in Einzelgesprächen versuchen. Du sprichst mit Vera, und ich spreche mit Detlev.«

»Und was soll ich Vera sagen?« wollte ich wissen.

»Daß ich ein Kind von dir will.«

»Dann wird sie auch eins wollen. Wo soll ich denn diese ganzen Kinder hernehmen?«

»Ich bin aber zuerst auf die Idee gekommen.«

»Ja sicher«, räumte ich ein. »Aber du weißt doch, in welcher schwierigen Situation Vera gerade ist.«

»Vera?«

»Na ja – dieser ganze Stress wegen dieser Beziehung mit einem verheirateten Mann . . .«

»Vera?« rief meine Frau mitfühlend aus. »Wie schrecklich! Mit wem denn?«

»Mit mir.«

»Ja, richtig!« Ingrid rührte nachdenklich im Fencheltee. »Vielleicht ist es besser, wenn ich mich da als Frau einbringe«, schlug sie dann vor. »Ich spreche mit Vera, während du die Sache mit Detlev problematisierst – was meinst du?«

Erleichtert stimmte ich zu, und schon tags darauf traf ich mich mit Detlev im Pflasterstrandcafé. Ohne Umschweife referierte ich den Wunsch meiner Frau, beeilte mich, da Detlevs Kiefer immer mehr herabsank, meine Bedenken nicht zu verhehlen, und schloß schließlich mit der Feststellung, daß man auch Ingrid verstehen müsse, da es in der Sexualität ja so etwas wie Perversion an sich nicht gebe, vielmehr die Beurteilung dessen, was pervers sei und was nicht, ausschließlich vom gesellschaftlichen Umfeld abhänge. »Nimm nur die Trobriander«, schloß ich eindringlich. »Da beispielsweise darf es jeder mit jedem treiben, ohne daß er deshalb irgendwelche Schuldgefühle haben muß, da die Gesellschaft –«

»Die Trobriander?« fragte Detlev verstört, »welche Trobriander denn?«

Gerade wollte ich zu einem längeren Exkurs über dieses gesegnete Südseevölkchen ansetzen – allerdings unter Auslassung der Dattelernte und der damit verbundenen Implikationen –, als Detlev plötzlich das Marmortischchen umkippte und mich finster fragte: »Sag mal – habe ich dich richtig verstanden? Du willst meine Freundin bumsen?«

»Aber nein«, entgegnete ich entsetzt. »Wie sollte ich denn jemanden bumsen wollen, den ich überhaupt nicht kenne? Was ich soeben ausgeführt habe, ist lediglich Ingrids Vorschlag, daß ich ihr ein Kind mache.«

»Ach ja?« gab Detlev höhnisch zurück. »Aber ganz ohne Bumserei und alles – was? Wie stellst du dir das denn vor, du perverse Sau?«

»Bei den Trobriandern«, begann ich halbherzig, wurde aber an der Fortführung meines Gedankenganges dadurch behindert, daß Detlev die Espresso-Maschine aus der Halterung riß und sie mir an den Kopf warf.

»Komm«, sagte ich versöhnlich, »wir wollen uns doch nicht wegen einer solchen Lappalie schlagen!«

»Wer spricht von ›wir‹?« antwortete Detlev kalt. »Ich will dich schlagen!«

Zu Boden gehend, bekam ich gerade noch mit, wie Detlev den Umstehenden erklärte, daß er es bisher noch nie gewagt habe, seine Aggressionen voll rauszulassen, jetzt aber müsse es sein, dies Schwein da wolle nicht nur seine, des Schlagenden, Freundin bumsen – Na und? riefen die Umstehenden –, sondern auch seine, des Liegenden, Frau – Gib ihm! lautete das Urteil der Menge –, dann schwanden mir die Sinne.

Vielleicht hätte ich auch mal so ein Wochenend-Encounter besuchen sollen.

Die Erzählung

Das Buch Ewald

Gott und der Teufel schauten wieder einmal auf die Erde, als Gott den Teufel plötzlich anstieß und, auf einen jungen Mann deutend, sagte: »Jetzt schau dir mal diese Ratte da an!«

»Ratte? Nu na, nu na ...«, antwortete der Teufel zögernd, da er im Gehabe des jungen Mannes, welcher gerade dabei war, auf ein junges Mädchen einzureden, wenig Rattenhaftes entdecken konnte. »Der ist doch eigentlich ganz nett.«

»Nett wie so eine Ratte nur sein kann«, gab Gott höhnisch zurück. »Siehst du denn gar nicht, was der da mit dem Mädchen vorhat?«

»Hat der was vor?« fragte der Teufel verwundert und lauschte zerstreut den Worten des jungen Mannes, welche darauf hinausliefen, er würde dem Mädchen, da sie sich doch für Kunst interessiere, gar zu gern seinen jüngst in London gekauften Hockney-Band zeigen.

»Stimmt, der hat etwas vor«, sagte der Teufel schließlich, »der will dem Mädchen ein Kunstbuch zeigen.«

»Kunstbuch?!« Gott schlug sich in gespielter Verzweiflung vor die Stirn. »Sagtest du Kunstbuch?«

»Ist doch Kunst – oder?«

»Was ist Kunst?«

»Hockney.«

Gott überlegte einen Moment. War Hockney Kunst? Ein bißchen viel Schwimmbecken – oder? Doch dann fiel ihm das Portrait der Eltern ein: »Ja, ja. Kunst.«

»Na also«, sagte der Teufel.

»Also was?«

»Also alles klar – die beiden da haben irgend etwas Kunstmäßiges vor.«

Gott blies die Backen auf, dann ließ er mit einem verächtlichen Seitenblick auf den Teufel ostentativ die angestaute Luft entweichen: »Pfllpfllpfll . . .«

»Nichts Kunstmäßiges?« fragte der Teufel verunsichert.

Gott wollte gerade zu einer Antwort ansetzen, als zwei Engel hereinkamen und etwas Backwerk, Kaffee, Cognac sowie eine Flasche Rotwein brachten. »Da bin ich mal so frei«, sagte der Teufel, dem schon lange nach einem Schlückchen gewesen war, und griff nach dem Cognac. Gott bediente sich derweil vom Rotwein, fast schien es, als habe er den jungen Mann vergessen, als er plötzlich das angebissene Stück Kuchen sinken ließ und mit vollem Munde herausplatzte: »Bürsteln will er sie!«

»Wer? Wen?«

»Er! Sie!« Erregt blickte Gott wieder auf die Erde, während der Teufel, ohne vom Kuchen aufzuschauen, ein begütigendes »Nu na« und »Wer wird denn gleich an das Schlimmste denken« brummte.

»Da!« schrie Gott entgeistert auf. »Ja ist denn das die Möglichkeit!«

»Ist was?« Nun schaute auch der Teufel hinunter, ohne freilich den jungen Mann sogleich ausmachen zu können.

»Da!« Gott packte den Teufel am Ärmel. »Was für eine Ratte! Was für eine ausgemachte Ratte! Jetzt faßt er sie doch tatsächlich an die Dudeln!«

»Wirklich?« Der Blick des Teufels irrte ein wenig umher, dann hatte er den jungen Mann wieder im Visier. Der ging immer noch neben dem Mädchen her und wiederholte seine Bitte, sie möge sich doch seinen Hockney-Band anschauen.

»Mich so zu erschrecken!« sagte der Teufel fast schmollend. »Hat sich was mit Dudelnfassen!«

»In Gedanken hat er sie aber an die Dudeln gefaßt«, sagte Gott streng. »Und das ist genauso schlimm wie in Wirklichkeit.«

»Nu na.« Der Teufel wollte sich wieder dem Cognac zuwenden, doch dann hatte er das Gefühl, noch irgend etwas Hilfreiches sagen zu müssen, und daher sagte er: »Dudeln hin, Dudeln her!«

»Wie bitte?« fragte Gott stirnrunzelnd.

»Nun ja . . .«, der Teufel überlegte etwas. »Bist du denn ganz sicher, daß er sie an die Dudeln fassen wollte?«

»Wohin sollte die Ratte sie denn sonst fassen wollen?«

»Weiß ich?« Für einen Moment fühlte sich der Teufel in die Enge getrieben, doch dann schlug er erleichtert vor: »Vielleicht an den Ellenbogen?«

»Vielleicht gar an seinen eigenen?« fragte Gott spöttisch.

»Ja, ja, warum eigentlich nicht?« stimmte der Teufel zu. »Es wäre nicht das erste Mal. Mein Knecht Hiob hat sich –«

»Mein Knecht immer noch!« unterbrach ihn Gott.

»Deiner? Auch gut.« Fast schien es, als ob der Teufel den roten Faden völlig verloren hätte, dann aber erinnerte er sich: »Der faßte sich auch immer so an den Ellbogen.«

»Wer?«

»Der Dingens. Mein – nein, dein Knecht Hiob. Erinnerst du dich nicht mehr?«

»Der?« Gott überlegte. »Ach der! Aber der hat sich doch immer an den Kopf gefaßt.«

»Wann?«

»Damals. Als du ihm diese ganzen Schicksalsschläge zugefügt hast.«

»Du immer noch«, berichtigte ihn der Teufel.

»Nein, du«, entgegnete Gott scharf.

»Aber du hast angefangen!« sagte der Teufel.

»Wir haben gemeinsam angefangen«, erinnerte sich Gott. »Wir hatten diese Wette laufen, nach der du meinem treuen Knecht Hiob alle erdenklichen Übel zufügen durftest, um ihn zum Abfall von mir zu bewegen und –«

»Bumsti! Abgefallen ist er!« schrie der Teufel begeistert.

»Im Gegenteil!« empörte sich Gott.

»Na gut. Aufgefallen ist er«, sagte der Teufel begütigend, und bevor Gott nochmals widersprechen konnte, fügte

er rasch hinzu: »Weil er doch trotz der ganzen Schick-
salsschläge immer so verbissen zu dir gehalten hat. Na!
Nicht verbissen«, korrigierte er sich, da Gott schon wie-
der aufbrausen wollte, »vertraulich! Nein, auch nicht!
Jetzt hab ich's: Vertrauensvoll!«

»Ja. Vertrauensvoll!« bekräftigte Gott. »Jawohl, so einer
war er, mein Knecht Hiob – vertrauensvoll! Du hast
ihm die Frauen genommen und die Töchter und die
Söhne und die Herden und schließlich die Schwären,
und –«

»Die Schwären habe ich ihm aber nicht genommen, son-
dern geschickt«, warf der Teufel ein. »Deswegen – jetzt
erinnere ich mich –, deswegen hat der Hiob sich ja auch
die ganze Zeit an den Ellenbogen gefaßt. Nicht gefaßt!
Gekratzt hat er sich. Weil's da so gejuckt hat!«

»Gejuckt?« Mißmutig blickte Gott auf den Teufel, der
sich schon wieder vom Cognac bediente, doch dann
hellte sich sein Gesicht auf.

»Vertraut hat er mir!« röhrte er fröhlich. »Nix hat er
mehr gehabt –«

»Außer Schwären!« gab der Teufel mit der Korrektheit
des Angetrunkenen zu bedenken, ohne Gott allerdings
in seinem Gedankengang stören zu können, denn der
fuhr freudig fort: »Gar nix! Außer dem Vertrauen zu
mir. Dem Vertrauen! Das nämlich hast du ihm nicht
nehmen können, du Saubär!«

»Nu na, nu na!« Irgendwie schien das Gespräch an Ni-
veau zu verlieren, irgendwo dämmerte es dem Teufel,
daß er ihm eine andere Wendung geben mußte. Aber
wie? Da ihm nichts Besseres einfiel, schaute er scheinbar
angespannt auf die Erde.

»Oha, oha!« sagte er aufs Geratewohl.

»Bürstelt er sie?« fragte Gott aufgeregt, während er suchend dem Blick des Teufels folgte. Zunächst ohne Erfolg. Endlich aber – der Teufel hatte nämlich in eine ganz falsche Richtung geschaut – fand Gott den jungen Mann wieder, welcher, offensichtlich vor seiner Haustüre angelangt, dem Mädchen noch einmal nahelegte, sich doch unbedingt den Hockney-Band anzuschauen, auch könne er ihr, da es ja bereits ein wenig kühl sei, einen Tee bereiten.

»Bürsteltrick Siebzehn«, sagte Gott verächtlich, doch da der Teufel, froh über die Ablenkung, sich weiterer Kommentare enthielt, sahen beide eine Zeitlang schweigend zu, wie der junge Mann mit dem Mädchen zwei Treppen hochstieg, eine Wohnungstür öffnete, seinen Gast in ein möbliertes Zimmer geleitete – offensichtlich lebte er zur Untermiete –, worauf er unter Hinweis auf den versprochenen Tee in der Küche verschwand, wo er auch tatsächlich damit begann, Wasser aufzusetzen und nach einer Kanne zu suchen.

»Apropos Kanne«, sagte der Teufel und griff zum Cognac, während Gott, dem die Zeit ebenfalls lang geworden war, sich wie auch zuvor schon an den Rotwein hielt.

»Kuchen gefällig?« fragte er so verbindlich, daß der Teufel sich nicht verkneifen konnte, nach einem eilfertigen »Aber gern« noch ein verschwörerisches »Fast wäre er ja doch naduweißtschonwas« zu äußern.

»Fast wäre wer was?« fragte Gott stirnrunzelnd.

»Dein Knecht Hiob wäre fast –«

»Was fast?«

»Fast abgefallen.«

»Wie bitte?«

»Nu na – doch nur fast ... Fast beinahe ... Beinahe gar nicht ... eigentlich überhaupt nicht ...«, haspelte der Teufel. »Aber wenn du zum Schluß nicht deine Rede gehalten hättest, ich meine, ohne diese bombige Rede – «

»Welche Rede?«

»Na, deine Rede an Hiob. ›Weißt du, Hiob, wann es Zeit ist, die Hindin zu schwängern?‹ – diese Rede. Eine ganz großartige Rede. Also ich habe sie jedenfalls gemocht. Ehrlich.«

»Die Hindin?« fragte Gott nachdenklich.

»Nein, deine Rede.«

»Nicht: die Hündin?«

Der Teufel schaute verwundert auf. »Welche Hündin denn?«

Gott nippte mißmutig an seinem Rotwein. »Ich könnte schwören, daß ich von einer Hündin geredet habe und nicht von einer Hindin.«

»O doch! Hindin!« versicherte der Teufel. »Weißt du die Zeit, wann die Gemsen auf den Felsen gebären? Oder hast du gemerkt, wann die Hindin schwanger geht«, fuhr er rezitierend fort. »Hast du gezählt ihre Monden, wenn sie voll werden? Oder weißt du die Zeit, wann sie gebiert?«

»Sie beugen sich«, fiel nun auch Gott ein, »lassen aus ihre Jungen und werden los ihre Wehen. Ihre Jungen werden feist –«, für einen Moment wußten beide nicht weiter, nachdenklich blickten sie auf das Backwerk. »Und immer feister und immer feister«, schlug der Teufel vor, doch nun war es an Gott, ihm auf die Sprünge zu helfen: »Feist und groß im Freien und gehen aus und kommen nicht wieder zu ihnen ... So habe ich zu Hiob geredet! Genau so! Ich habe ihn die schwierigsten Sachen gefragt, und er hat alle Antworten gewußt, alle! So einer war er, mein Knecht Hiob! Alles hat er gewußt, einfach alles!«

Gott wäre wohl noch länger so fortgefahren, hätte nicht ein eigenartig gequälter Gesichtsausdruck des Teufels ihn plötzlich veranlaßt, »ist was?« zu fragen.

»Nicht der Rede wert«, beeilte sich der Teufel zu versichern. »Nur . . .«

»Nur?«

»Nur, daß es sich genau umgekehrt verhielt.«

»Umgekehrt?«

»Oder andersrum«, sagte der Teufel mit einem etwas verrutschten Lächeln. »Oder nein, doch umgekehrt. Ich meine: Hiob wußte nichts.«

»Nichts?«

»Aber so erinnere dich doch«, beschwor der Teufel sein Gegenüber. »Hiob hatte sein Unglück beklagt, und du wolltest ihm beweisen, wie unverständig er war. Mittels deiner Rede. Einer ganz, ganz großartigen Rede übrigens. Schon der Einstieg . . .«

»Ach ja, der Einstieg«, erwiderte Gott zögernd. »Der Einstieg . . .« Einen Augenblick lang schwieg er. »Welcher Einstieg?« brüllte er plötzlich.

»Der zu deiner Rede. Dein Rede-Einstieg, um es kurz zu sagen.« Der Teufel erhob seine Stimme: »Wer ist der, der den Ratschluß verdunkelt mit Worten ohne Verstand? Gürte deine Lenden wie ein Mann, ich will dich fragen, lehre mich!«

»Sag mal – wie redest du eigentlich mit mir?« fragte Gott verblüfft.

»Aber so hast doch du mit Hiob geredet!«

»Ich?«

Schon wollte der Teufel abermals nach abschwächenden oder doch beschwichtigenden Formulierungen suchen, als Gott ihn unerwartet der Mühe enthob.

»Ja! Ich!« rief er strahlend aus. »So einer war ich! Hun-

325

dert Fragen habe ich dem Hiob gestellt, und nicht eine hat er beantworten können, der Nichtsnutz! Nicht eine! Ich fragte: ›Wer bereitet dem Raben die Speise, wenn seine Jungen zu Gott rufen und fliegen irre, weil sie nichts zu essen haben?‹ Und was antwortete Hiob? Na?«

In gespieltem Unwissen zuckte der Teufel fast überdeutlich die Achseln. »Nichts?« fragte er dann scheinheilig.

»Nichts!« erwiderte Gott mit Nachdruck. »Und was, meinst du, wußte Hiob auf die folgende Frage zu antworten: ›Meinst du, das Einhorn werde dir dienen und bleiben an deiner Krippe?‹ Nun?«

Der Teufel hielt prüfend das Cognac-Glas gegen die tiefstehende Sonne. »Doch nicht etwa nichts?« murmelte er zögernd, wobei sein »nichts« gar nicht mehr zu hören war, da es vollständig von dem triumphierenden »Nichts!« Gottes übertönt wurde: »Gar nichts! Und auf meine Frage nach dem Strauß – überhaupt nichts! Auf meine Frage: ›Kannst du dem Roß Kräfte geben oder seinen Hals zieren mit einer Mähne?‹ Wieder nichts! Oder als ich ihn über Behemoth und Leviathan ausfragte –«

»Worüber?« fragte der Teufel verwirrt.

»Nilpferd und Krokodil nennt man die heute wohl«, erläuterte Gott.

»Ach ja, richtig«, sagte der Teufel. »Und? Was war da?«

»Nichts, nichts und wieder nichts!« schnaufte Gott begeistert.

»Was ja nicht gerade viel ist!« stimmte der Teufel mit ein.

»Äußerst wenig!« rief Gott glühend.

»So gut wie gar nichts!« übertrumpfte ihn der Teufel.

»Sag ich doch: Nichts, nichts und wieder nichts!«

Für eine Weile schien es so, als hätte Gott das letzte Wort behalten. Der Teufel brummte zwar noch etwas von »Das muß gefeiert werden«, hob auch prostend das Glas, doch dann blickten beide schweigend in die Abendröte, die sich bereits anschickte, der beginnenden Nacht zu weichen.

»Was macht unser Bürstelfreund eigentlich?« sagte Gott plötzlich in die Stille und darauf: »Nein, das gibt's doch nicht!«

»Was?« Der Teufel hatte etwas Mühe, Gottes Zeigefinger zu folgen, aber dann sah auch er den jungen Mann. Der saß nun neben dem jungen Mädchen, doch sie auf einer Couch, während er auf einem Sessel Platz genommen hatte und gerade die Seiten eines großformatigen Buches umblätterte, welches auf dem niedrigen Glastischchen lag, umgeben von einer Teekanne, zwei Teetassen und einem Aschenbecher. Daß Hockney sich ständig um neue Formulierungen des Themas ›Wasser‹ bemüht habe, erläuterte der Umblätternde, bei diesem Bild hier handle es sich um eine extrem unnaturalistische Umsetzung, geradezu abstrakt-dekorativ in seiner betonten Linienführung, das werde besonders deutlich, wenn man es mit ›A bigger splash‹ vergleiche – worauf der junge Mann etwas nervös hin und her blätterte, bis er das Bild mit dem Sprungbrett und dem sehr realistisch aufschäumenden Wasser gefunden hatte –: Da!

»Läuft wohl nicht viel mit Bürsteln«, sagte der Teufel, wobei er allerdings jeden rechthaberischen Tonfall vermied.

»Sieht nicht danach aus ...« Stirnrunzelnd beugte sich Gott abermals vor. »Sieht ganz und gar nicht danach aus ...« Geistesabwesend starrte er auf den Teufel. »Da-

bei hätte ich schwören mögen, daß er sie bürsteln
würde . . .«
Nun war es bereits so dunkel, daß die ersten Sterne sicht-
bar wurden. »Wie heißt er eigentlich?« Gott schaute sich
ruckartig um, doch da war niemand, der ihm hätte Aus-
kunft geben können.
»Mir – «, begann der Teufel.
»Mir? Seit wann heißt jemand Mir?« fragte Gott über-
rascht.
»Nein, nein – mir war so, als habe das Mädchen den
Mann vorhin Ewald genannt«, sagte der Teufel, der noch
versuchte, ein rasches »Prost auch« anzuhängen, doch so
weit kam er gar nicht, denn »Ewald?« sagte Gott und
»Ewald!« und dann »Mein Knecht Ewald!« und schließ-
lich, nun schon voller Begeisterung: »Ewald! Das ist
mein Knecht Ewald, an dem ich Wohlgefallen habe. An-
dere mögen meine Gesetze mißachten, ihre Tage sind ein
Rauch, und ihre Nächte verbringen sie beim Bürsteln, ei-
ne Trauer sind sie mir und ein Ekel, doch da ist einer, der
hat seinesgleichen nicht im Lande, der ist schlicht und
recht, gottesfürchtig und meidet das Böse – mein Knecht
Ewald!«
»Nu na, nu na«, wollte der Teufel zu bedenken geben, ir-
gendwie ging ihm das alles zu rasch; doch da haute Gott
feierlich auf den Tisch und fragte: »Willst du ihn nicht
versuchen?«
»Wen?«
»Ihn da. Meinen Knecht Ewald.«
»Aber warum denn?« stammelte der Teufel verblüfft.
»Warum hast du denn meinen Knecht Hiob versucht?«
»Aber das war doch was ganz anderes!«
»War genau dasselbe!« Noch immer hämmerte Gott auf
den Tisch, doch nun bereits in einem fordernden, fast

wütenden Rhythmus. »Knecht ist Knecht. Da wird man schon mal verlangen können, daß er auch in schweren Zeiten zu mir hält.«

»Immer ich!« Der Teufel seufzte auf.

»Wer sonst?«

»Und wie stellst du dir das Versuchen vor?« wollte der Teufel wissen.

»Bin ich der Versucher oder du?« fragte Gott barsch zurück. »Nimm ihm irgendwas weg. Zum Beispiel seine Frauen.«

»Aber er hat doch gar keine.«

»Dann seine Söhne!«

»Hat doch nicht mal Frauen!«

»Dann seine Herden«, verlangte Gott, nachdem er den Gedanken an Töchter selbst verworfen hatte.

»Seine Herden!« Der Teufel griff in gespielter Verzweiflung zur Flasche. »Mitten in der Großstadt?«

»Dann eben seine Herde!«

Der Teufel sah Gott lauernd an, doch in dessen gerötetem Gesicht war kein Augenzwinkern zu entdecken. Daher schien es ihm geraten, einen sachlichen Tonfall anzuschlagen: »Es ist kaum denkbar, daß der junge Mann mehr als einen Herd besitzt, ja selbst dies möchte ich in aller Offenheit bezweifeln, da er ja zur Untermiete wohnt und – «

Gott, der während dieser Ausführungen wie abwesend in die Luft gestarrt hatte, riß plötzlich die Augen auf und sah den Teufel groß an: »Du wirst ihm doch wohl noch irgendwas wegnehmen können? Oder?!«

Der Teufel tat so, als denke er nach. Weshalb war alles immer so schwierig? Warum war sein Glas schon wieder leer? Wieso mußte ausgerechnet er immer in solch ungemütliche Situationen geraten?

»Na?« fragte Gott.

In seiner Verwirrung fiel dem Teufel nichts Besseres ein, als abermals angeregt auf die Erde hinabzublicken und aufs Geratewohl »Oha! Oha!« zu sagen. Doch diesmal hatte er Glück.

»Ist was?« fragte Gott sich vorbeugend. »Das darf doch nicht wahr sein!« schrie er sodann und schließlich: »Welch eine Ratte! Schau dir doch nur diese Ratte da an!«

»Welche Ratte denn nun schon wieder!?« seufzte der Teufel, während er angestrengt in alle Richtungen blickte. Warum war da unten alles so undeutlich? Wieso wirkte alles derart verschwommen?

»Na, welche Ratte wohl?« Gott deutete erregt zur Erde. »Mein Bürstelknecht Ewald natürlich, wer denn sonst?«

»Bürstelknecht?« Doch nun sah der Teufel es auch: Nicht länger saßen der junge Mann und das Mädchen auf getrennten Möbeln, sondern nebeneinander auf der Couch. Kein Kunstband lag aufgeschlagen vor ihnen, eine entkorkte Flasche und zwei Gläser hatten seinen Platz eingenommen. Nicht mehr um Hockney drehten sich die Reden des jungen Mannes, sondern darum, wie denn das Ding da aufzukriegen sei, womit er offensichtlich den Büstenhalter meinte, an dessen rückwärtigem Teil seine Hände sich unter dem Pullover des Mädchens zu schaffen machten, ohne jedoch auf die erwarteten Haken und Ösen zu stoßen.

»Vielleicht will er ihr lediglich ... also den Rücken ... wollen mal sagen ... kraulen?« fragte der Teufel halbherzig, doch Gott, der bereits zu einer hohnlachenden Antwort hatte ansetzen wollen, wurde dieser Mühe durch das Mädchen enthoben, das plötzlich entschlossen seinen

Pullover abstreifte und vor den verwunderten Augen des jungen Mannes – sowie denen der beiden anderen, ihr verborgenen Zuschauer – den Büstenhalter dort aufhakte, wo der junge Mann auf Grund seiner bisherigen Erfahrungen zuallerletzt angesetzt hätte, vorne nämlich, da, wo sich zwischen den Körbchen ein von einer Textilblume verdeckter Verschluß befand.

Für einen Moment schwiegen alle vier, das Mädchen lächelnd, der junge Mann verblüfft, Gott mit einem triumphierenden Seitenblick auf den Teufel, und der mit gespielter Betretenheit. Doch als der junge Mann das zu tun begann, was nach Lage der Dinge unausweichlich zu tun war, wandte sich Gott brüsk vom Ort des Geschehens ab, entriß dem Teufel die Cognac-Flasche, stellte sie knallend auf den Tisch und fragte: »Wie spät haben wir es eigentlich?«

»Nacht«, sagte der Teufel und deutete mit einer schwankenden Handbewegung auf die Sterne, die bereits seit einiger Zeit in vollständigem Glanze erstrahlt waren.

»Vor zehn oder nach zehn?« fragte Gott hart. Der Teufel musterte verlegen das Firmament. Wieso wackelten die Sterne eigentlich so? »Um zehn«, sagte er schließlich, um überhaupt was zu sagen.

»Um zehn ...« Gott überlegte etwas, dann erhob er sich derart plötzlich, daß der Teufel Mühe hatte, das Tischchen und die Flaschen vor dem Umstürzen zu bewahren. »Ich muß noch einmal mit meinem Knecht Ewald reden«, sagte Gott erläuternd und wollte sich bereits zum Gehen wenden, als der Teufel, welcher unvermutet den, wie er sagte, bisher doch sehr netten Abend in Gefahr sah, plötzlich zu unerwarteter Eloquenz und Überzeugungskraft auflief.

Ob es denn nötig sei, daß Gott selber bei seinem Knecht

vorspreche, gab er zu bedenken. Ob er damit nicht irgendeinen Stellvertreter auf Erden beauftragen könne? Nein, nicht den Papst, räumte er auf eine entsprechende Gegenfrage Gottes ein, bis der sich von Rom aus in Trab gesetzt habe, nein, nein, er denke da an irgend jemanden aus der Nachbarschaft des jungen Mannes, irgendein Nachbar könnte doch genauso gut in seinem, Gottes, Namen zu ihm da unten reden, etwa die – der Teufel überlegte kurz, dann schaute er Gott aus kleinen, aber glänzenden Augen an – die Zimmerwirtin. Die habe doch ohnehin darüber zu wachen, daß in ihren vier Wänden der – nennen wir es ruhig einmal so – Unzucht kein Vorschub geleistet werde, nach zehn dürfe sie daher jederzeit nach dem Rechten sehen, Gott brauche also lediglich seinen Geist über sie auszugießen, den Rest werde diese – und nun riß es den Teufel fort – ebenso prächtige wie gottesfürchtige Frau sicherlich zur vollsten Zufriedenheit abwickeln, sie aber, und damit meine er jetzt den Gastgeber und sich – doch nun verstummte er, da Gott sich ächzend in den Sessel fallen ließ und eine Weile nachdenklich auf die Tischplatte starrte.

»Die Wirtin?« sagte er schließlich. »Name?«

»Reinig«, antwortete der Teufel, welcher so geistesgegenwärtig gewesen war, sich das kleine Blechschild an der Wohnungstür zu merken.

»Liegt wahrscheinlich schon längst im Bett«, brummte Gott mißmutig.

»Nein, nein, sie wischt gerade noch einmal die Küche auf«, versicherte der Teufel. »Da!«

»Tatsächlich.«

Eine Weile schauten beide der älteren Frau dabei zu, wie sie durch die bereits blitzblanke Küche schlurfte und gedankenverloren mit einem befeuchteten Lappen über

Flächen, Bleche und Rohre fuhr, dann lehnte sich Gott zurück. »Wenn du meinst«, sagte er gedehnt, und mit diesen Worten goß er seinen Geist über Frau Reinig aus.

Am nächsten Tag begegnete der Kunstgeschichtestudent Ewald S. in der Mensa seinem Freund, dem Psychologiestudenten Peter M., welchen er mit der Behauptung, er müsse ihm unbedingt etwas erzählen, an einen der unbesetzten Tische zog, um ihm überstürzt folgendes mitzuteilen: Also er, Ewald, habe gestern abend die Gesine, ja, die kleine Anglistin, abgeschleppt, alles sei auch schon prima gelaufen, als plötzlich kurz nach zehn die Wirtin an die Tür geklopft habe. Nein, nein, nicht um Damenbesuch nach zehn sei es ihr gegangen, ja, ja, das wisse er, daß das kein Straftatbestand mehr sei, nein, sie habe vielmehr – aber hoffentlich kriege er das alles noch zusammen, was sie da zusammengeredet habe. Also erstmal habe sie ihn aufgefordert, seine Lenden zu gürten wie ein Mann – möglicherweise habe er beim Öffnen bereits einen etwas derangierten Eindruck geboten –, dann habe sie ihn gebeten, sie zu belehren, worauf ein Wasserfall von Fragen gefolgt sei, die ihm auch jetzt noch, Stunden darauf also, nicht aus dem Kopf gingen. Ob er, Ewald, die Bande der sieben Sterne zusammenbinden oder das Band des Orion auflösen könne. Oder: Wer dem Platzregen seinen Lauf ausgeteilt habe. Oder: Ob er vernommen habe, wie breit die Erde sei. Dann habe es Frau Reinig plötzlich mit den Tieren gehabt. Um Gemsen sei es gegangen, um irgendeine Hindin und um Raben. Dann habe sie des längeren vom Strauß erzählt, dessen Fittich sich fröhlich hebe, der aber seine Eier in der heißen Erde vergesse, da Gott ihm die Weisheit genommen und keinen Verstand zugeteilt habe, und welcher – also der

Strauß immer noch – zu der Zeit, da er hoch auffahre, beide verlache, Roß und Mann. Schon wollte der Freund zu Erklärungen ansetzen, schon hatte er den Begriff ›Klassische Paranoia‹ in den Redefluß des erregten Kommilitonen geworfen, als der ihn um Ruhe bat, er müsse zuerst noch den Rest der Ausführungen seiner Wirtin loswerden – soweit er sie überhaupt noch zusammenbekomme. Ja! Da sei es dann längere Zeit um das Nilpferd gegangen, dessen Schwanz sich recke wie eine Zeder und das den Strom in sich schlucke, ohne es groß zu achten, dann aber habe Frau Reinig plötzlich das Thema gewechselt und ihn gefragt, ob er das Krokodil mit dem Hamen ziehen könne und seine Zunge mit einer Schnur fassen. Um sie zu besänftigen, und auch aus Rücksicht auf Gesine – die saß doch die ganze Zeit halbnackt auf der Couch! – habe er diese Fragen strikt verneint, doch die Wirtin sei zu weiteren, immer anzüglicheren Fragen übergegangen, etwa der, ob er mit dem Krokodil wie mit einem Vogel spielen oder es für seine Dirnen anbinden könne. Ob er es wagen würde, die Kinnbacken seines Antlitzes aufzutun – nein! nicht meine, die des Krokodils! – von dem die Frau Reinig noch gesagt habe, ja, wörtlich: Schrecklich stehen seine Zähne umher.

Und das sei nicht alles gewesen, fuhr Ewald beschwörend fort, die Frau habe dem Krokodil noch einen Mund voller feuriger Fackeln angedichtet und ein Herz so hart wie ein unterer Mühlstein, und unten an ihm seien scharfe Scherben, es fahre wie ein Dreschwagen über den Schlamm, und auf Erden sei seinesgleichen niemand, es verachte alles, was hoch ist, es sei ein König über alles stolze Wild – ausgerechnet das Krokodil!

Und dann?

Dann sei die Wirtin auf einmal verstummt und wieder weggeschlurft, doch mit Gesine sei natürlich nichts mehr gelaufen, die habe nach dem ganzen Terror sofort nach Hause gewollt, und er habe sie unter diesen Umständen natürlich auch weder zum Bleiben bewegen können noch wollen – die wahnsinnige Wirtin hätte ja jeden Moment wiederkommen und zu noch handgreiflicheren Belästigungen übergehen können.

Nachdem er bedenklich die Stirn gekraust hatte, stellte der Freund einige gezielte Fragen, dann entwickelte er aus dem Stand mehrere Hypothesen, die schließlich in einer einzigen, der des Sexualneides, zusammenliefen, zu deutlich hätten sich Begriffe durch ihre Reden gezogen wie Lenden, Eier, Schwanz, Hamen – was immer das konkret bedeute –, und vor allem seien ihm die häufigen Anspielungen auf jenen ominösen »Unten«-Bereich aufgefallen, die Frau Reinig wiederum sämtlich dem Krokodil – übrigens ein sicher nicht zufällig sehr schwanzbetontes Tier! – zugeordnet habe, all diese merkwürdigen Mühlsteine und Scherben, welche zweifelsfrei darauf schließen ließen, daß Frau Reinigs Sexualneid in einer tiefen Sexualangst wurzele.

»Nun hör dir doch diese Ratte an«, sagte Gott und stieß den immer noch schlafenden Teufel in die Seite. Der schreckte hoch und blickte aus sehr kleinen, sehr geröteten Augen auf leere Teller, verwüstete Kuchen, umgestürzte Gläser und halbvolle Flaschen, sodann, angestrengt den Kopf hebend, auf sein Gegenüber, das, bereits wieder hellwach und zürnend, auf die Erde deutete. »Welch eine Ratte!« wiederholte er voller Ingrimm. »Welch eine bodenlose Ratte!«

»Er wird sie doch nicht immer noch bürsteln?« fragte der Teufel verstört, während er verzweifelt versuchte, Gottes Fingerzeig zu folgen. »Nicht doch«, schrie er fast. »Er bürstelt sie in der Mensa? Aber nein«, fuhr er erleichtert fort, »dein Knecht Ewald redet ja nur mit jemandem. Sieht eigentlich ganz nett aus.«

»Wer?«

»Na, der da. Sein Gesprächspartner.«

»Der?« Gott lachte höhnisch auf. »Siehst du denn gar nicht, was der mit meinem Knecht Ewald vorhat?«

»Hat der was mit ihm vor?« Der Teufel riß die Augen auf und bemühte sich, ein Höchstmaß an Aufmerksamkeit an den Tag zu legen. Wenn ihm nur nicht immer der Kopf so hinabgesunken wäre. Warum sank ihm eigentlich der Kopf immer so hinab? »Will er ihn etwa – bürsteln?« fragte er noch, bevor sein Kopf wieder auf der Tischplatte aufschlug.

»Bürsteln? Ach was! Schlimmer! Viel schlimmer! Wenn ich mich nicht sehr täusche, dann ist der gerade dabei, meinen Knecht Ewald zu versuchen!« sagte Gott schneidend.

»Versuchen? Von deinen Gesetzen abbringen und so?« Der Teufel schien betroffen. »Aber das ist doch eigentlich meine Aufgabe!« versuchte er mit einem Rest von Würde zu sagen. Wenn er nur seinen Kopf vom Tisch bekommen hätte! Wieso bekam er eigentlich nicht seinen Kopf vom Tisch?

Gott lehnte sich zurück und blickte prüfend auf den Teufel, welcher schon wieder damit begonnen hatte, unüberhörbar vor sich hin zu schnarchen. »Nicht mehr lange«, schien sein Betrachter zu denken, »nicht mehr lange!« Doch hier sollte die Geschichte wohl besser schließen, denn wer darf schon von sich behaupten, er kenne sich aus in SEINEN Gedanken?

Textnachweise

Die Auswahl der Texte besorgte der Autor. Sie wurden folgenden Bänden entnommen:

Die Wahrheit über Arnold Hau. Frankfurt a. M.: Bärmeier & Nikel, 1966. Neuausg. Frankfurt a. M.: Zweitausendeins, 1974.

Daraus: »Das Gesetz«, »Die Lehre«, »Die Lesung«.

Es gibt kein richtiges Leben im valschen. Humoresken aus unseren Kreisen. Zürich: Haffmans, 1987.

Daraus: »Die Humoreske«.

Kippfigur. Erzählungen. Zürich: Haffmans, 1986.

Daraus: »Die Erzählung«.

Die Blusen des Böhmen. Frankfurt a. M.: Zweitausendeins, 1977.

Daraus: »Die Fabel«, »Die Legende«, »Die Anekdote«, »Das Märchen«, »Die Kurzgeschichte«, »Die Fliegergeschichte«, »Die Reiseerzählung«.

Letzte Ölung. Ausgesuchte Satiren 1962–1984. Zürich: Haffmans, 1984.

Daraus: »Die Reportage«, »Der Kommentar«, »Der Brief«, »Die Fibel«, »Der Fortsetzungsroman«, »Die Autobiographie«.

Welt im Spiegel 1964–1976. Frankfurt a. M.: Zweitausendeins, 1979.

Daraus: »Die Frage«, »Die Antwort«, »Die Nachricht«, »Die Richtigstellung«, »Die Gegendarstellung«, »Die Klarstellung«, »Der Tip«, »Das Telefongespräch«, »Der Rückblick«, »Das Info«, »Die Hausmitteilung«, »Das Interview«, »Der Spruch«, »Der Slogan«, »Der Aphorismus«, »Die Quizfrage«, »Das Gedenkblatt«, »Der Nachruf«, »Der Aufsatz«, »Das Feuilleton«, »Die Kritik«, »Die Rede« [zus. m. P. Knorr], »Die Predigt«, »Die Reflexion«, »Das Vermächtnis«, »Das

Rätsel«, »Der Witz«, »Die Fallstudie«, »Das Gedächtnisprotokoll«.

»Das Tagebuch«: Erstveröffentlichung; einige Passagen waren bereits in *Der Rabe. Magazin für jede Art von Literatur,* Nr. 34: *Der Tagebuch-Rabe,* hrsg. von Joachim Kersten, Zürich: Haffmans, 1992, abgedruckt.

Textabweichungen gegenüber den Fassungen der Druckvorlagen gehen auf Korrekturen des Autors zurück.

Nachlese

Will jemand in diesen Breiten und Zeiten Schriftsteller werden, dann tut er gut daran, möglichst früh mit eigener, unverwechselbarer Stimme zu reden. Wie schon im Sturm und Drang selig verlangt die Leserschaft trotz aller Totsagungen der Person und Grablegungen des Individuums auch heute noch das Original mit der unerhörten, bisher noch nie gehörten Sprache, und argwöhnisch achtet eine äußerst belesene Kritik darauf, ob das neugeschaffene Werk fremde Einflüsse aufweist: schlecht; oder ob es dem Autor gelungen ist, sich bereits mit seinem ersten Buch freizuschreiben: gut.

Und es kann ja auch gutgehn. Eine einzige Nacht genügte einem jungen, unbekannten Prager Schriftsteller, einen Ton anzuschlagen, welcher seither fester Bestandteil des Weltliteraturkonzerts ist, und er scheint dies geahnt zu haben. Am 23. 9. 1912 trägt er in sein Tagebuch ein: »23. September. Diese Geschichte ›Das Urteil‹ habe ich in der Nacht vom 22. bis 23. von zehn Uhr abends bis sechs Uhr früh in einem Zug geschrieben [...] Wie alles gesagt werden kann, wie für alle, für die fremdesten Einfälle ein großes Feuer bereitet ist, in dem sie vergehn und auferstehn [...] Nur so kann geschrieben werden, nur in einem solchen Zusammenhang, mit solch vollständiger Öffnung des Leibes und der Seele.«

Viele haben es seither Kafka nachtun wollen, was freilich in den meisten Fällen darauf hinauslief, daß sie Kafka nachmachten; ihn oder einen der anderen Meister, den sie sich insgeheim zum Schreibvorbild erwählt hatten, stets in der Furcht, es könnte ihnen jemand draufkommen, welchen.

Wie und wo aber sollen die angehenden Schriftsteller lernen, wenn sie bei niemandem in die Schule gehen dürfen? Wie selber Meister werden, wenn ihnen das Unmögliche abverlangt wird, als niemandes Geselle bereits im zarten Jünglingsalter meistergleich vom Himmel zu fallen? Die vorliegende Sammlung unternimmt den Versuch, einen Ausweg aus dem Dilemma aufzuzeigen: meinen. Gut möglich, daß er nur für mich gilt, vielleicht handelt es sich auch weniger um einen Aus- denn um einen Ab-, wenn nicht Irrweg; doch erstens kann man auch aus den Fehlern anderer lernen, und zweitens ist das letzte Wort in dieser Sache noch nicht gesprochen, im Gegenteil. Jetzt erst geht es richtig los:

Es war einmal ein Knabe, nennen wir ihn G., den niemals der Ehrgeiz plagte, ein ernsthafter Schriftsteller zu werden. Auch kein unernster, sei hinzugefügt, vielmehr gar keiner. Zum Maler nämlich fühlte er sich berufen, als Maler verbrachte er lange, stille Stunden vor Zeichenpapier und Leinwand. In der Zeit aber, in welcher er weder zeichnete noch malte, las er meistens, und das sollte nicht ohne Folgen bleiben. Denn was immer er las, ob Zeitung oder Lehrbuch, Anekdote oder Märchen, Krimi oder Zeitroman – stets sprachen die Stimmen in seinem Kopfe weiter, nicht nur unmittelbar nach der Lektüre, sondern auch noch nach Tagen, ja Wochen, und manchmal wußte er sie nicht anders zum Schweigen zu bringen als dadurch, daß er das Malen unterbrach und niederschrieb, was ihm da so gerade durch den Kopf ging.

Das Schicksal fügte es, daß er an der Berliner Hochschule für bildende Künste Fritz Weigle alias F. W. Bernstein traf, einen ähnlich veranlagten Maler, und nun begann die Sache Spaß zu machen. Neben der Malerei studierten die beiden Germanistik – für angehende Kunsterzieher war ein Beifach obligatorisch –, und was immer an Tonfällen, Redeweisen und Mitteilungsformen über ihren Studienweg lief, wurde verwertet, besser gesagt verwurstet: Ob Nibelungenepos oder Barockschwank, Alexandriner oder Schäferdichtung, Schicksalsdrama oder Absurdes Theater – alles wurde daraufhin abgeklopft, ob Geisteshaltung oder Sprachmaterial jene hohltönenden Stellen aufwies, in welchen latente Komik nistete bzw. sich komikträchtiger Nährboden angesammelt hatte, welcher seinerseits komische Keime zum Erblühen bringen konnte. Ein Vorgehen, das in simpler Parodie oder schlichter Travestie hätte versanden können, wäre ihm nicht jede Tendenz gleichgültig, ja fremd gewesen: Nicht um Kritik an überlebten Ausdrucksweisen ging es den beiden oder um die Bloßstellung obsoleter Inhalte – Ziel war stets das eigene Vergnügen, und erlaubt war alles, was es steigerte.

»It's more fun to compete« kann man an Spielautomaten lesen, eine Erfahrung, die auch unsere beiden Helden machten. Um die Wette schrieben sie Pseudo-Essays und Kürzestdramen, kunstvolle Beschimpfungen der Heimatstadt des je anderen und Preisgesänge auf die je eigene, vor allem aber, angeregt durch den Fund in einer Krabbelkiste, Goethe-Anekdoten, ein Unterfangen, für das sie auch andere Maler-Kollegen zu begeistern wußten, so daß das Schreiben in den eigentlich der Bildkunst vorbehaltenen Ateliers kein Ende nehmen wollte.

Das freilich kam rascher als gedacht. 1964 wurde aus Spaß Ernst: Die beiden Gelegenheitsschreiber traten in die Redaktion der knapp zwei Jahre alten Satirezeitschrift *pardon* ein und sahen sich unversehens gehalten, die bisher lediglich vom Lustprinzip gesteuerte Stimmensuche und Stimmenverwertung systematisch zu betreiben. Vom September '64 an hatten sie, zusammen mit F. K. Waechter, monatlich eine *Welt im Spiegel,* kurz WimS genannte, Nonsens-Doppelseite zu füllen, und da sie diese Recherche ganze elf Jahre lang betrieben, bis 1976, kam mit der Zeit ein regelrechtes Stimmengewirr zusammen, soviel jedenfalls, daß G., darum gebeten, analog zu seiner Gedichtsammlung *Reim und Zeit* eine Auswahl seiner Prosa zu treffen, beschloß, statt einer »Best of Gernhardt«-Blütenlese eine Hommage an all jene Stimmen zusammenzustellen, die ihn zum Schreiben verlockt, verführt und manchmal geradezu genötigt hatten. Ende des berichtenden bzw. erzählenden Teils dieser Nachlese; betrachten wir kurz – und ab jetzt in der Ersten Person Singular – was da an Stimmen zusammengekommen ist und wie sich das Gewirr einigermaßen sinnvoll entflechten läßt.

Vielleicht hilft die folgende Behauptung weiter: Vor bzw. außer allem persönlichen Sprechen gibt es zwei weitere Sprechweisen, die unpersönliche und die überpersönliche. Unpersönlich sind viele journalistische Mitteilungsformen; Prototyp unpersönlichen Sprechens ist die Nachricht, die, zumindest im klassischen Journalismus, durch keinen Tropfen Kommentars verwässert oder getrübt werden darf. Unpersönlich geben sich ferner viele der Nachricht verwandte Mitteilungen, auch solche außerhalb der Zeitung: Der Hinweis, der Tip, die Regel, das Rezept, die Gebrauchsanweisung, der Lehrsatz, die Haus-, Park-, Badeordnung, das Gesetz – alles Texte, die für den Druck und das Gelesenwerden bestimmt sind, überwiegend straffe Mitteilungsformen jüngeren Datums, die es hier und da immer noch schwer haben, sich in gebotener Bündigkeit zu etablieren – wer jemals in eine italienische Tageszeitung geblickt hat, der weiß, daß dort Nachrichten noch immer gerne erzählt werden: »Certaldo. Es war ein dunkler, regnerischer Morgen, als die vier unausgeschlafenen Männer jenen Kleinbus bestiegen, der ihr Schicksal werden sollte. Doch davon wußte Antonella S. noch nichts, als sie ihrem Gatten wie gewohnt (Fortsetzung auf Seite 14).«

(Fortsetzung auf Seite 14).

Überpersönliche Mitteilungsformen hingegen haben ihren Ursprung nicht in Schreib-, sondern in Redeweisen: Das Gebet, der Schwur, die Klage, der Fluch, die Weissagung, der Zauber, die Predigt, die Rede – sie alle gab es vor jeder Schrift, und doch sind sie uns Heutigen, zumindest in Schwundformen, immer noch geläufig: »Abrakadabra, dreimal Schwarzer Kater . . .«
Überpersönlich sind schließlich viele Erzählformen, die der fixierten Literatur vorangegangen sind, also Rätsel, Märchen, Sage, Legende, aber auch solche, die als eingeführte literarische Genres nicht dem einmaligen Ausdruck eines einzigartigen Autoren-Ichs dienen, sondern sich samt Verfasser in den Dienst von Leser-Erwartungen stellen, egal ob dieser Leser nun lachen will und deshalb zur Humoreske greift, oder weinen, weshalb er dem Liebes- und Schicksalsroman

den Vorzug gibt, oder sich entladen, wobei sich ein Porno als hilfreich erweisen kann.

Wer die vorliegende Sammlung aufmerksam durchblättert, wird bemerken, daß in ihr einige der soeben genannten alteingeführten Mitteilungsformen fehlen, während sich andere finden, welche ihrer etwas wackligen Benennung wegen mit Mißtrauen zur Kenntnis genommen werden dürften: »Fliegergeschichte? Was nicht gar! Warum nicht auch Radlergeschichte? Oder Paddlergeschichte?«

Ja, warum eigentlich nicht?

Wie immer – eine Schneise ins Dickicht einer nichtpersonengebundenen Literatur ist geschlagen worden: Hereinspaziert und weitergerodet, weiterkultiviert, meinetwegen auch weitergeplündert! Statt vom »Dickicht der Literatur« nämlich könnte man auch vom »Schatzkästlein der Sprache« reden, von einem Fundus, aus welchem sich jeder je nach Bedarf bedienen kann, ohne dafür als Plagiator gescholten zu werden: Wer un- oder überpersönliche Schreib- oder Redeweisen nachmacht oder verfälscht oder nachgemachte oder verfälschte un- oder überpersönliche Schreib- oder Redeweisen in Umlauf setzt, wird mit Lust-, manchmal auch mit Erkenntnisgewinn belohnt; und wenn alles gut geht, fällt davon sogar etwas für den Leser ab. Sela.

Zum Abschluß noch drei, vier Anmerkungen zu meinen Lesefrüchten bzw. meinem Beutegut.

Nicht alle Beiträge stammen aus der *Welt im Spiegel*, nicht alle füllen die vorgegebene Form mit erfundenem, wie immer komischem Inhalt. Die »Reportage« im ersten, das »Tagebuch« im zweiten, das »Gedächtnisprotokoll« oder die »Autobiographie« im dritten Teil wollen das Versprechen der Überschrift korrekt erfüllen, da in allen Fällen erlebte, ja erlittene Inhalte mitgeteilt werden.

Auch der »Brief« ist der Realität verpflichtet. Er erschien in der *Titanic*-Rubrik »Briefe an die Leser« und stützt sich auf Originalzitate aus der *art*-Werbung.

Der »Kommentar« fällt dadurch aus dem Rahmen, daß die Stimmenimitation ausnahmsweise tendenziös ist, also satirischen Zwecken dient. Das gleiche gilt für die Sprache des »Fortsetzungsromans«. Um die Freicorpsmentalität der Dregger und Wörner angemessen verbalisieren zu können, mußte ich mich durch einen vollständigen Freicorps-Roman Edwin Erich Dwingers lesen, *Die letzten Reiter*, die in der Tat das Letzte sind. Wer jedoch aufgrund sprachlicher Ähnlichkeiten – »doch mein MG hatte bereits zu reden begonnen« – auch hinter der »Fliegergeschichte« satirische Absichten vermutet, tut diesem Textchen zuviel der Ehre an. Ich schrieb es nach zufälliger Gute-Nacht-Lektüre der Memoiren des Ernst Udet, eines sogenannten Fliegerasses aus dem Ersten Weltkrieg, und ich tat es – mal sehn, ob man den Unfug in Unsinn überführen kann –, um die lästige Stimme so rasch wie möglich wieder loszuwerden und mit ihr ihre nervende Botschaft: »Gegner in der Luft, Kameraden auf der Erde«.

Die »Rede« und das »Rätsel« entstanden in Zusammenarbeit mit Pit Knorr.

Ein Fall für sich ist die »Reiseerzählung«. Sie stammt aus der ersten Hälfte der 70er und ist die Frucht von Versuch und Selbstversuch: Ich versuchte so hart an der sprachlichen Schmerzgrenze entlang zu schreiben, daß ich mich selber immer wieder versucht sah, das Experiment abzubrechen. Ich hielt durch; nicht zuletzt deswegen, weil ich mich in meinem Bestreben, zur Abwechslung mal nicht die bestmögliche, sondern möglichst schlechte Arbeit zu leisten, in guter Gesellschaft wußte. Schlag nach bei Giorgio Vasari, dem Zeitgenossen Michelangelos und Biographen der italienischen Renaissance-Künstler, Band V und Seite 429 der Cotta'schen Ausgabe von 1847: »In seiner Jugend, da Michelangelo einmal mit befreundeten Malern zusammen war, scherzten sie beim Abendessen, wer eine Figur darstellen könne, die gar keine Zeichnung habe, die häßlich sey, gleich den Fratzen derjenigen, die gar nichts verstehen und die die Mauern besudeln. Hier half ihm sein Gedächtnis, denn er erinnerte sich auf einer Mauer eine derartige tölpische Figur gesehen zu haben, er stellte sie dar, gleich als ob sie ihm eben erst vor Augen gewesen sey und übertraf damit alle Maler; eine schwierige, nicht leicht mit Geschick zu lösende Sache für einen in der Zeichnung so herrlichen und an ausgesuchte Dinge gewöhnten Meister.«

Die »Erzählung« schließlich stellt den Grenzfall dar: Schon sieht sich der Autor gehalten, mit eigener Stimme zu reden – so, wie er es auch in den anderen Erzählungen tut, die sich neben »Das Buch Ewald« in seiner *Kippfigur* betitelten Erzählsammlung finden –, doch tut er dies im Duett mit einer nun wirklich vollkommen überpersönlichen Zweitstimme, der Gottes, zitiert und paraphrasiert nach dessen bombiger, im »Buch Hiob« veröffentlichter Originalrede.

Zuguterletzt sei zwei Unterstellungen entgegengetreten: »Aber André Jolles ... der Autor weiß vermutlich gar nicht, daß André Jolles bereits 1929 in seinem Standardwerk *Einfache Formen* ...« Doch, der Autor weiß davon, er hat das Buch sogar mit leichter Verwunderung gelesen: Was – nur neun? Mehr einfache Formen hat der nicht zu bieten?

Sowie: »Daß Schriftsteller auf eine eigene Stimme verzichten, ist doch ein alter Hut! Hat der Autor denn noch nie etwas von Briefromanen, fiktiven Chroniken und von Pseudodokumentationen wie *Die Iden des März* von Thornton Wilder gehört?«

Doch, hat er. Aber nicht um die Nutzung disparater Stimmen für die Hochliteratur geht es ihm, sondern um Ermunterung. Darum, daß es auch ein Schreiben unterhalb bzw. außerhalb allen Kunstanspruchs gibt und daß sich angehende Schreiber ruhig trauen sollten, nicht gleich Ich zu sagen. Wenn sie sich zuvor erst einmal etwas umgehört und ein wenig in fremden Stimmen geredet haben, wird ihnen die eigene Stimme um so kostbarer und eigenartiger vorkommen. Ihnen und, wenn alles gut geht, auch ihren Lesern.

Hier spricht der Zeichner

Ein fesselndes
Buch

Bildwitze

Das Suchbild

Auf dieser Seite hat unser Zeichner 70 000 Mark versteckt. Wo?

(40 000 Mark unter dem Kopfkissen und 30 000 in der Vase.)

Eines der drei Boote gehört einem berühmten Mongolenhäuptling. Welches?

(Der mittlere ist Dschingis' Kahn.)

Das Bilderrätsel

Welcher bedeutende Roman der Nachkriegszeit ist hier
bildlich dargestellt?
(Kleine Hilfestellung: Beachten Sie den Pfeil!)

Es handelt sich um das von Peter Weiss verfaßte Buch
»Der Schatten des Körpers des Kutschers«.

Hier stimmt doch was nicht!

WOHIN DES WEGS, BARON V. KEKS?

Der Begrüßende hat sich in der Anrede vertan – er begegnet natürlich Graf Schrippe.

Cartoons

Der Abschied oder Der zerstreute Professor
auf dem Weg ins Kolleg

Das Wiedersehn oder Freunde fürs Leben

Ein klares Wort

Freiheit, die ich meine

Freiheit — das meint für mich
auch — und gerade — die
Freiheit des Anders-
schmeckenden!

Ganz schön zeitkritisch

Nein, diese Augenärzte

Im Albergo oder: Sich selbst verraten

Vertreter-Elend

Comics

Schnuffis Abenteuer 1

363

Bildergeschichten

Reden ist Silber

Vater, o Vater!

Die Brücke

Lass uns eine
Brücke zwischen Tier und Mensch
schlagen...

fein!

Auf die Plätze...

Neulich nach Büroschluß

Weißt du, was ich dem
das nächste Mal sagen
werde? Herr Adler werde
ich ihm sagen, wenn
Sie Ihren Schnabel nicht…

... für den schönsten der
Welt halten mögen —
für mich jedenfalls
ist es der schönste
Schnabel der Welt!

Vier Stunden später...

Herr Haubold klärt auf

Der Lacher

Neulich am Erie-See

Der sterbende Narr

Bad Wuschl Blues

Häufig bin ich einsam ...

Oft bin ich allein ...

doch wenn ich verschwinde...

werden sie es sein ...

Der Kragenbär

der holt mich

munter

einen nach

dem andern

Die Katze hatte
Gott versucht...

... und wurde drum
von ihm verflucht.

Galerie der Meister

Rafael zieht einen Strich

schaut ihn an und sagt dann: Ich

glaube, dieser Strich ist ganz

typisch für die Renaissance ..."

Alle Haare im Gesicht
und den Mund voll Watte
und im Bauch ein Tier, das sticht –
so wünsch' ich mir die Ratte.

Benn im Bild

Versuch einer Visualisierung des Gedichts »Einsamer nie –« von Gottfried Benn

Einsamer nie als im August:

Erfüllungsstunde – im Gelände

die roten und die goldenen Brände,

doch wo ist deiner Gärten Lust?

Wo alles sich durch Glück beweist

und tauscht den Blick

und tauscht die Ringe

im Weingeruch

im Rausch der Dinge –:

dienst du dem Gegenglück,

dem Geist.

Ein Abenteuer Casanovas

Auf dem Weg zur Freifrau Schmidt

nahm er noch was zu Trinken mit.

Ich möchte nicht

daß es so aussieht

als ob ich hier

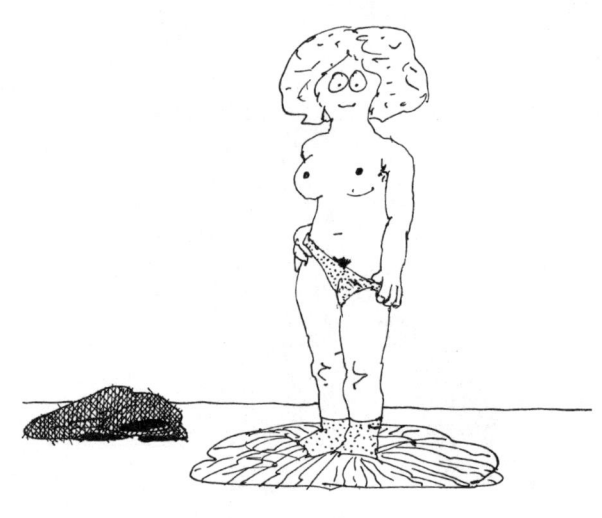

ein Fräulein ausszieht

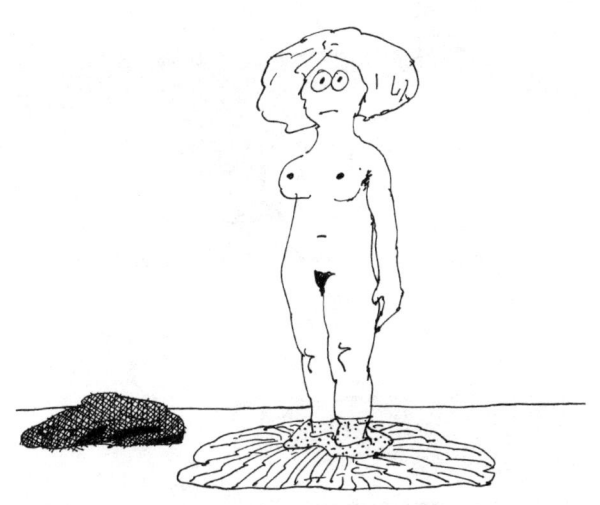

Magritte am Meer

Magritte, der malt das Meer.

Viel gibt so 'n Meer nicht her.

Doch da! Das schaut schon besser aus!

Stolz trägt Magritte sein Bild nachhaus.

Begegnung mit einem Geist

Edes Problem

Ick hab da een Problem:

Ick sollte ma wat schäm.

Ick schäm ma aba nich –

wat hälste nu von mich?

Dieser Strich ist ohne Makel

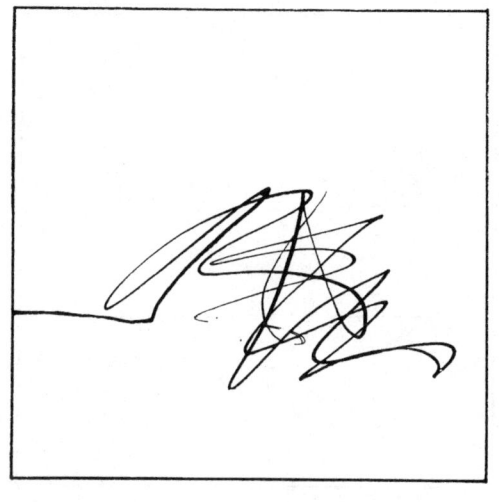

doch es endet im
Gekrahel.

Dieser Strich erschauert
leicht

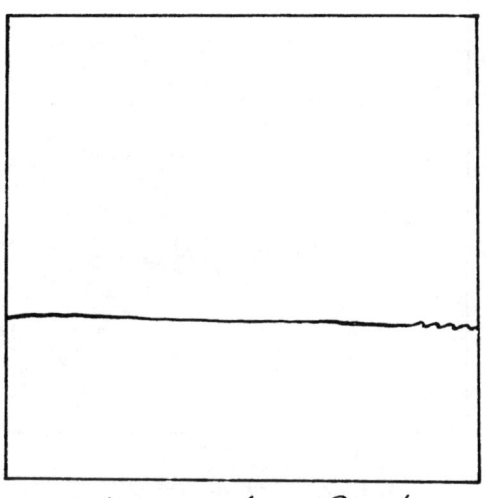

ehe es den Rand
erreicht.

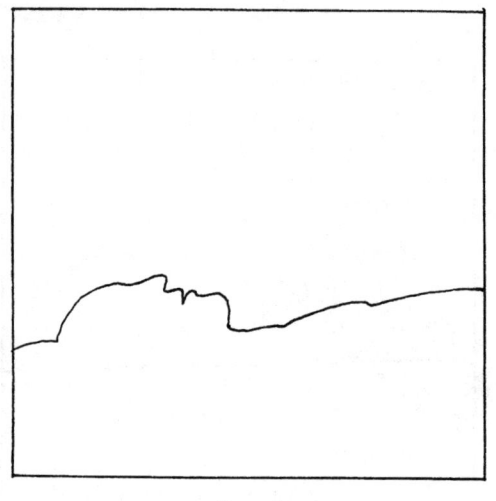

Dieser Strich ist
anfangs schön

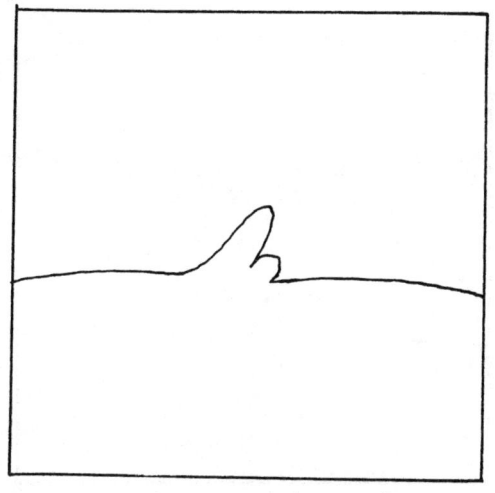

später wird er recht
obszön.

Das Ende dieses Striches
sieht

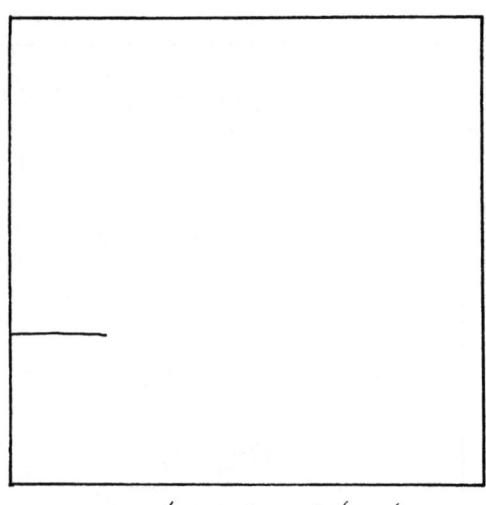

nur der, der stets die
Sünde flieht.

Dieser Strich ist
unsichtbar

weil die Tasche
alle war.

»Ach Streichhölzer, warum so allein?
 Wo mögen deine Brüder sein?«

»Sie sind gestorben, verdorben.
 Jedoch — sie schieden allesamt
 so feurig, geradezu entflammt...«

»Ging's uns wie ihnen!«

Die größte Schwierigkeit
beim Schreiben,
das ist das
auf der Zeile bleiben.

Strandbegegnung

Herr!

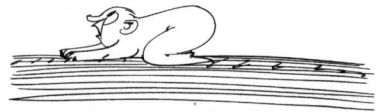

Stirb und werde

Dem Wildschwein gehn
die Borsten aus

Sie fallen all zur Erden

Schon trägt der Wind
die letzte fort—:

's will wohl Winter
werden.

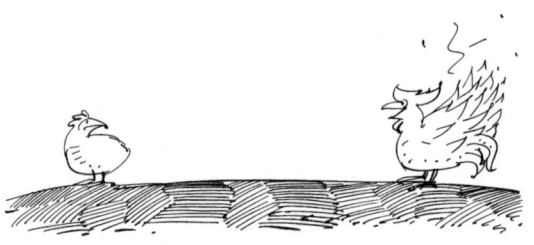

Es ist der Hahn in
Lieb' entbrannt

So feurig gleich zum
Huhn gerannt

Da fiel er auf die
foschen —;

Schon war der Brand
erloschen.

Großer Gott –
wer bin ich
denn?

Und was soll
ich hier
auf Erden?

Du bist
Hugo Hefrakorn . . .

. . . und du
sollst Professor
werden.

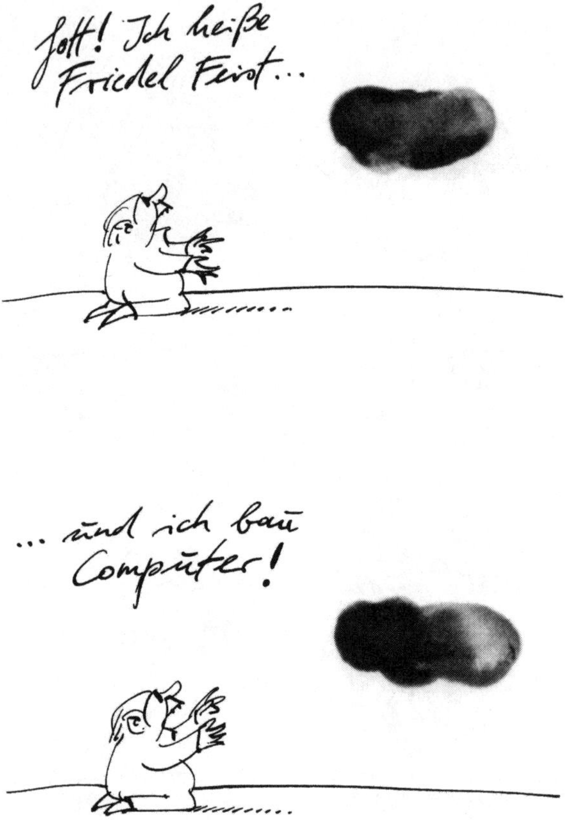
Jott! Ich heiße Friedel Feist…
… und ich bau Computer!

Toi toi toi

Heute starb der Ferdinand

morgen stirbt Klaus Peter

übermorgen trifft es Max

nur ich sterbe später.

Herr Hefel persönlich

Herr Herbert Hefel

ist ein Mann,

der nicht viel weiß,

der nicht viel kann,

der nicht viel sucht,

der nicht viel find't,

vergänglich wie ein
Blatt im Wind –

Jedoch er liebt

und wird geliebt —:

Wie schön, daß es
Herrn Hefel gibt!

Mit dem ersten Flockenton

ging der Biber in Pension.
Und die Zeit, die ihm noch blieb

folgte er dem Lustprinzip.

Bella Toscana

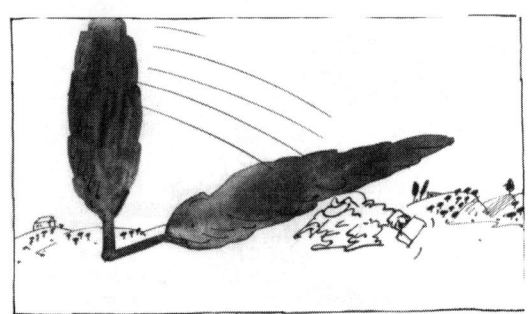

*Zypressen fallen keineswegs
mir den Touristen auf den Keks —*

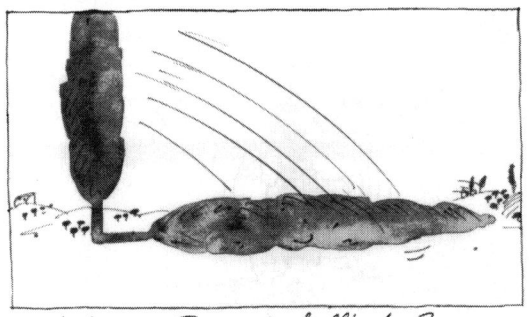

*fehlt ein Tourist fällt die Zypresse
auch schon mal auf die eig'ne Fresse.*

Die Erscheinung

*Mein Gott, ist das beziehungsreich –
ich glaub, ich übergeb mich gleich ...*

Da da da

Da kommt die Katze
aus dem Dunkel

Da sitzt die Katze
in dem Licht

Da macht sie einen
auf Nurejew

...und da nicht

Maskenmenschen

Wir haben alle Masken
auf

maskiert gehn wir durchs
Leben

zu wissen, was dahinter
steckt

ist einzig Gott gegeben.

Photogedichte

Frage und Antwort

Die Gemsen stehen wie gebannt,
sie schauen starr und unverwandt
hinunter auf des Försters Haus,
der kam seit Tagen nicht mehr raus –
sag warum?

»Den Förster hat ein Weib becirct,
das beider Suff durch Scherze würzt.
Er folgt mit klebrigem Interesse
auch noch dem schalsten ihrer Späße –«
Ach darum!

Unmöglich

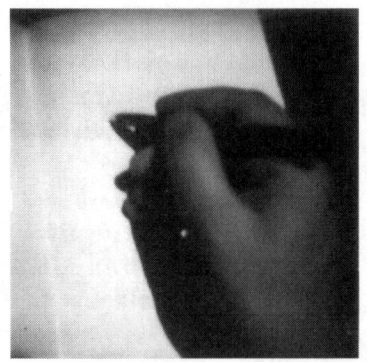

Was man nicht zeichnen kann:
den Schatten der Spitze des
Kulis*
mit Hilfe der Spitze des Kulis.**
Weil: sie bewegt sich dann,
die Spitze des Kulis.***

* lies Kugelschreibers
** sprich Kugelschreibers
*** schrei Kugelschreibers

Pferde-Schmählied

Schöner wäre diese Erde
ohne

Soll sie doch der Teufel holen,

all die Stuten und die

Von der Schnauze bis zum Schwanz –

Pferde, ich veracht' euch

Welch ein Surren, welch ein Glänzen,
oben fliegt ein Ufo, Mann!
Extraterrestrische
Intelligenzen
setzen zur Landung an!

Tiefer zieht es, immer tiefer,
Vater, was ein Flugobjekt!
Ist geformt wie eine Kiefer –
weiß der Himmel, wer drin steckt!

Gott, jetzt ist das Ding gelandet!
Langsam öffnet sich ein Spalt –
nein, was für ein fremdes Wesen
unmenschlich und unbeschreiblich
weder männlich, weder weiblich
nie gesehen, nie gelesen
sich dort in den Ausstieg krallt:

Hilfe!

Bildnachweise

Die Auswahl der Zeichnungen besorgte der Autor.
Sie wurden folgenden Bänden entnommen:

Besternte Ernte. Gedichte aus fünfzehn Jahren. Frankfurt a.M.: Zweitausendeins, 1976.

Daraus: »Bad Wuschl Blues«, »Er nun wieder«, »Nein, diese Katzen!«.

Die Blusen des Böhmen. Frankfurt a.M.: Zweitausendeins, 1977.

Daraus: »Das Wiedersehn oder Freunde fürs Leben«, »Reden ist Silber«, »Vater, o Vater!«, »Die Brücke«.

Welt im Spiegel. WimS 1964–1976. Frankfurt a.M.: Zweitausendeins, 1979.

Daraus: »Das Suchbild«, »Das Bilderrätsel«, »Hier stimmt doch was nicht!«, »Der Abschied oder Der zerstreute Professor auf dem Weg ins Kolleg«, »Schnuffis Abenteuer«.

Wörtersee. Gedichte und Bildgedichte. Frankfurt a.M.: Zweitausendeins, 1981.

Daraus: »Galerie der Meister«, »Wie ich's gern hätt'«, »Benn im Bild«, »Ein Abenteuer Casanovas«, »Mademoiselle Magritte«, »Begegnung mit einem Geist«, »Edes Problem«, »Striche und Sprüche«, »Media in Vita«, »Schreiben heute«, »Frage und Antwort«, »Unmöglich«, »Pferde-Schmählied«, »3001 – Ufos greifen an«.

Gernhardts Erzählungen. 120 Bildergeschichten. Zürich: Haffmans, 1983.

Daraus: »Ein klares Wort«, »Freiheit, die ich meine«, »Ganz schön zeitkritisch«, »Nein, diese Augenärzte«, »Im Albergo oder: Sich selbst verraten«, »Vertreter-Elend«, »Neulich nach Büroschluß«, »Herr Haubold klärt auf«, »Der Lacher«, »Hauptsache, man redet miteinander«, »Neulich am Erie-See«, »Der sterbende Narr«.

Hier spricht der Dichter. 120 Bildgedichte. Zürich: Haffmans, 1985.

Daraus: »Magritte am Meer«, »Strandbegegnung«, »Herr!«, »Stirb und werde«, »Feuer und Flamme«, »Letzte Fragen«, »Toi toi toi«, »Herr Hefel persönlich«, »Mitte des Lebens«, »Bella Toscana«, »Die Erscheinung«, »Da da da«, »Maskenmenschen«.

Der Zeichner hat das Nachwort

I

Zu Beginn einige Grenzziehungen:

Unter *Bildwitz* verstehe ich eine Graphik, die sich in witzig gemeinter Weise auf ernstgemeinte graphische Mitteilungsformen bezieht, welche sich in Zeitungen und Zeitschriften noch hier und da erhalten haben, auf das »Suchbild« etwa oder auf das »Bilderrätsel«.

Der *Cartoon* meint ein graphisches Blatt, das mit Hilfe unterschiedlichen, meist menschlichen Personals und in einer einzigen Phase einen wie immer komischen Sachverhalt mitteilt, mit oder ohne Worte.

Comic Strip bzw. *Comic* und *Bildergeschichte* unterscheiden sich auf den ersten Blick durch ihr Erscheinungsbild. Beide sind mehrphasig, der Comic spielt sich häufig innerhalb vorgegebener, linear begrenzter Flächen ab; ebenso ist das, was die Protagonisten von sich geben, meist von Sprechblasen eingefaßt. Oft arbeiten Comic-Zeichner wie Filmer: mit dem Wechsel von Totale und Ausschnitt, mit Zoom und Nahaufnahme, mit Gegenschnitten und Perspektivwechseln; doch gibt es auch Comics – zumeist komische Comics –, die in einer einzigen Einstellung erzählen, in der Totalen oder halbnah.

Ebenso hält es die Bildergeschichte. Da sie in der Regel auf die Rahmung und die abwechslungsreiche Füllung der Seite – das Panelling des Comic – verzichtet, vernachlässigt sie ebenso die optisch manchmal recht reizvollen Möglichkeiten der Sprechblase und des Letterings, also der bei Bedarf dramatisierenden Schrift – alles Indizien, die darauf hindeuten, daß es sich beim Comic mehr um eine Geschichte in *Bildern* handelt und bei der Bildergeschichte mehr um eine *Geschichte* in Bildern.

Das *Bildgedicht* ist seltener anzutreffen als die bisher ge-

nannten Spielarten komischer Graphik, da es eine ausge-
prägte Doppelbegabung voraussetzt: Der Bilddichter muß
reimen und zeichnen können. Wer beim Bilddichter sogleich
an Wilhelm Busch denkt, liegt richtig, sofern er nicht Buschs
berühmte Werke meint, »Die fromme Helene« etwa oder
»Tobias Knopp«. Das sind Bild-Epen bzw. Bild-Vers-Er-
zählungen, während das Bildgedicht sich durch die auch
Wortgedichten eigene Kürze sowie dadurch auszeichnet,
daß die Bilder die Verszeilen nicht lediglich illustrieren, son-
dern pointieren. Wie's gemacht wird, das führt Busch vor-
bildlich in seinem dreiphasigen Bildgedicht »Der fliegende
Frosch« vor:

>»Wenn einer, der mit Mühe kaum
Gekrochen ist auf einen Baum«

– das Bild zeigt einen Frosch, der von einem mittelhohen
Weidenstumpf aus prahlerisch einen Vogel auf dem Ast der
Weide angrinst –

>»Schon meint, daß er ein Vogel wär«

– der Frosch erhebt sich mit ausgebreiteten Beinen vogel-
gleich in die Luft, indes der Vogel ihm aus noch größerer
Höhe zuzwitschert –

>»So irrt sich der«

– der Frosch liegt stöhnend und rücklings am Fuß des
Weidenstumpfs, vom Ast aus blickt der Vogel schadenfroh
hinab: Dieses Zusammenspiel von epigrammatischem Wort
und burleskem Bild erst schafft das rechte Bildgedicht;
wobei sich natürlich noch ganz andere Bild-Wort-Kontra-
ste oder Verschränkungen denken, dichten und zeichnen
lassen.
Das *Photogedicht*, besser gesagt: *mein* Photogedicht, nutzt
durchweg vorgefundenes, also nicht eigens für das Gedicht
fabriziertes Photo-Material. Dabei kann es sich um Post-
karten handeln oder Zigarettenbildchen, um vielsagende

Film- und Presse- oder nichtssagende Privatphotos – erlaubt ist alles, was sich dichtend umdeuten bzw. zum Ausgangspunkt einer gereimten Episode oder Szene machen läßt.
Aber genug der Kartographie der komischen Zeichnung! Wie fragwürdig die ist, entnehmen Sie bitte dem nun folgenden Text, den ich 1982 für den Katalog der Göttinger Ausstellung »Kunst und Ironie« verfaßt habe:

II

10 Sätze betr. Komik, komische Zeichnung, bildende
Kunst und Literatur nebst einem Zusatz

1. Um den Schwierigkeiten zu entgehen, die eine korrekte Definition der Begriffe »Karikatur«, »Cartoon«, »Bilderbogen« und »Comic Strip« mit sich bringen würde, beschränke ich mich darauf, im folgenden von »komischer Zeichnung« zu sprechen.

2. Viele bildende Künstler haben, meist in ihrer Jugend, komische Zeichnungen gemacht: Leonardo da Vinci, Michelangelo, Bernini, Tiepolo, Goya, Burne-Jones, Dante Gabriel Rossetti, Manet, Monet, Nolde, Barlach, de Chirico, Picasso, Juan Gris, Feininger, Klee – war da noch jemand? Im Moment fällt mir kein weiterer Künstler ein. Ist auch nicht so wichtig. Denn meist haben sie das komische Zeichnen bald wieder gelassen, selten waren ihre Zeichnungen besonders komisch, fast nie haben sie Einfluß auf Geschichte und Entwicklung der komischen Zeichnung ausgeübt.

3. Hin und wieder griffen auch hauptberuflich komische Zeichner zum ernsten Pinsel, meist hatten sie ja mal ursprünglich Maler werden wollen: Daumier, Wilhelm Busch, Adolf Oberländer, Th. Th. Heine, Olaf Gulbransson, in neuerer Zeit Steinberg, Maurice Henry oder André François. Meist haben sie die Malerei sehr nebenher betrieben, selten waren ihre Bilder besonders gut, fast nie haben sie Geschichte und Entwicklung der bildenden Kunst beeinflußt.

4. Es gibt viele komische Zeichnungen, wenige komische Ölbilder, kaum komische Plastiken. Offenbar besteht eine Relation zwischen Arbeitsaufwand und Effekt – für einen Lacher lohnt es sich nicht, monatelang an einem Stein herumzuhämmern. Auch bei komischen Ölbildern stört der mangelnde Sinn für Ökonomie. Den pinkelnden, greinenden, vom Adler entführten »Ganymed« hätte Rembrandt billiger haben können, eine Zeichnung hätte es auch getan.

5. Die komische Zeichnung will immer irgendwas. Sie will Augen öffnen für, Partei ergreifen gegen, Stellung nehmen zu, aufmerksam machen auf, lachen machen über. Hier, jetzt und gleich. Deshalb muß sie rasch produziert und schnell unter die Leute gebracht werden. Noch der viel-, doppel- und zweideutigste Witz verfolgt eindeutig eine Absicht, meist eindeutige Absichten.

6. Die bildende Kunst will natürlich auch irgendwas. Aber was will die bildende Kunst eigentlich? Über den Apoll von Tenea, Piero della Francescas »Madonna del Parto« oder Vermeers »Der Maler im Atelier« wird nie das letzte Wort gesprochen werden. Noch der unbedarfteste abstrakte oder photorealistische Pinselschwinger tritt mit dem Anspruch einer vieldeutigen Aussage an. Um so schlimmer für ihn, wenn er eindeutig Scheiß baut.

7. Aus alledem schließe ich, daß bildende Kunst und komische Zeichnung außer einigen Darstellungsmitteln nicht viel miteinander zu tun haben.
Zumal die komische Zeichnung selten ohne ein weiteres, ein gerade der bildenden Kunst ganz und gar fremdes Medium auskommt: ohne das Wort. Was immer die komischen Zeichner sonst noch alles wollen, eines wollen sie mit allen Mitteln: erzählen. Ihr Mitteilungsdrang ist wahrhaft grenzenlos: er überschreitet die Grenzen, die die Künste normalerweise voneinander scheiden. Sie vagabundieren in einer Art Niemandsland zwischen bildender Kunst, Literatur und darstellender Kunst umher: die meisten Bildergeschichten

von Toepffer, Doré und Busch bis hin zu Barks, Feiffer und Poth lassen sich ohne Schwierigkeiten animieren, das meint: in Bewegung setzen.

8. 1845 schrieb Rodolphe Toepffer, der sogar von, jawoll, Goethe gewürdigte Vater der Bildergeschichte: »Man kann in Kapiteln, in Reihen, in Worten Geschichten schreiben: das ist Literatur im eigentlichen Sinn. Man kann auch in einer Folge graphischer Darstellungen Geschichten erzählen: das ist Literatur im Bilde. Man kann auch keines von beiden tun: und das ist manchmal das Beste.« Ich möchte hinzufügen: Man kann mit einigem Recht auch die komische Einzelzeichnung, die ja ebenfalls erzählt, der Literatur zuschlagen. Die Zeichnung mag dort als Fremdkörper wirken, das »Komische« aber ist in der Literatur bedeutend besser aufgehoben, es durchsäuert sie, von so niederen Gattungen wie dem Schwank und der Anekdote bis hinauf zu Höchstleistungen wie dem »Don Quijote« oder dem »Ulysses«. Vergleichbares wird man in der bildenden Hochkunst vergeblich suchen.

9. Natürlich hört mal wieder niemand auf mich.
Und deshalb wird es dabei bleiben, daß sich auch in Zukunft niemand im Ernst für die komische Zeichnung verantwortlich fühlen wird, weder der Kunst- noch der Literaturkritiker. Daß die sich, wenn sie überhaupt was sagen, weiterhin halbherzig und schulterklopfend aus der Affäre ziehen. Indem sie dem komischen Zeichner beispielsweise attestieren, daß er im Grunde seines Herzens eigentlich ein ernsthafter Künstler sei, der bei Licht betrachtet ... Er sei der »Michelangelo der Karikatur«, hörte ich während einer Buchmesse den Schreiber Herbert Rosendorfer dem Zeichner Hans Georg Rauch ins Gesicht salben. Darunter tun sie es nicht. Anstatt sich mal zu überlegen, worin die immerhin denkbaren Unterschiede zwischen Michelangelo und Hans Georg Rauch bestehen. Dessen Zeichnungen mögen nicht die allerkomischsten sein, komischer als der »David« sind sie allemal. Wie kommt das?

10. Hoffentlich hört niemand auf mich. Denn meinetwegen kann alles so bleiben. Muß man denn auch noch die letzten Reservate der Unordnung einzäunen, die letzten fließenden Grenzen festlegen oder doch wenigstens kartographieren? Nein. Wieso auch? Nützen würde es ohnehin nicht viel. Die komischen Zeichner sind ein unruhiger Haufen, stets auf der Suche nach neuen Quellen der Komik. Wiese man ihnen ein abgestecktes Territorium zu, sie würden sofort versuchen, in die angrenzenden Gebiete auszubrechen.

Womöglich fingen sie an zu komponieren (wie Shel Silverstein für Dr. Hook and his Medicine Show). Oder zu musizieren (Robert Crumb hat seine eigene Band, die Cheap Suit Serenaders).

Oder Stücke zu schreiben (ich denke an Jules Feiffer). Oder zu schauspielern (ich sage nur: Loriot). Oder Bühnen auszustatten (Edward Gorey stattete die wegen ihrer Ausstattung vielgelobte Broadway-Produktion »Dracula« aus).

Oder Bücher zu schreiben (Topor schrieb u. a. »Die Memoiren eines alten Arschlochs«).

Doch warum in die Ferne schweifen. Ein naheliegender Blick auf die »Neue Frankfurter Schule« genügt:

F. K. Waechter wurde weltweit erst als Dramatiker bekannt, durch sein Stück »Schule mit Clowns«. Er wirkte als Co-Autor und als Co-Regisseur an dem Arnold Hau-Film »Das Casanova-Projekt« mit und reimt, wie er's braucht. Hans Traxler schrieb die häufig übersetzte Wissenschaftsmystifikation »Die Wahrheit über Hänsel und Gretel«, als Forscher Georg Osseg entlarvte er für das und im Fernsehen das Märchen von Schneewittchen und den sieben Zwergen.

Von F. W. Bernstein gibt es Gedichtbände und Zeitstücke. Chlodwig Poth verfaßte den heiteren Roman »Die Vereinigung von Körper und Geist mit Richards Hilfe«. Und außerdem schufen die Genannten noch politische Kartenspiele und Bühnenbilder, Plakate und Anti-Startbahn-Buttons, Schallplatten und Schwellköpfe, Funksatiren und Liedtexte, mit einem Wort: Kraut und Rüben.

Ich berichtige mich: mit drei Worten. Wer soll das alles in die Reihe bringen? Soll man das alles überhaupt in die Reihe bringen?

Zusatz: Der Ordnung halber sei noch angemerkt, daß auch ich der erwähnten Schule angehöre, komische Zeichnungen zeichne und den Zeichenstift hin und wieder gegen die Schreibfeder eintausche. Doch, das tu ich. Gerade eben habe ich wieder was geschrieben. Ich werde es vermutlich »10 Sätze betr. Komik, komische Zeichnung, bildende Kunst und Literatur nebst einem Zusatz« nennen.

III

»Der Kopf ist rund, damit er seine Meinung ändern kann«, sagt ein altes Intellektuellen-Sprichwort – auch mir ist diese Erfahrung nicht erspart geblieben. Als ich mir 1992 Gedanken zu den Bildern Michael Sowas machte, zitierte ich mein Verdikt von 1982 »Auch bei komischen Ölbildern stört der mangelnde Sinn für Ökonomie«, um fortzufahren: »Bilder Michael Sowas haben mich eines besseren belehrt: Sie spielen mit dem Betrachter noch einmal jenes traditionsreiche Spiel aller sogenannten realistischen Malerei, das der Täuschung, Verführung und Bezauberung« – und das ist eine Beobachtung, die nicht nur für Sowas Bilder gilt. Quer durch die Altersgruppen und Herkunftsorte macht sich hierzulande bei komischen Zeichnern die Neigung bemerkbar zu elaborierter Technik und zum präzis wiedergegebenen Gegenstand, zum größeren Format und zur liebevoll ausgemalten Stimmung, zur malerisch eingesetzten Farbe und zum bildhaften Auftritt. Manfred Deix, Ernst Kahl, Bernd Pfarr und Rudi Hurzelmeier – um zusammen mit Sowa nur eine Handvoll Namen zu nennen –: Sie alle eint ihr Bestreben – und ihre Fähigkeit –, Diener zweier Herren zu sein, der Komik und der Malerei.
Einer Spielart der Malerei, die im Laufe dieses Jahrhunderts konsequent aus den Hallen der Hochkunst herausgeprügelt

wurde: gegenständlich und mitteilsam, ohne Furcht vor In-
halten, dafür voll von Effekten, Kniffen und Rückgriffen auf
die Arbeitserleichterungen und Tricks verstorbener Kolle-
gen und vergangener Epochen, die Darstellung von Körper
und Raum sowie das malerische Handwerk betreffend.
Eine Tendenz zum komischen Bild also, eine Synthese von
tradierter Malerei und pointierten Einfällen, die weder ein
Wilhelm Busch noch, hundert Jahre später, ein André Fran-
çois versucht hatte, da beide in ihren ernstgemeinten Bildern
den Ansprüchen der Hochkunst ihrer Zeit hinterhergemalt
hatten, Busch als realistischer Portraitist bzw. Interieurma-
ler, François als abstrahierender Künstler im Geiste der
École de Paris.
Anders die malenden Cartoonisten von heute: Die schöpfen
aus dem Fundus gegenständlicher Kunst von Pompeji bis
Picasso, mit einer deutlichen Vorliebe für die Malerei der
Romantik und die der Neuen Sachlichkeit sowie für alle
möglichen Kreuzungen zwischen diesen auf den ersten Blick
unvereinbaren, untergründig jedoch zutiefst verwandten
Weisen, die Welt zu sehen. Und sie nützen diese Künste für
eine Komik, die solche Kunsteinwaage meist präzis aus-
balanciert, wenn sie nicht durch sie gesteigert wird: Wie
konnte sich die Entwicklung der komischen Zeichnung so
wenig um meine 1982 ausgegebenen Richtlinien scheren?
Wie konnte es passieren, daß ich mir nicht nur wider-
sprechen mußte, sondern meinen Worten zuwiderhandeln
konnte? (Womit ich meine »Sudelblätter« zu Georg Chri-
stoph Lichtenbergs Sudelnotaten meine, die das FAZ-Maga-
zin zwischen 1992 und 1997 in loser Folge veröffentlicht
hat, ebenfalls eine Synthese aus mir geläufigen Hochkunst-
techniken und mir lieben komischen Inhalten, Blätter, die in
dieser Sammlung naturgemäß fehlen müssen, da sie nur im
großen Format und in Farbe funktionieren.)
Als Ursache vermute ich eine List der Kunstgeschichte, bes-
ser: der Geschichte der Künste. Hochkunst und komische
Zeichnung nämlich bilden auf vertrackte Weise ein Paar
kommunizierender Röhren. Solange die Hochkunst detail-

freudig, stimmungsvoll und gegenständlich war, machte es den wacheren unter den komischen Zeichnern einen Heidenspaß, all diesen Ballast über Bord zu werfen, siehe Toepffer, siehe Busch: Je reduzierter, plakativer und unnaturalistischer die komische Zeichnung auftrat, desto eigener, überraschender und erleichternder wirkte sie seinerzeit auf den Betrachter.

In dem Maße jedoch, wie die bildende Kunst selber ins skizzenhafte, abstrahierende, schließlich unnaturalistische Fahrwasser geriet, regte sich in der komischen Zeichnung allenthalben die Tendenz, gegenzusteuern: Beim Franzosen Sempé, der auch im amerikanischen »New Yorker« veröffentlichte, beim Österreicher Sokol, der auch den amerikanischen »Playboy« belieferte, und beim Deutschen Waechter immer dann, wenn er in der Frühzeit der Satirezeitschrift »pardon« zu einer seiner Hochkunstparodien ausholte, beispielsweise zur Serie »Das Schwein in der bildenden Kunst«.

Nun, da in einer Leistungsschau der modernen Kunst wie der Kasseler »documenta« so gut wie überhaupt keine Tafelbilder mehr zu sehen sind, weder gegenständliche noch abstrakte, nun, da Rauminstallationen, Multimedia-Mixturen und Absichtserklärungen à la Duchamps das Feld total beherrschen – »In meiner Eigenschaft als Künstler erkläre ich dich, o Pissoir, hiermit zum Kunstwerk« – nun, so will mir scheinen, hat das zeichnerische und malerische Verzauberungs- und Verführungspotential, das Hochkünstler im Laufe der Jahrtausende entwickelt haben, bei Cartoonisten und in Cartoons – zuweilen auch in Illustrationen – Zuflucht gesucht, um dort so lange zu überwintern, bis den Hochkünsten wieder ein Malereifrühling blüht.

Soweit meine Erklärung für mein mittlerweile vierzehn Jahre altes Fehlurteil, die freilich nicht als Rechtfertigung, gar Entschuldigung mißverstanden werden sollte. Die nämlich hat nicht nötig, wer bereits 1982 ahnungsvoll notierte: »Die komischen Zeichner sind ein unruhiger Haufen, stets auf der Suche nach neuen Quellen der Komik. Wiese man ihnen ein abgestecktes Territorium zu, sie würden sofort versuchen, in die angrenzenden Gebiete auszubrechen.«

Und umgekehrt! Erklärte man ein Gebiet zur Tabuzone, sie würden sofort versuchen, hineinzugelangen. Im Klartext: Kaum hatte ich den komischen Zeichnern das Ölbild untersagt, da stürzten sie sich auf die komische Malerei und bestätigten so meine Einschätzung dieses Haufens auf das Schönste. Dieses Wissen aber gilt es zu nutzen. Welches andere Hochkunst-Genre liegt danieder, welchem könnte die Hilfestellung durch komische Zeichner guttun? Was meint: Welches Genre sollte man ihnen zwecks Wiederbelebung strikt verbieten? Hm ... Den Klappaltar? Das Wandbild? Die Höhlenmalerei gar? Mal nachdenken ... Ich komm schon noch drauf ... Sie werden es erleben!

Bibliographie

Die Wahrheit über Arnold Hau. Frankfurt a. M.: Bärmeier & Nikel, 1966. Neuausg. Frankfurt a. M.: Zweitausendeins, 1974. [Zus. mit F. W. Bernstein und Friedrich Karl Waechter.]

Ich höre was, was du nicht siehst. Frankfurt a. M.: Insel Verlag, 1975. [Zus. mit Almut Gernhardt.]

Besternte Ernte. Gedichte aus fünfzehn Jahren. Frankfurt a. M.: Zweitausendeins, 1976. [Zus. mit F. W. Bernstein.]

Mit dir sind wir vier. Frankfurt a. M.: Insel Verlag, 1976. [Zus. mit Almut Gernhardt.]

Die Blusen des Böhmen. Geschichten, Bilder, Geschichten in Bildern und Bilder aus der Geschichte. Frankfurt a. M.: Zweitausendeins, 1977.

Was für ein Tag. Frankfurt a. M.: Insel Verlag, 1978.

Welt im Spiegel. WimS 1964–1976. Frankfurt a. M.: Zweitausendeins, 1979. 13. Aufl. 1994. [Zus. mit F. W. Bernstein und Friedrich Karl Waechter.]

Ein gutes Schwein bleibt nicht allein. Frankfurt a. M.: Insel Verlag, 1980. [Zus. mit Almut Gernhardt.]

Die Magadaskarreise. Ein Reisebericht in Zeichnungen. Frankfurt a. M.: Zweitausendeins, 1980.

Wörtersee. Gedichte und Bildgedichte. Frankfurt a. M.: Zweitausendeins, 1981. ⁴1993.

Ich Ich Ich. Roman. Zürich: Haffmans, 1982.

Der Weg durch die Wand. Dreizehn abenteuerliche Geschichten. Frankfurt a. M.: Insel Verlag, 1982. [Zus. mit Almut Gernhardt.]

Gernhardts Erzählungen. 120 Bildergeschichten. Zürich: Haffmans, 1983.

Glück Glanz Ruhm. Erzählung, Betrachtung, Bericht. Zürich: Haffmans, 1983.

Katzenpost. Kartengrüße von Missu und Pumpi. Zürich: Haffmans, 1983. [Zus. mit Almut Gernhardt.]

Feder Franz sucht Feder Frieda. Frankfurt a. M.: Insel Verlag, 1985. [Zus. mit Almut Gernhardt.]

Hier spricht der Dichter. 120 Bildgedichte. Zürich: Haffmans, 1985.

Letzte Ölung. Ausgesuchte Satiren. Zürich: Haffmans, 1985.

Kippfigur. Erzählungen. Zürich: Haffmans, 1986.

Schnuffis sämtliche Abenteuer. 137 Bildgeschichten. Zürich: Haffmans, 1986.

Die Toskana-Therapie. Schauspiel in 19 Bildern. Zürich: Haffmans, 1986.

Was bleibt. Gedanken zur deutschsprachigen Literatur unserer Zeit. Zürich: Haffmans, 1986.

Es gibt kein richtiges Leben im valschen. Humoresken aus unseren Kreisen. Zürich: Haffmans, 1987.

Körper in Cafés. Gedichte. Zürich: Haffmans, 1987.

Innen und Außen. Bilder, Zeichnungen, Über Malerei. Zürich: Haffmans, 1988.

Was gibt's denn da zu lachen? Kritik der Komiker, Kritik der Kritiker, Kritik der Komik. Zürich: Haffmans, 1988.

Hört, Hört! WimS Vorlesebuch. Zürich: Haffmans, 1989. [Zus. mit F. W. Bernstein.]

Achterbahn. Ein Lesebuch. Frankfurt a. M.: Insel Verlag, 1990.

Gedanken zum Gedicht. Zürich: Haffmans, 1990.

Reim und Zeit. Gedichte. Stuttgart: Reclam, 1990.

Lug und Trug. Drei exemplarische Erzählungen. Zürich: Haffmans, 1991.

Die Falle. Eine Weihnachtsgeschichte. Zürich: Haffmans, 1993.

Weiche Ziele. Gedichte 1984–1994. Zürich: Haffmans, 1994.

Über Alles. Ein Lese- und Bilderbuch. Zürich: Haffmans, 1994.

Ostergeschichte. Zürich: Haffmans, 1995.

Die Drei. Zürich: Haffmans, 1995. [Zus. mit F. W. Bernstein und Friedrich Karl Waechter.]

Prosamen. Stuttgart: Reclam, 1995.

Wege zum Ruhm. 13 Hilfestellungen für junge Künstler und 1 Warnung. Zürich: Haffmans, 1995.

Was deine Katze wirklich denkt. Zürich: Haffmans, 1996.

Gedichte 1954–1994. Zürich: Haffmans, 1996.

Hier spricht der Zeichner. Bildwitze, Cartoons, Comics, Bildergeschichten [. . .]. Stuttgart: Reclam, 1996.

Das Buch der Bücher. Ich Ich Ich / Kippfigur / Lug und Trug. Zürich: Haffmans, 1997.

Lichte Gedichte. Zürich: Haffmans, 1997.

Septemberbuch. Zürich: Haffmans, 1997.

Gernhardts Göttingen. Göttingen: Satzwerk, 1997.

Vom Schönen, Guten, Baren. Bildergeschichten und Bildgedichte. Zürich: Haffmans, 1997.

Erna, der Baum nadelt. Ein botanisches Drama am Heiligen Abend. Zürich: Haffmans, 1998. [Zus. mit Bernd Eilert und Peter Knorr.]

Herz in Not. Tagebuch eines Eingriffs in einhundert Eintragungen. Zürich: Haffmans, 1998.

Klappaltar. Drei Hommagen. Zürich: Haffmans, 1998.

Unsere Erde ist vielleicht ein Weibchen. Zürich: Haffmans, 1999.

Der letzte Zeichner. Zürich: Haffmans, 1999.

Es ist ein Has' entsprungen. Und andere Geschichten zum Fest. Zürich: Haffmans, 1999. [Zus. mit Bernd Eilert und Peter Knorr.]

In gemeinsamer Sache. Gedichte über Liebe und Tod, Natur und Kunst. Zürich: Haffmans, 2000. [Zus. mit Peter Rühmkorf.]

In Zungen reden. Stimmenimitationen von Gott bis Jandl. Frankfurt a. M.: Fischer Taschenbuch Verlag, 2000.

Robert Gernhardt entdeckt Heinrich Heine. Hamburg: Europa-Verlag, 2001.

Berliner Zehner. Hauptstadtgedichte. Zürich: Haffmans, 2001.

Im Glück und anderswo. Gedichte. Frankfurt a. M.: S. Fischer, 2002.

Meer von Gernhardt. Hamburg: mare Verlag, 2002.

Hell und Schnell. 555 komische Gedichte aus 5 Jahrhunderten. Hrsg. von Robert Gernhardt und Klaus Cäsar Zehrer. Frankfurt a. M.: S. Fischer, 2004.

Die K-Gedichte. Frankfurt a. M.: S. Fischer, 2004.

Montaieser Bestiarium. Rolandseck: Rommerskirchen, 2004.

Gesammelte Gedichte. Frankfurt a. M.: S. Fischer, 2005.

Das Ungeheuer von Well Ness. Die 7 Säulen des Wohlseins. Frankfurt a. M.: S. Fischer, 2005. [Zus. mit Bernd Eilert und Peter Knorr.]

Später Spagat. Gedichte. Frankfurt a. M.: S. Fischer, 2006.

Denken wir uns. Erzählungen. Frankfurt a. M.: S. Fischer, 2007.

Kippfiguren. Robert Gernhardts Brunnen-Hefte. Marbach a. N.: Deutsche Schillergesellschaft, 2007.

Was das Gedicht alles kann: Alles. Texte zur Poetik. Hrsg. von Lutz Hagestedt und Johannes Möller. Frankfurt a. M.: S. Fischer, 2009.